X-MEN

BEDROHTE SPEZIES

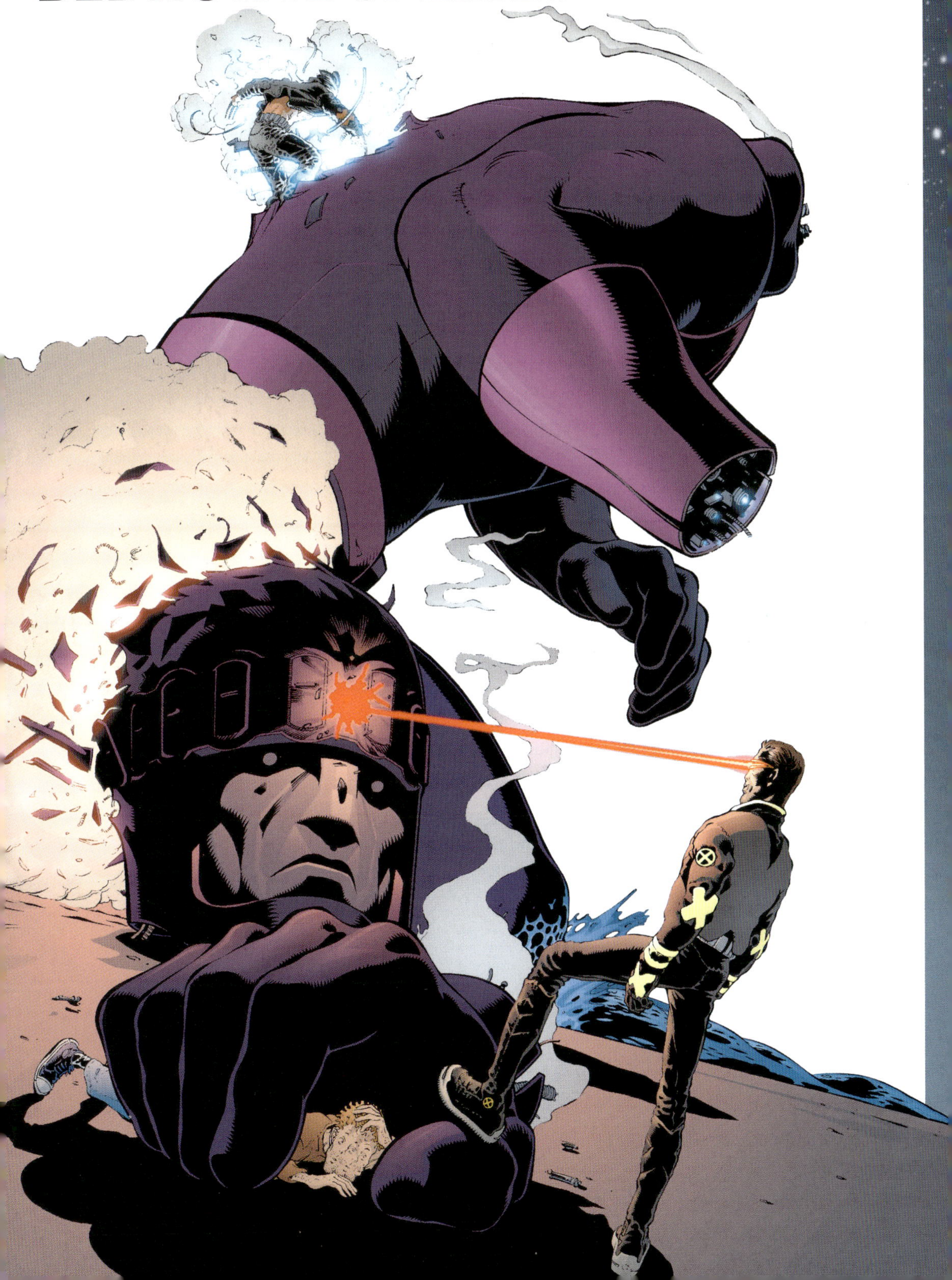

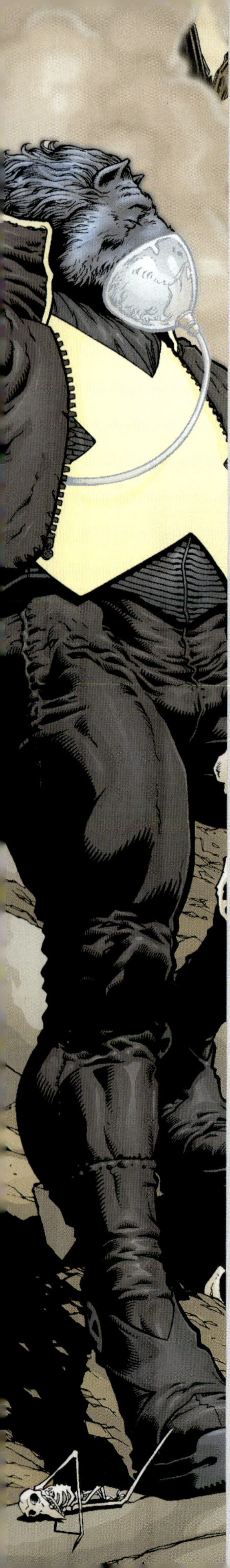

INHALT

X-MEN

BEDROHTE SPEZIES

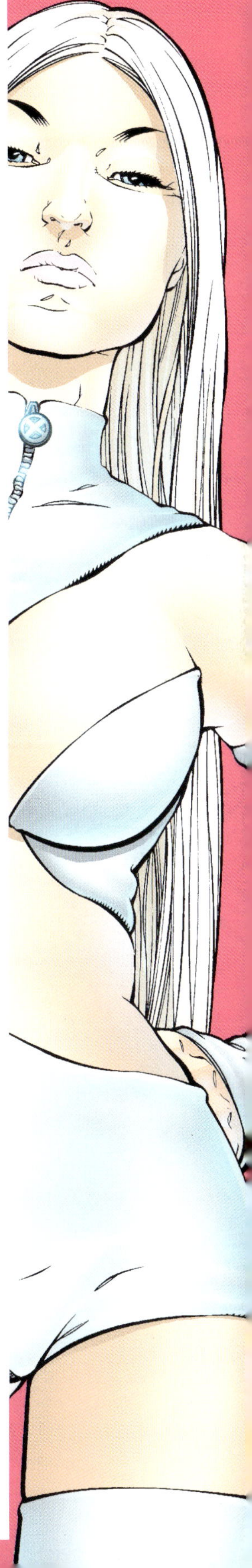

GRANT MORRISON
STORY

FRANK QUITELY
(114-116)
ETHAN VAN SCIVER
(117)
LEINIL FRANCIS YU
(Annual)
ZEICHNUNGEN

GERRY ALANGUILAN
(Annual)
DAN GREEN (116)
MARK MORALES
(115-116)
PRENTISS ROLLINS
(117)
TIM TOWNSEND
(114-115)
TUSCHE

BRIAN HABERLIN (114)
HI-FI DESIGN
(115-117, Annual)
FARBEN

ELLETI
FABIO CIACCI (Annual)
STUDIO RAM (114-117)
LETTERING

JÜRGEN PETZ
ÜBERSETZUNG

PETE FRANCO
MARK POWERS
REDAKTION USA

C. B. CEBULSKI
CHEFREDAKTEUR USA

MARVEL MUST-HAVE: X-MEN – BEDROHTE SPEZIES erscheint bei **PANINI COMICS**, Schloßstraße 76, D-70176 Stuttgart. Druck: Lito Terrazzi Industria Grafica. Pressevertrieb: Stella Distribution GmbH, D-22297 Hamburg. Direkt-Abos auf **www.paninicomics.de**. Anzeigenverkauf: BLAUFEUER VERLAGSVERTRETUNGEN GmbH, info@blaufeuer.com. Es gilt die Anzeigenpreisliste Nr. 19 vom 01.10.2021. Geschäftsführer **Hermann Paul**, Publishing Director Europe **Marco M. Lupoi**, Finanzen **Felix Bauer**, Marketing Director **Holger Wiest**, Marketing **Fabio Cunetto**, Vertrieb **Alexander Bubenheimer**, Logistik **Ronald Schäffer**, PR/Presse **Steffen Volkmer**, Publishing Manager **Lisa Pancaldi**, Redaktion **Harald Gantzberg**, **Matthias Korn**, **Anja Seiffert**, **Kristina Starschinski**, **Ilaria Tavoni**, **Daniela Uhlmann**, **Thomas Witzler**, Übersetzung **Bernd Kronsbein**, **Jürgen Petz**, Proofreading **Pia Oddo**, Lettering **Elleti**, **Fabio Ciacci**, **Studio RAM**, grafische Gestaltung **Marco Paroli**, **Barbara Sarti**, Art Director **Alessandro Gucciardo**, Redaktion Panini Comics **Annalisa Califano**, **Beatrice Doti**, Prepress **Cristina Bedini**, **Andrea Lusoli**, **Nicola Soressi**, Repro/Packager **Alessandro Nalli** (coordinator), **Mario Da Rin Zanco**, **Valentina Esposito**, **Luca Ficarelli**, **Linda Leporati**. Deutsche Edition bei Panini Verlags-GmbH unter Lizenz von Marvel Characters B.V. Cover von **Frank Quitely**, *New X-Men* (2001) 114.

Bibliografische Information der Deutschen Nationalbibliothek
Die Deutsche Nationalbibliothek verzeichnet diese Publikation in der Deutschen Nationalbibliografie; detaillierte bibliografische Daten sind im Internet über dnb.d-nb.de abrufbar.

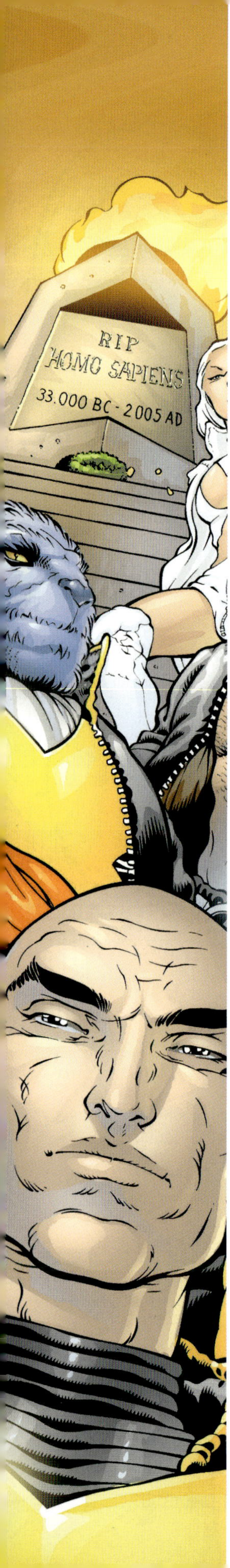

DIE ZUKUNFT KANN KOMMEN

Grant Morrison wuchs in einfachen Verhältnissen im Großbritannien der 60er- und 70er-Jahre auf. Der Vater war ein Arbeiter und Aktivist, der für seine politischen Überzeugungen hinter Gitter wanderte, die Mutter deutete die Zukunft aus Teeblättern. Von ihr erbte Morrison das Interesse an spirituellen Dingen. Als Kind verschlang sier die Abenteuer von **Marvelman**. Die britische Variante von **Captain Marvel** grub sich in Morrisons Gedächtnis ein und ließ sien nie mehr los. Dank eines Stipendiums wechselte sier mit 12 Jahren auf eine Knabenschule. Wie viele UK-Autoren derselben Generation faszinierten Morrison amerikanische Comics, vor allem die wegweisenden **X-Men** von **Chris Claremont** und **John Byrne**. Morrison, **Alan Moore**, **Peter Milligan** und der Rest der sogenannten British Invasion waren durch ihren Background geradezu dafür prädestiniert, eines Tages den Markt in Übersee zu erobern.

Im Alter von 17 Jahren veröffentlichte Morrison erste Comics in schottischen Magazinen. Aber dann entdeckte sier ein anderes Ventil gegen Kulturstagnation und verkrustete Strukturen. Als Morrison 1978 **Poly Styrene** und **X-Ray Spex** mit dem Song *The Day the World Turned Day-Glo* im Fernsehen sah, fiel es siem wie Schuppen von den Augen. Morrison war schon immer ein Punk gewesen und würde immer einer sein. Bisher war Morrisons Leben geprägt von Rückschlägen und Enttäuschungen. Mit 18 hatte sier noch niemanden geküsst. Jetzt ergab alles Sinn. Punk war die Lösung. **Monty Python**, **Michael Moorcocks** *Jerry Cornelius*, *Uhrwerk Orange*, **Patrick McGoohans** Kulthit *Nummer 6* – eigentlich war alles Punk. Zumindest alles, was Morrison gefiel. Egal, ob man seltsam, hässlich oder schüchtern war, als Loser oder Freak geboren wurde … es war plötzlich in Ordnung, anders zu sein. Im Gegenteil: Es war unabdinglich. Morrison spielte in der Punkband **Ochre 5** Gitarre und ging mit ihr auf Tour. Doch die erste große Liebe stand vor der Tür. Und Punkrock wurde zum Soundtrack von Morrisons Mission als Comic-Star.

Im Jahr 2000 brachte 20th Century Fox Marvels X-Men ins Kino. Der Hollywood-Streifen wurde ein voller Erfolg, doch Synergieeffekte auf die Print-Produkte blieben aus. Mutanten-Comics steckten in der Krise. Morrison hatte sich längst durch Innovation und visionäre Gabe einen Namen gemacht und legte im Oktober dem Haus der Ideen das *Morrison Manifesto* vor – ein ehrgeiziges Strategiepapier, um neue, jüngere Leser zu mobilisieren. Morrison kritisierte den kreativen Stillstand und forderte frischen Wind, ein modernes Flair, von Biker-Mode inspirierte Kostüme und ein überschaubares Team. Für sien war *X-Men* keine Geschichte über Superhelden, sondern der evolutionäre Kampf zwischen Gut und Böse und Alt und Neu. Eine Blaupause für jeden jungen Revoluzzer, der die Welt zum Besseren ändern will. Morrison erhielt den Job und stellte die Welt der Mutanten auf den Kopf. Um den Wandel zu signalisieren, wurde der Zusatz „new" gewählt. Alles war fortan möglich. Endlich wehte wieder ein Hauch von Rebellion durch die ehrwürdigen Hallen Marvels. Punk war nicht tot. Er lebte fort in Morrisons *New X-Men*.

Thomas Witzler

BEDROHTE SPEZIES, TEIL 1

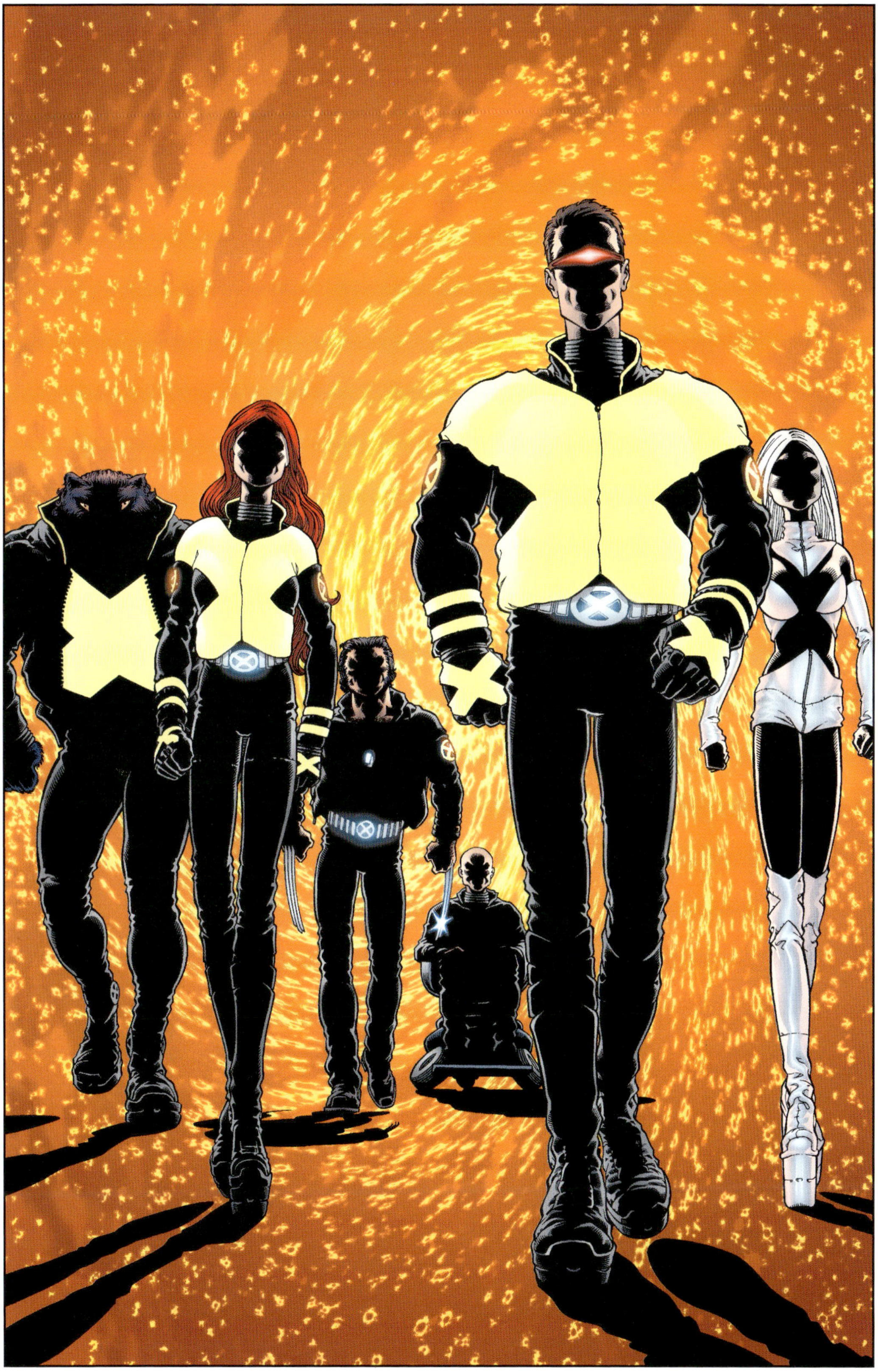

New X-Men (2001) 114
Cover von **FRANK QUITELY**

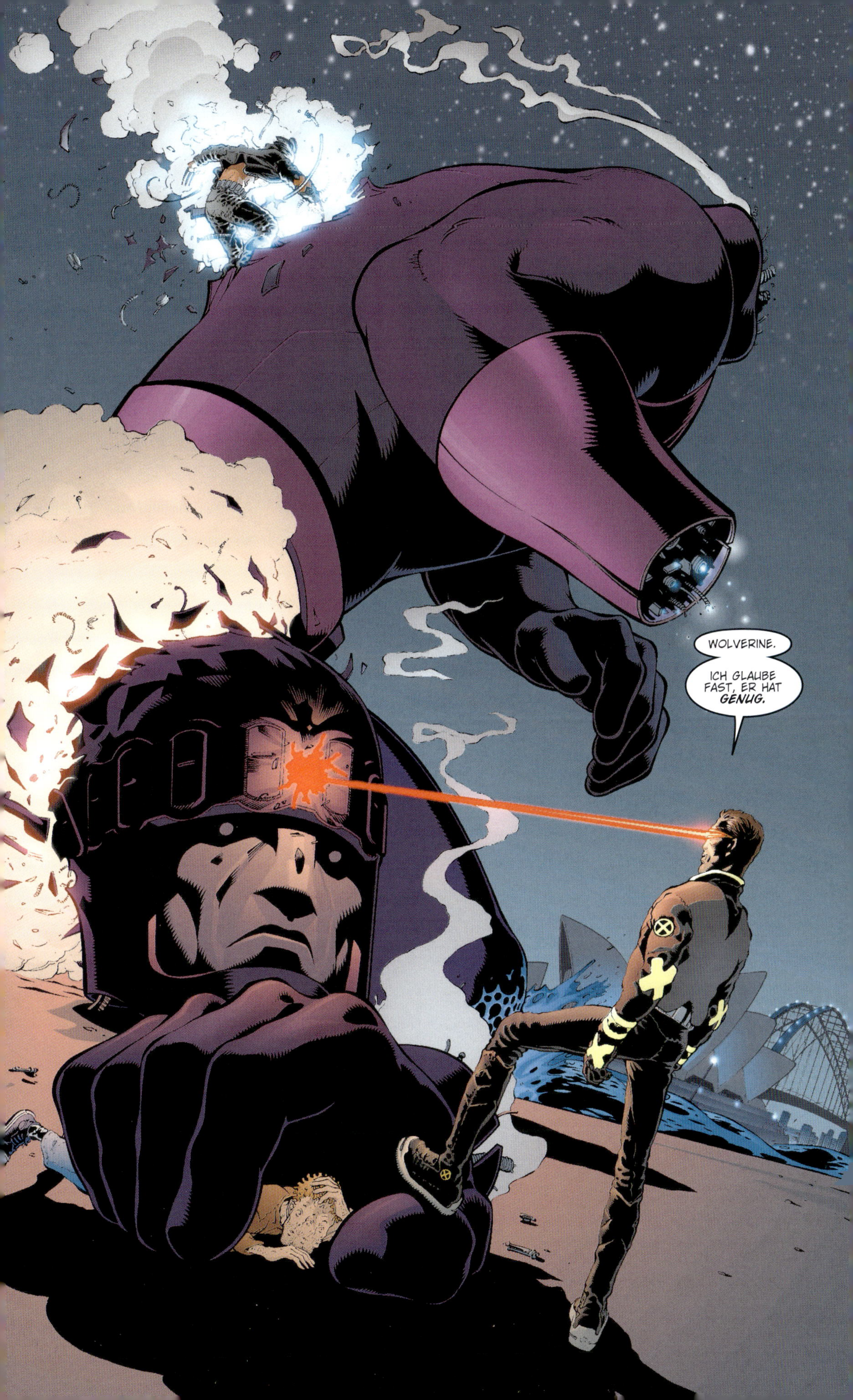
WOLVERINE.
ICH GLAUBE FAST, ER HAT GENUG.

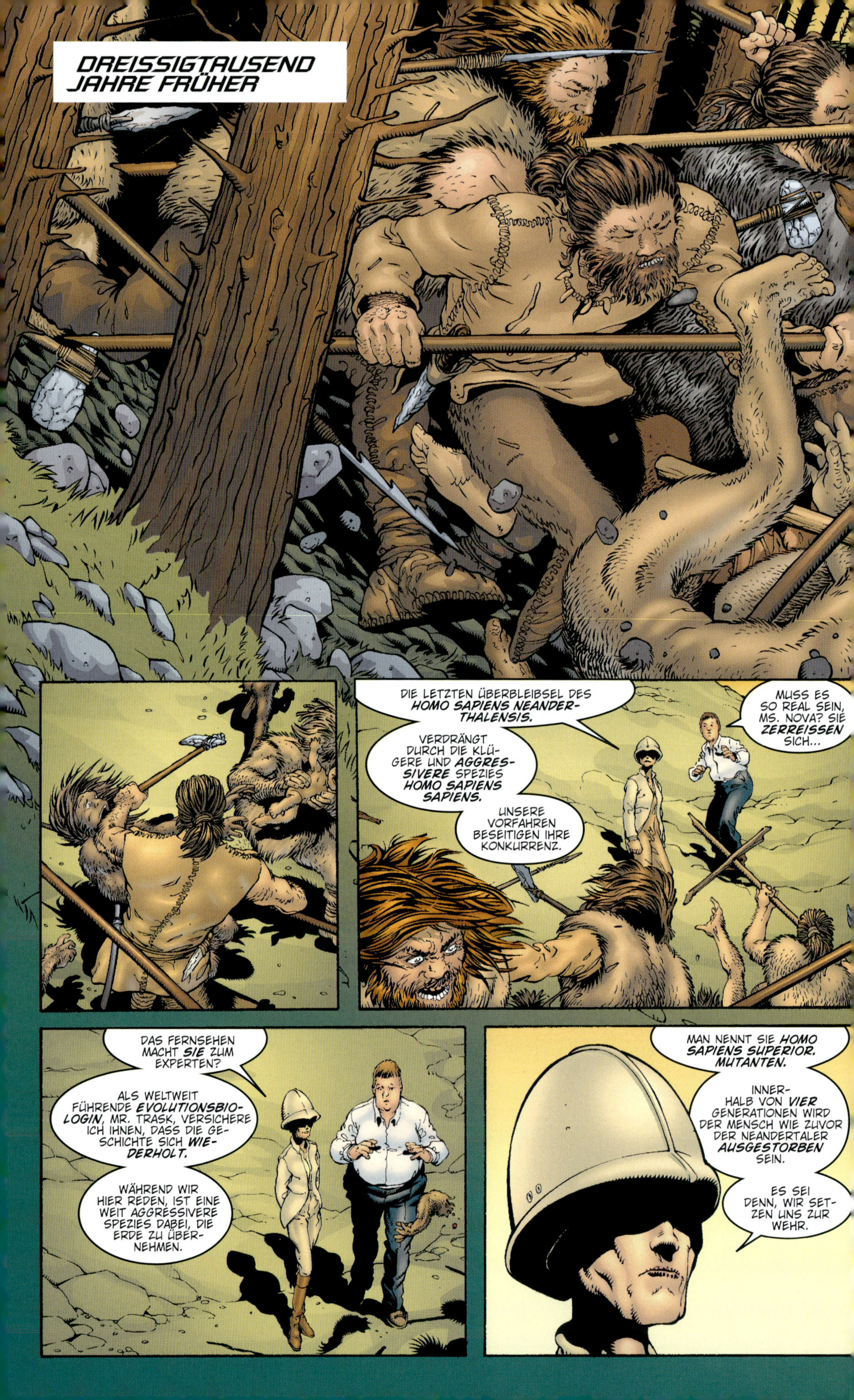
DREISSIGTAUSEND JAHRE FRÜHER
DIE LETZTEN ÜBERBLEIBSEL DES HOMO SAPIENS NEANDERTHALENSIS.
VERDRÄNGT DURCH DIE KLÜGERE UND AGGRESSIVERE SPEZIES HOMO SAPIENS SAPIENS.
UNSERE VORFAHREN BESEITIGEN IHRE KONKURRENZ.
MUSS ES SO REAL SEIN, MS. NOVA? SIE ZERREISSEN SICH...
DAS FERNSEHEN MACHT SIE ZUM EXPERTEN?
ALS WELTWEIT FÜHRENDE EVOLUTIONSBIOLOGIN, MR. TRASK, VERSICHERE ICH IHNEN, DASS DIE GESCHICHTE SICH WIEDERHOLT.
WÄHREND WIR HIER REDEN, IST EINE WEIT AGGRESSIVERE SPEZIES DABEI, DIE ERDE ZU ÜBERNEHMEN.
MAN NENNT SIE HOMO SAPIENS SUPERIOR. MUTANTEN.
INNERHALB VON VIER GENERATIONEN WIRD DER MENSCH WIE ZUVOR DER NEANDERTALER AUSGESTORBEN SEIN.
ES SEI DENN, WIR SETZEN UNS ZUR WEHR.

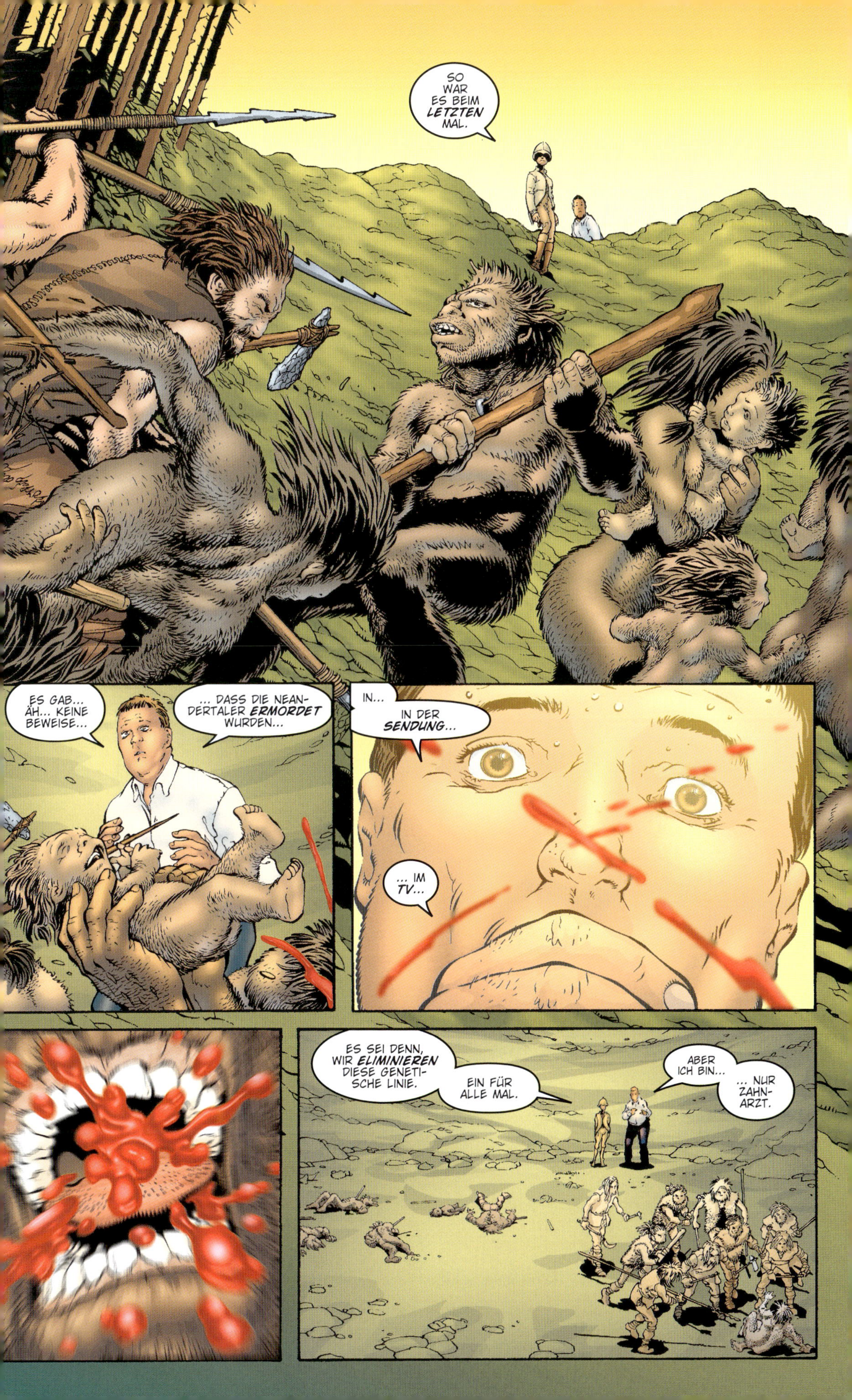

SO WAR ES BEIM LETZTEN MAL.
ES GAB... ÄH... KEINE BEWEISE...
... DASS DIE NEANDERTALER ERMORDET WURDEN...
IN...
IN DER SENDUNG...
... IM TV...
ES SEI DENN, WIR ELIMINIEREN DIESE GENETISCHE LINIE.
EIN FÜR ALLE MAL.
ABER ICH BIN...
... NUR ZAHNARZT.

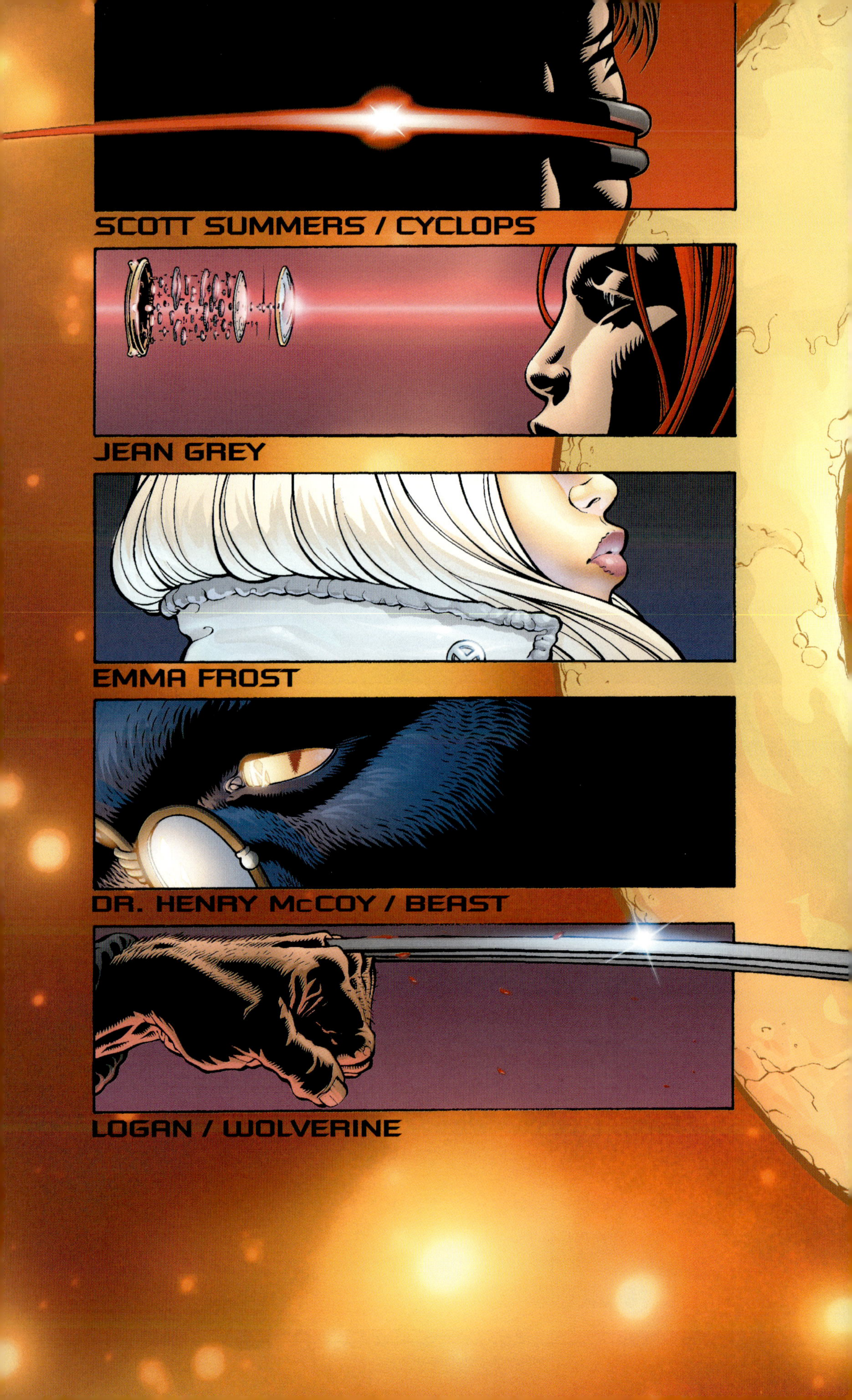
SCOTT SUMMERS / CYCLOPS
JEAN GREY
EMMA FROST
DR. HENRY McCOY / BEAST
LOGAN / WOLVERINE

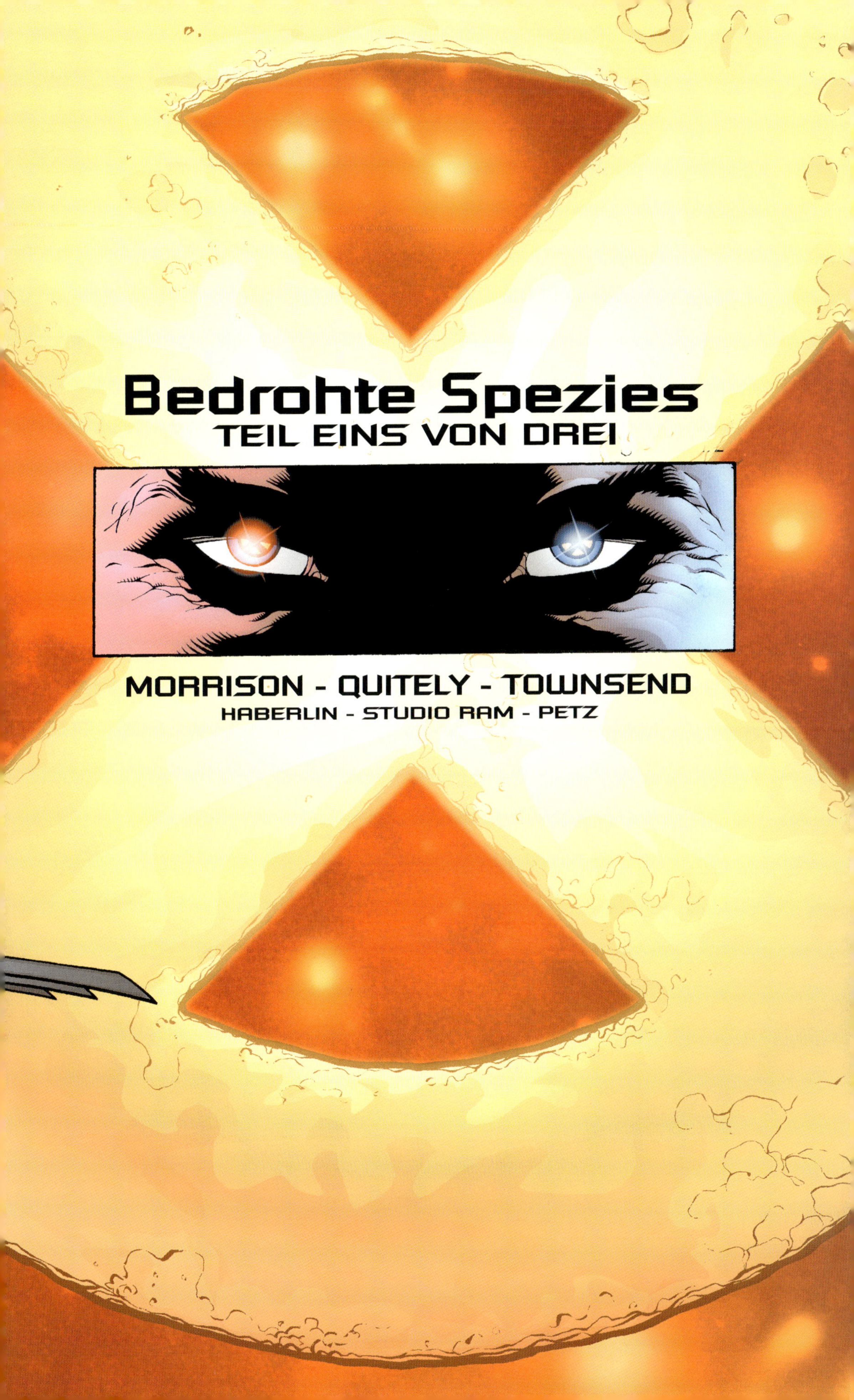
Bedrohte Spezies
TEIL EINS VON DREI
MORRISON - QUITELY - TOWNSEND
HABERLIN - STUDIO RAM - PETZ

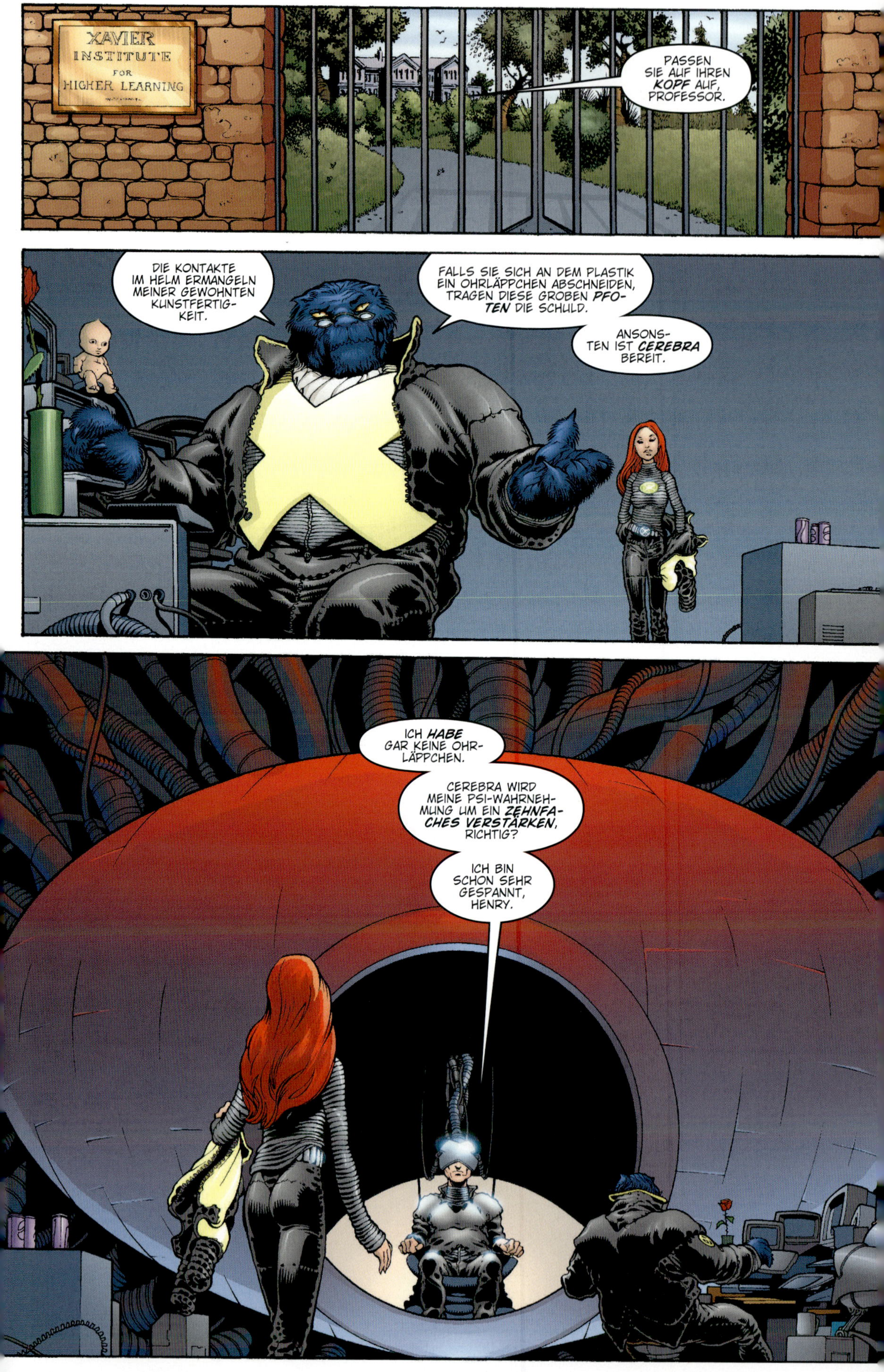
XAVIER INSTITUTE FOR HIGHER LEARNING
PASSEN SIE AUF IHREN KOPF AUF, PROFESSOR.
DIE KONTAKTE IM HELM ERMANGELN MEINER GEWOHNTEN KUNSTFERTIG-KEIT.
FALLS SIE SICH AN DEM PLASTIK EIN OHRLÄPPCHEN ABSCHNEIDEN, TRAGEN DIESE GROBEN PFO-TEN DIE SCHULD.
ANSONS-TEN IST CEREBRA BEREIT.
ICH HABE GAR KEINE OHR-LÄPPCHEN.
CEREBRA WIRD MEINE PSI-WAHRNEH-MUNG UM EIN ZEHNFA-CHES VERSTÄRKEN, RICHTIG?
ICH BIN SCHON SEHR GESPANNT, HENRY.

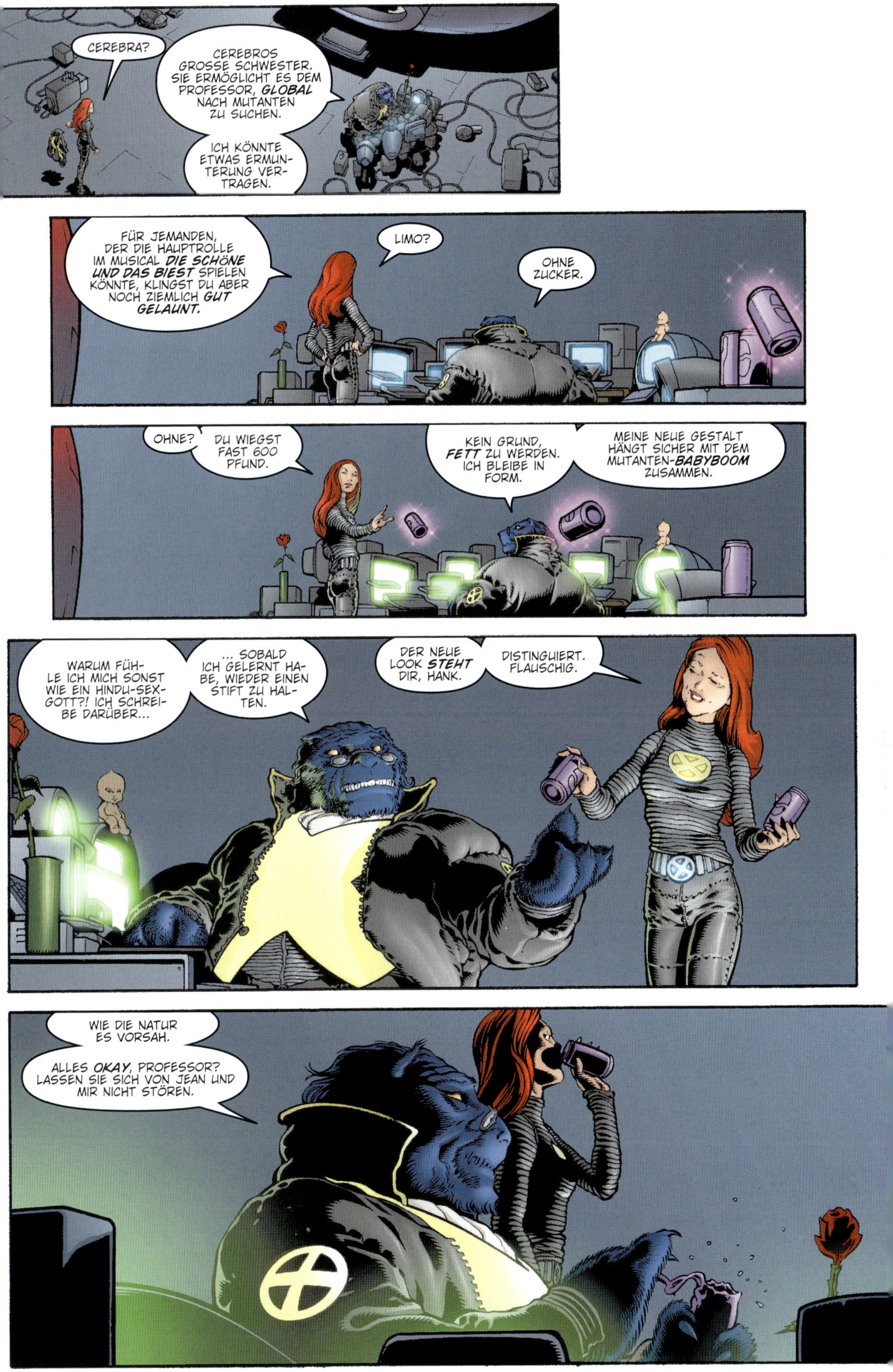
CEREBRA?
CEREBROS GROSSE SCHWESTER. SIE ERMÖGLICHT ES DEM PROFESSOR, **GLOBAL** NACH MUTANTEN ZU SUCHEN.
ICH KÖNNTE ETWAS ERMUNTERUNG VERTRAGEN.
FÜR JEMANDEN, DER DIE HAUPTROLLE IM MUSICAL **DIE SCHÖNE UND DAS BIEST** SPIELEN KÖNNTE, KLINGST DU ABER NOCH ZIEMLICH **GUT GELAUNT.**
LIMO?
OHNE ZUCKER.
OHNE?
DU WIEGST FAST 600 PFUND.
KEIN GRUND, **FETT** ZU WERDEN. ICH BLEIBE IN FORM.
MEINE NEUE GESTALT HÄNGT SICHER MIT DEM MUTANTEN-**BABYBOOM** ZUSAMMEN.
WARUM FÜHLE ICH MICH SONST WIE EIN HINDU-SEXGOTT?! ICH SCHREIBE DARÜBER...
... SOBALD ICH GELERNT HABE, WIEDER EINEN STIFT ZU HALTEN.
DER NEUE LOOK **STEHT** DIR, HANK.
DISTINGUIERT. FLAUSCHIG.
WIE DIE NATUR ES VORSAH.
ALLES **OKAY**, PROFESSOR? LASSEN SIE SICH VON JEAN UND MIR NICHT STÖREN.

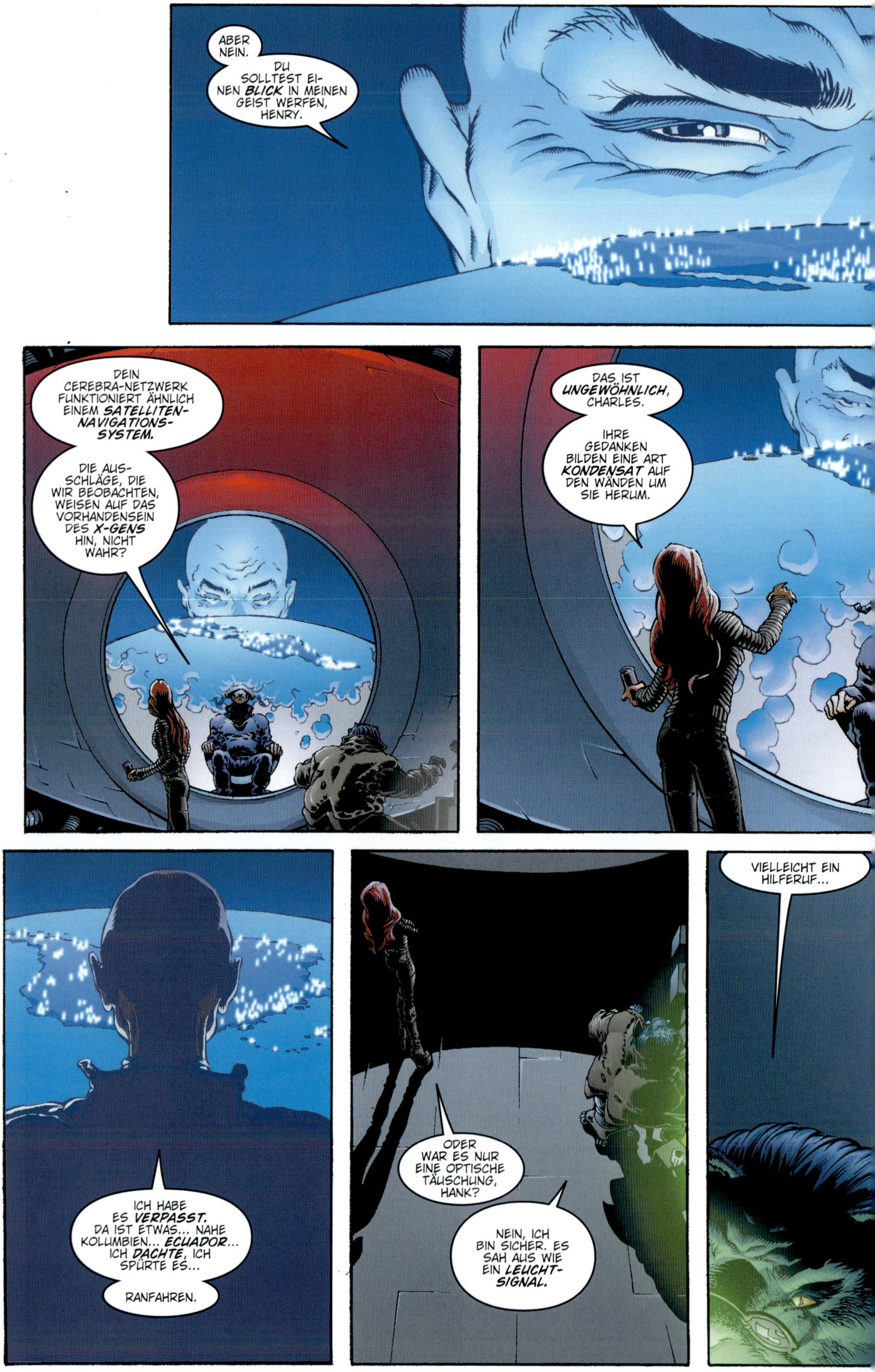
ABER NEIN.
DU SOLLTEST EINEN **BLICK** IN MEINEN GEIST WERFEN, HENRY.
DEIN CEREBRA-NETZWERK FUNKTIONIERT ÄHNLICH EINEM **SATELLITEN-NAVIGATIONS-SYSTEM.**
DIE AUSSCHLÄGE, DIE WIR BEOBACHTEN, WEISEN AUF DAS VORHANDENSEIN DES **X-GENS** HIN, NICHT WAHR?
DAS IST **UNGEWÖHNLICH**, CHARLES.
IHRE GEDANKEN BILDEN EINE ART **KONDENSAT** AUF DEN WÄNDEN UM SIE HERUM.
ICH HABE ES **VERPASST.** DA IST ETWAS... NAHE KOLUMBIEN... **ECUADOR**... ICH **DACHTE**, ICH SPÜRTE ES...
RANFAHREN.
ODER WAR ES NUR EINE OPTISCHE TÄUSCHUNG, HANK?
NEIN, ICH BIN SICHER. ES SAH AUS WIE EIN **LEUCHT-SIGNAL.**
VIELLEICHT EIN HILFERUF...

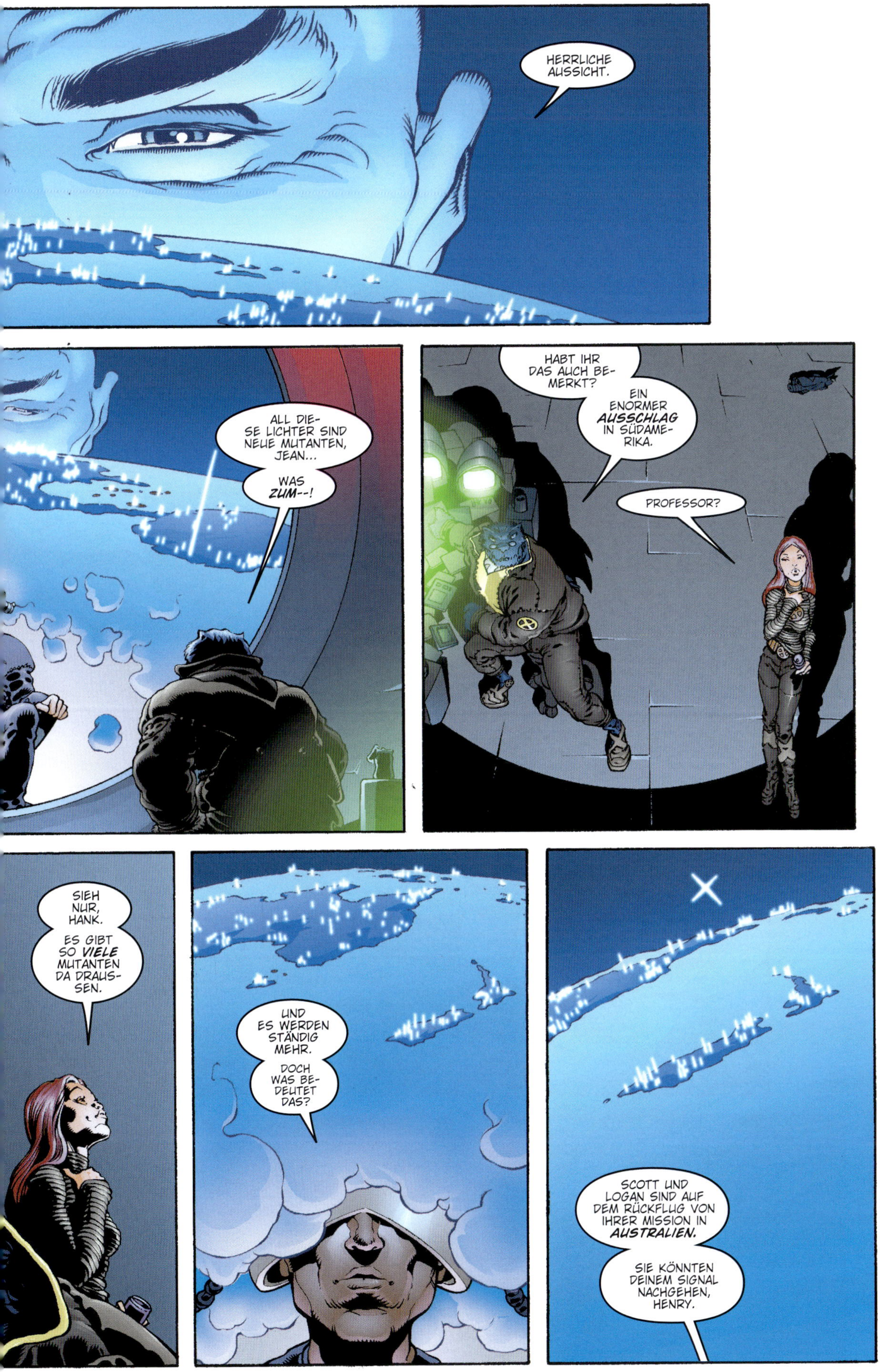
HERRLICHE AUSSICHT.
ALL DIESE LICHTER SIND NEUE MUTANTEN, JEAN...
WAS *ZUM*--!
HABT IHR DAS AUCH BEMERKT?
EIN ENORMER *AUSSCHLAG* IN SÜDAMERIKA.
PROFESSOR?
SIEH NUR, HANK.
ES GIBT SO *VIELE* MUTANTEN DA DRAUSSEN.
UND ES WERDEN STÄNDIG MEHR.
DOCH WAS BEDEUTET DAS?
SCOTT UND LOGAN SIND AUF DEM RÜCKFLUG VON IHRER MISSION IN *AUSTRALIEN.*
SIE KÖNNTEN DEINEM SIGNAL NACHGEHEN, HENRY.

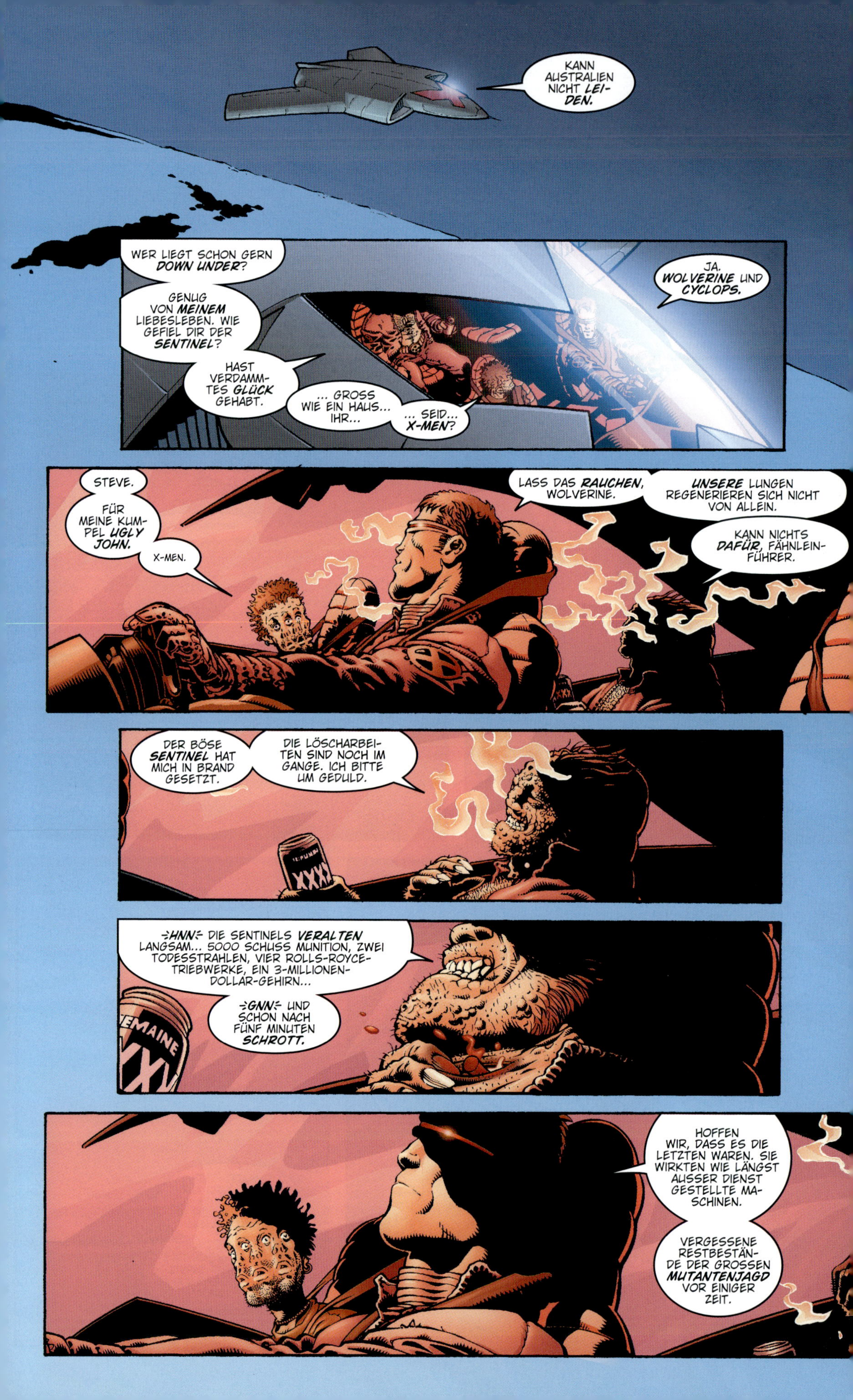
KANN AUSTRALIEN NICHT LEIDEN.
WER LIEGT SCHON GERN DOWN UNDER?
GENUG VON MEINEM LIEBESLEBEN. WIE GEFIEL DIR DER SENTINEL?
HAST VERDAMMTES GLÜCK GEHABT.
JA. WOLVERINE UND CYCLOPS.
... GROSS WIE EIN HAUS... IHR...
... SEID... X-MEN?
STEVE.
FÜR MEINE KUMPEL UGLY JOHN.
X-MEN.
LASS DAS RAUCHEN, WOLVERINE.
UNSERE LUNGEN REGENERIEREN SICH NICHT VON ALLEIN.
KANN NICHTS DAFÜR, FÄHNLEINFÜHRER.
DER BÖSE SENTINEL HAT MICH IN BRAND GESETZT.
DIE LÖSCHARBEITEN SIND NOCH IM GANGE. ICH BITTE UM GEDULD.
=HNN= DIE SENTINELS VERALTEN LANGSAM... 5000 SCHUSS MUNITION, ZWEI TODESSTRAHLEN, VIER ROLLS-ROYCE-TRIEBWERKE, EIN 3-MILLIONEN-DOLLAR-GEHIRN...
=GNN= UND SCHON NACH FÜNF MINUTEN SCHROTT.
HOFFEN WIR, DASS ES DIE LETZTEN WAREN. SIE WIRKTEN WIE LÄNGST AUSSER DIENST GESTELLTE MASCHINEN.
VERGESSENE RESTBESTÄNDE DER GROSSEN MUTANTENJAGD VOR EINIGER ZEIT.

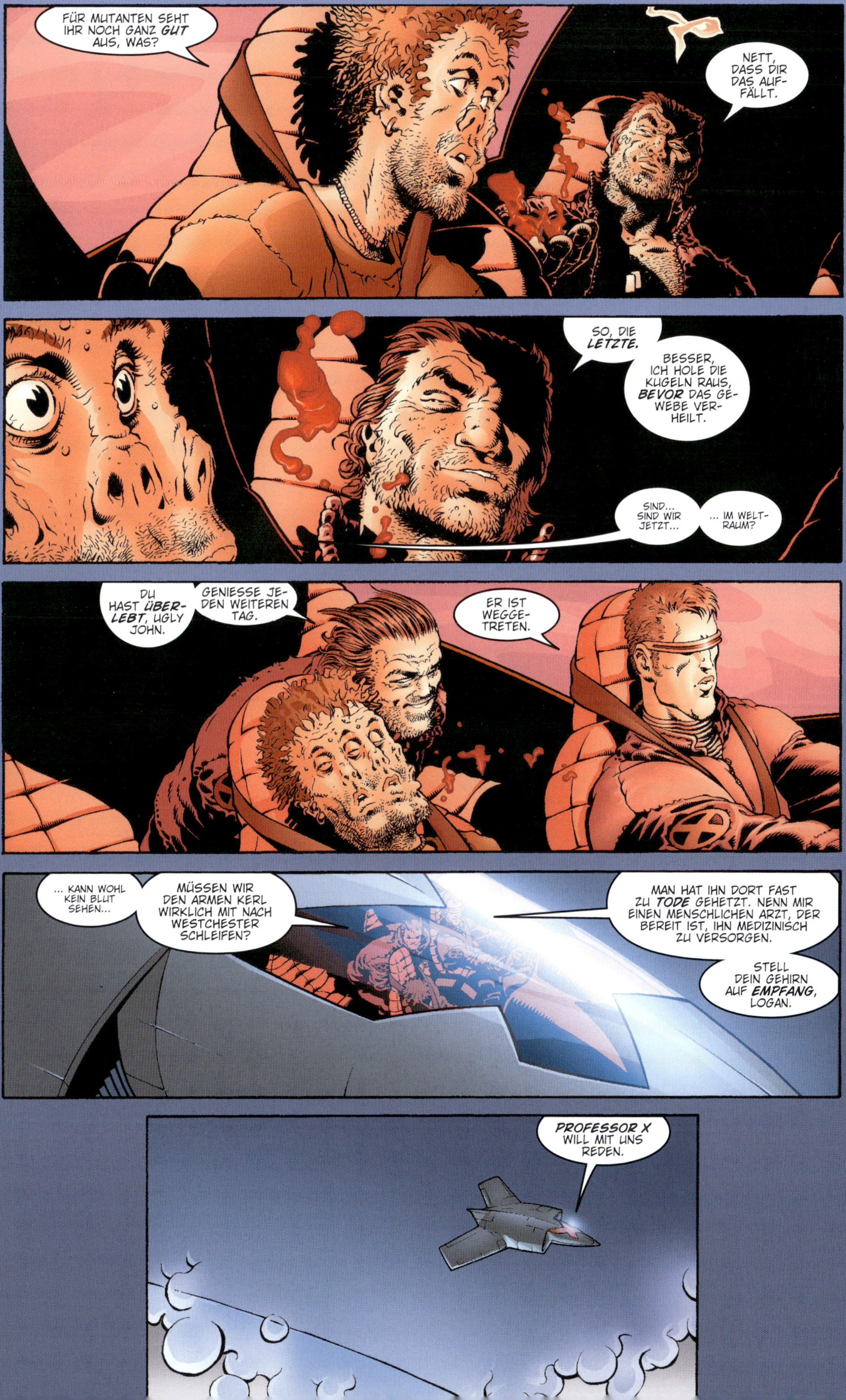
FÜR MUTANTEN SEHT IHR NOCH GANZ GUT AUS, WAS?
NETT, DASS DIR DAS AUF-FÄLLT.
SO, DIE LETZTE.
BESSER, ICH HOLE DIE KUGELN RAUS, BEVOR DAS GE-WEBE VER-HEILT.
SIND... SIND WIR JETZT...
... IM WELT-RAUM?
DU HAST ÜBER-LEBT, UGLY JOHN.
GENIESSE JE-DEN WEITEREN TAG.
ER IST WEGGE-TRETEN.
... KANN WOHL KEIN BLUT SEHEN...
MÜSSEN WIR DEN ARMEN KERL WIRKLICH MIT NACH WESTCHESTER SCHLEIFEN?
MAN HAT IHN DORT FAST ZU TODE GEHETZT. NENN MIR EINEN MENSCHLICHEN ARZT, DER BEREIT IST, IHN MEDIZINISCH ZU VERSORGEN.
STELL DEIN GEHIRN AUF EMPFANG, LOGAN.
PROFESSOR X WILL MIT UNS REDEN.

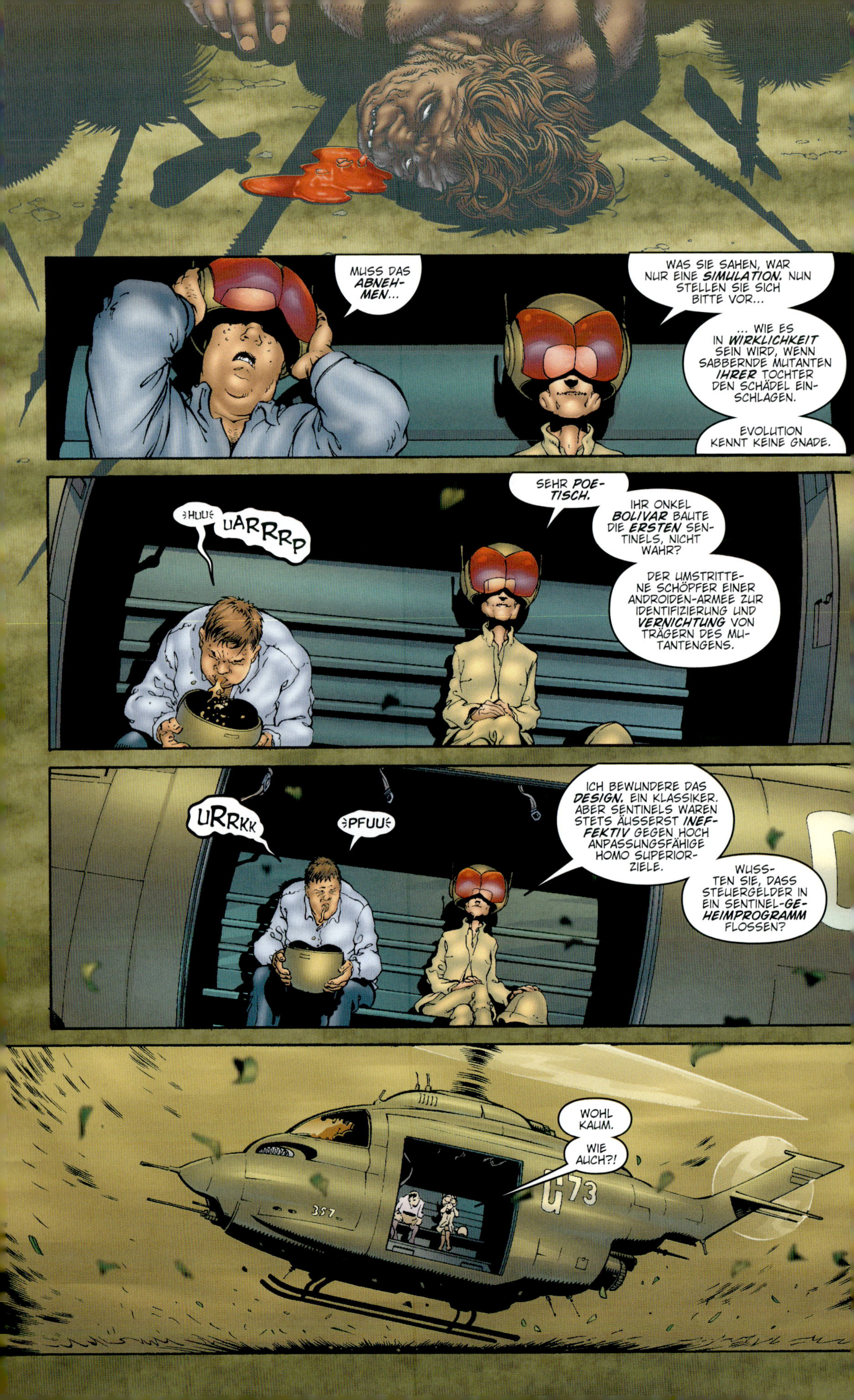

MUSS DAS ABNEHMEN...
WAS SIE SAHEN, WAR NUR EINE SIMULATION. NUN STELLEN SIE SICH BITTE VOR...
... WIE ES IN WIRKLICHKEIT SEIN WIRD, WENN SABBERNDE MUTANTEN IHRER TOCHTER DEN SCHÄDEL EINSCHLAGEN.
EVOLUTION KENNT KEINE GNADE.
HUU
UARRRP
SEHR POETISCH.
IHR ONKEL BOLIVAR BAUTE DIE ERSTEN SENTINELS, NICHT WAHR?
DER UMSTRITTENE SCHÖPFER EINER ANDROIDEN-ARMEE ZUR IDENTIFIZIERUNG UND VERNICHTUNG VON TRÄGERN DES MUTANTENGENS.
URRKK
PFUU
ICH BEWUNDERE DAS DESIGN. EIN KLASSIKER. ABER SENTINELS WAREN STETS ÄUSSERST INEFFEKTIV GEGEN HOCH ANPASSUNGSFÄHIGE HOMO SUPERIOR-ZIELE.
WUSSTEN SIE, DASS STEUERGELDER IN EIN SENTINEL-GEHEIMPROGRAMM FLOSSEN?
WOHL KAUM.
WIE AUCH?!
G73
357

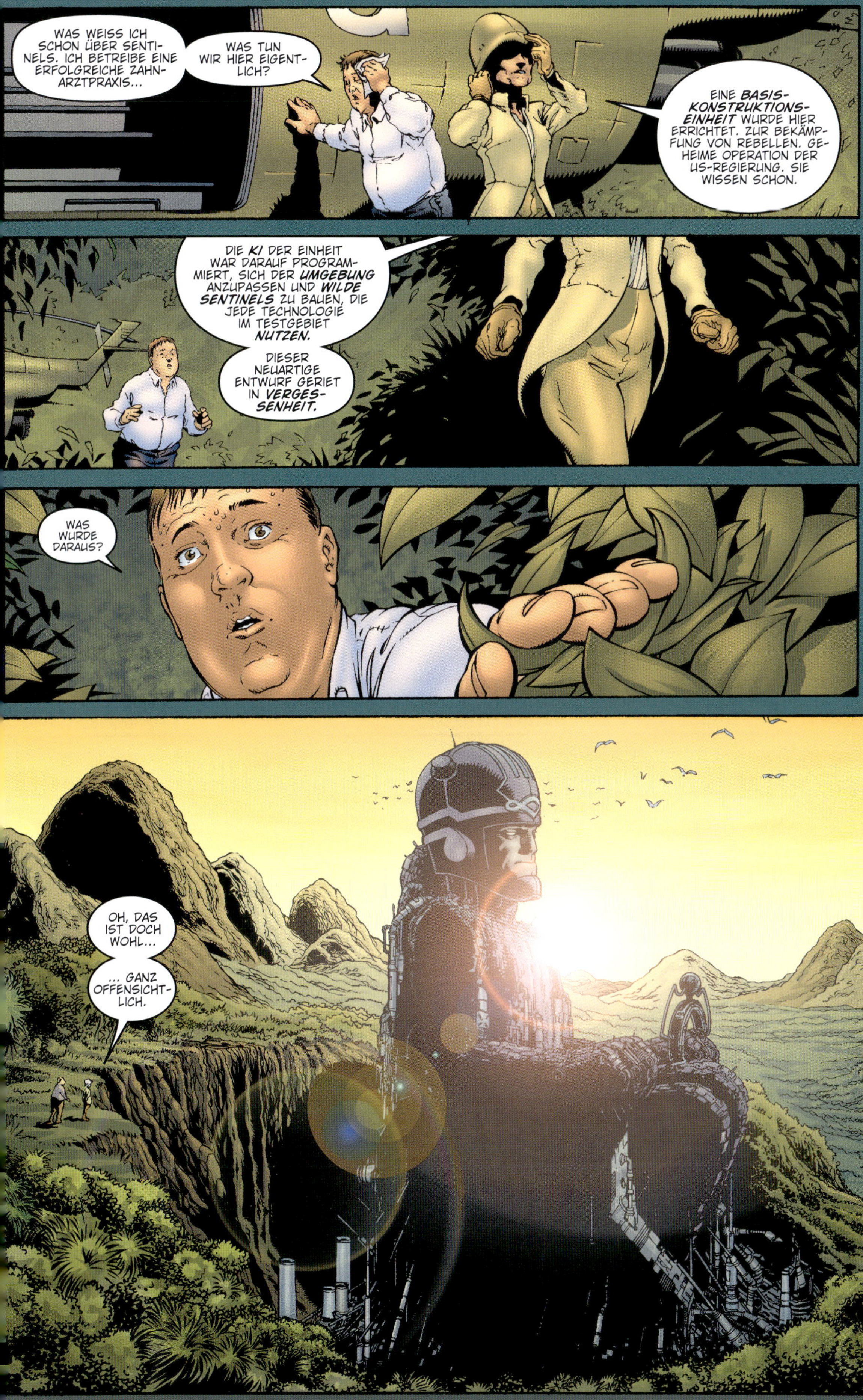

WAS WEISS ICH SCHON ÜBER SENTINELS. ICH BETREIBE EINE ERFOLGREICHE ZAHNARZTPRAXIS...
WAS TUN WIR HIER EIGENTLICH?
EINE BASISKONSTRUKTIONSEINHEIT WURDE HIER ERRICHTET. ZUR BEKÄMPFUNG VON REBELLEN. GEHEIME OPERATION DER US-REGIERUNG. SIE WISSEN SCHON.
DIE KI DER EINHEIT WAR DARAUF PROGRAMMIERT, SICH DER UMGEBUNG ANZUPASSEN UND WILDE SENTINELS ZU BAUEN, DIE JEDE TECHNOLOGIE IM TESTGEBIET NUTZEN.
DIESER NEUARTIGE ENTWURF GERIET IN VERGESSENHEIT.
WAS WURDE DARAUS?
OH, DAS IST DOCH WOHL...
... GANZ OFFENSICHTLICH.

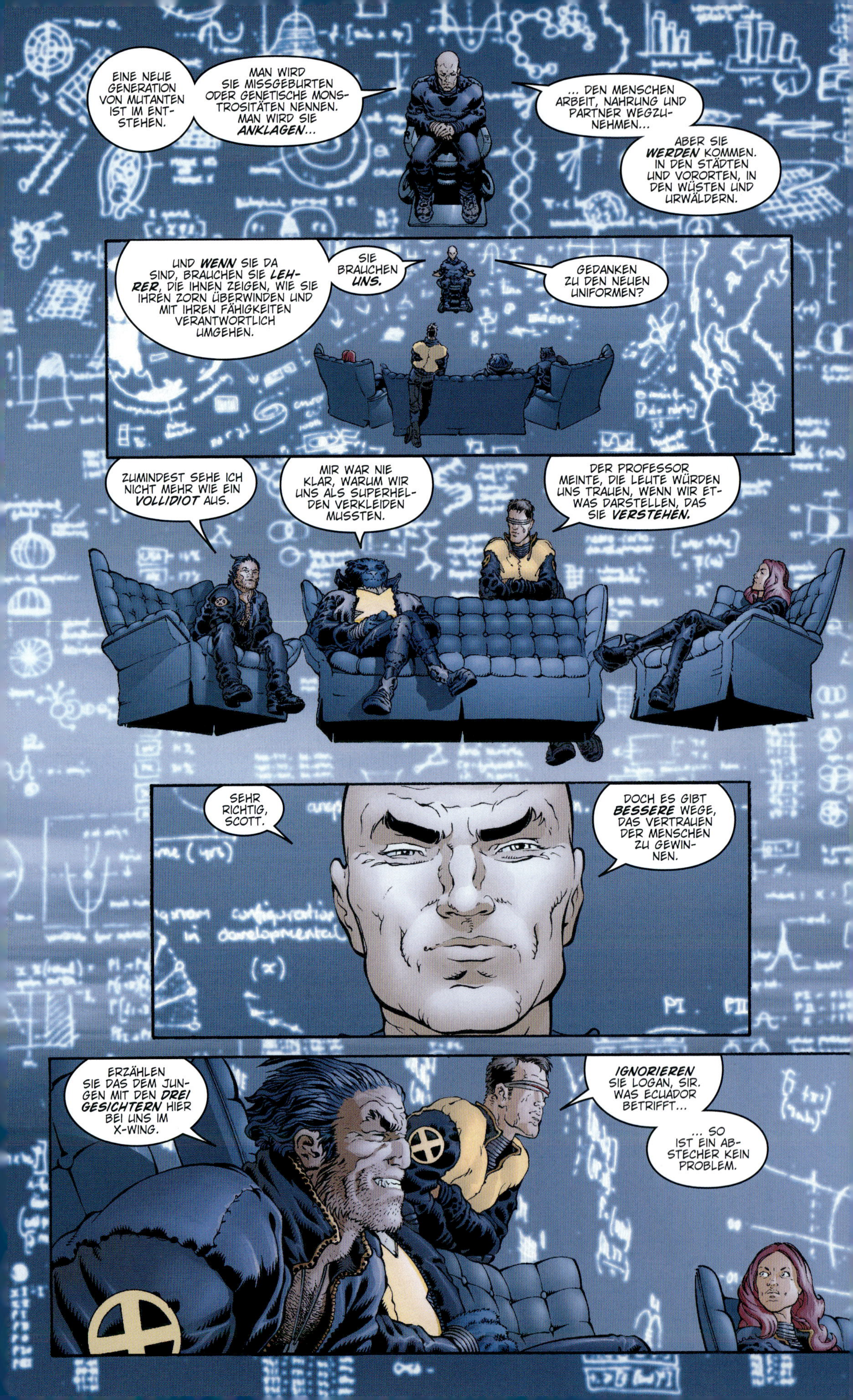
EINE NEUE GENERATION VON MUTANTEN IST IM ENTSTEHEN.
MAN WIRD SIE MISSGEBURTEN ODER GENETISCHE MONSTROSITÄTEN NENNEN. MAN WIRD SIE ANKLAGEN...
... DEN MENSCHEN ARBEIT, NAHRUNG UND PARTNER WEGZUNEHMEN...
ABER SIE WERDEN KOMMEN. IN DEN STÄDTEN UND VORORTEN, IN DEN WÜSTEN UND URWÄLDERN.
UND WENN SIE DA SIND, BRAUCHEN SIE LEHRER, DIE IHNEN ZEIGEN, WIE SIE IHREN ZORN ÜBERWINDEN UND MIT IHREN FÄHIGKEITEN VERANTWORTLICH UMGEHEN.
SIE BRAUCHEN UNS.
GEDANKEN ZU DEN NEUEN UNIFORMEN?
ZUMINDEST SEHE ICH NICHT MEHR WIE EIN VOLLIDIOT AUS.
MIR WAR NIE KLAR, WARUM WIR UNS ALS SUPERHELDEN VERKLEIDEN MUSSTEN.
DER PROFESSOR MEINTE, DIE LEUTE WÜRDEN UNS TRAUEN, WENN WIR ETWAS DARSTELLEN, DAS SIE VERSTEHEN.
SEHR RICHTIG, SCOTT.
DOCH ES GIBT BESSERE WEGE, DAS VERTRAUEN DER MENSCHEN ZU GEWINNEN.
ERZÄHLEN SIE DAS DEM JUNGEN MIT DEN DREI GESICHTERN HIER BEI UNS IM X-WING.
IGNORIEREN SIE LOGAN, SIR. WAS ECUADOR BETRIFFT...
... SO IST EIN ABSTECHER KEIN PROBLEM.

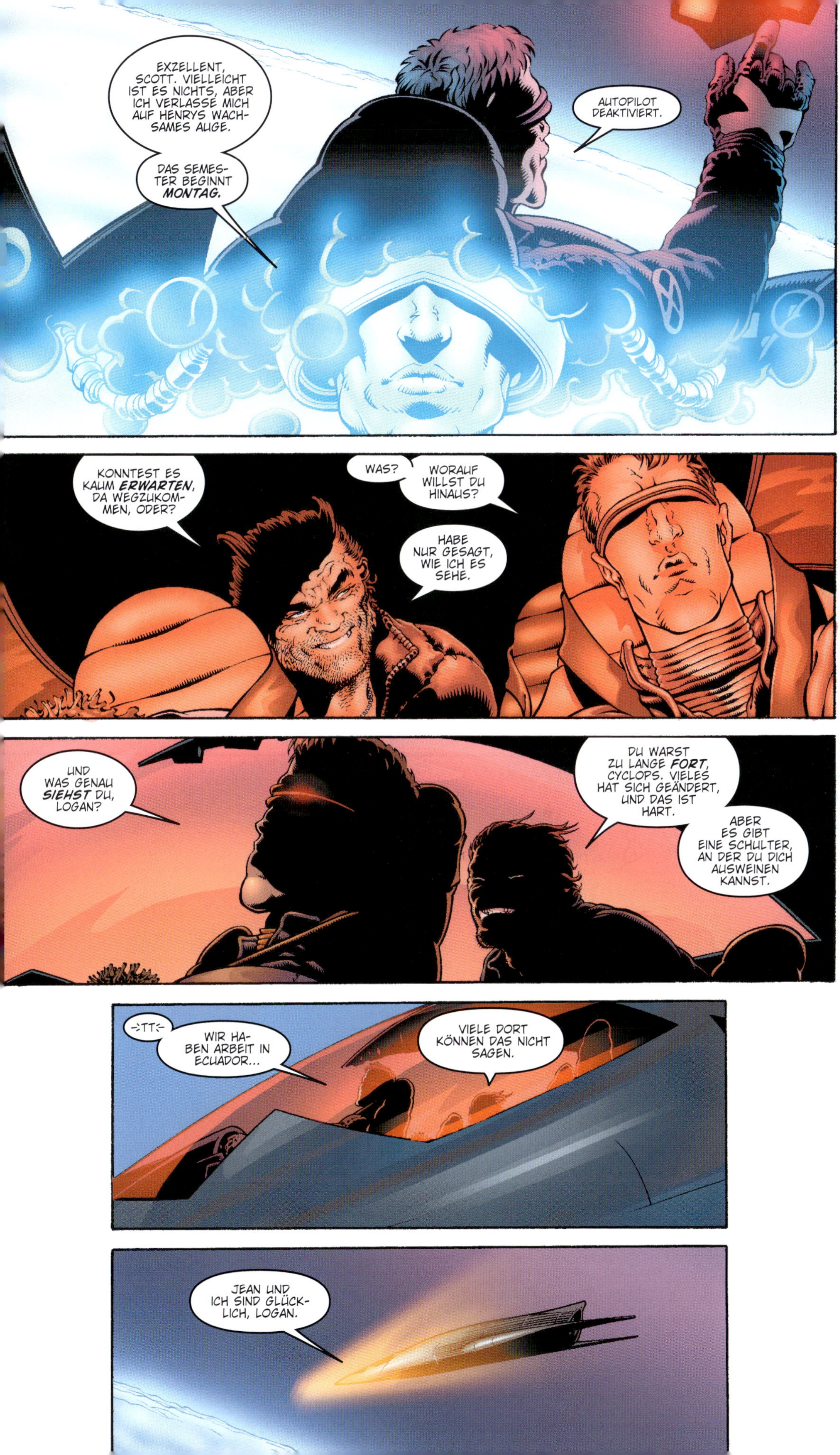

EXZELLENT, SCOTT. VIELLEICHT IST ES NICHTS, ABER ICH VERLASSE MICH AUF HENRYS WACHSAMES AUGE.
DAS SEMESTER BEGINNT MONTAG.
AUTOPILOT DEAKTIVIERT.
KONNTEST ES KAUM ERWARTEN, DA WEGZUKOMMEN, ODER?
WAS?
WORAUF WILLST DU HINAUS?
HABE NUR GESAGT, WIE ICH ES SEHE.
UND WAS GENAU SIEHST DU, LOGAN?
DU WARST ZU LANGE FORT, CYCLOPS. VIELES HAT SICH GEÄNDERT, UND DAS IST HART.
ABER ES GIBT EINE SCHULTER, AN DER DU DICH AUSWEINEN KANNST.
-:TT:-
WIR HABEN ARBEIT IN ECUADOR...
VIELE DORT KÖNNEN DAS NICHT SAGEN.
JEAN UND ICH SIND GLÜCKLICH, LOGAN.

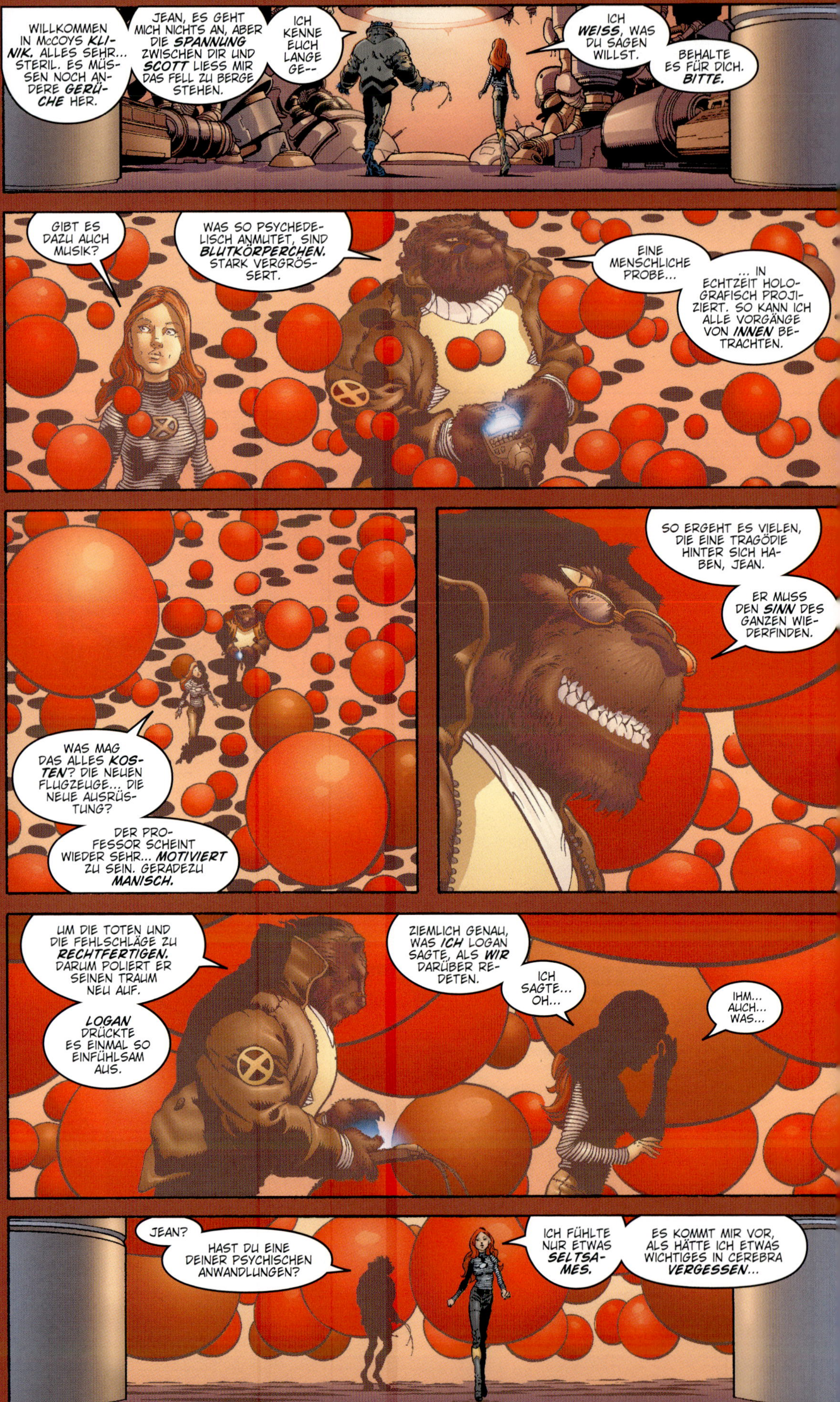
WILLKOMMEN IN McCOYS KLINIK. ALLES SEHR... STERIL. ES MÜSSEN NOCH ANDERE GERÜCHE HER.
JEAN, ES GEHT MICH NICHTS AN, ABER DIE SPANNUNG ZWISCHEN DIR UND SCOTT LIESS MIR DAS FELL ZU BERGE STEHEN.
ICH KENNE EUCH LANGE GE--
ICH WEISS, WAS DU SAGEN WILLST.
BEHALTE ES FÜR DICH. BITTE.
GIBT ES DAZU AUCH MUSIK?
WAS SO PSYCHEDELISCH ANMUTET, SIND BLUTKÖRPERCHEN. STARK VERGRÖSSERT.
EINE MENSCHLICHE PROBE...
... IN ECHTZEIT HOLOGRAFISCH PROJIZIERT. SO KANN ICH ALLE VORGÄNGE VON INNEN BETRACHTEN.
WAS MAG DAS ALLES KOSTEN? DIE NEUEN FLUGZEUGE... DIE NEUE AUSRÜSTUNG?
DER PROFESSOR SCHEINT WIEDER SEHR... MOTIVIERT ZU SEIN. GERADEZU MANISCH.
SO ERGEHT ES VIELEN, DIE EINE TRAGÖDIE HINTER SICH HABEN, JEAN.
ER MUSS DEN SINN DES GANZEN WIEDERFINDEN.
UM DIE TOTEN UND DIE FEHLSCHLÄGE ZU RECHTFERTIGEN. DARUM POLIERT ER SEINEN TRAUM NEU AUF.
LOGAN DRÜCKTE ES EINMAL SO EINFÜHLSAM AUS.
ZIEMLICH GENAU, WAS ICH LOGAN SAGTE, ALS WIR DARÜBER REDETEN.
ICH SAGTE... OH...
IHM... AUCH... WAS...
JEAN?
HAST DU EINE DEINER PSYCHISCHEN ANWANDLUNGEN?
ICH FÜHLTE NUR ETWAS SELTSAMES.
ES KOMMT MIR VOR, ALS HÄTTE ICH ETWAS WICHTIGES IN CEREBRA VERGESSEN...

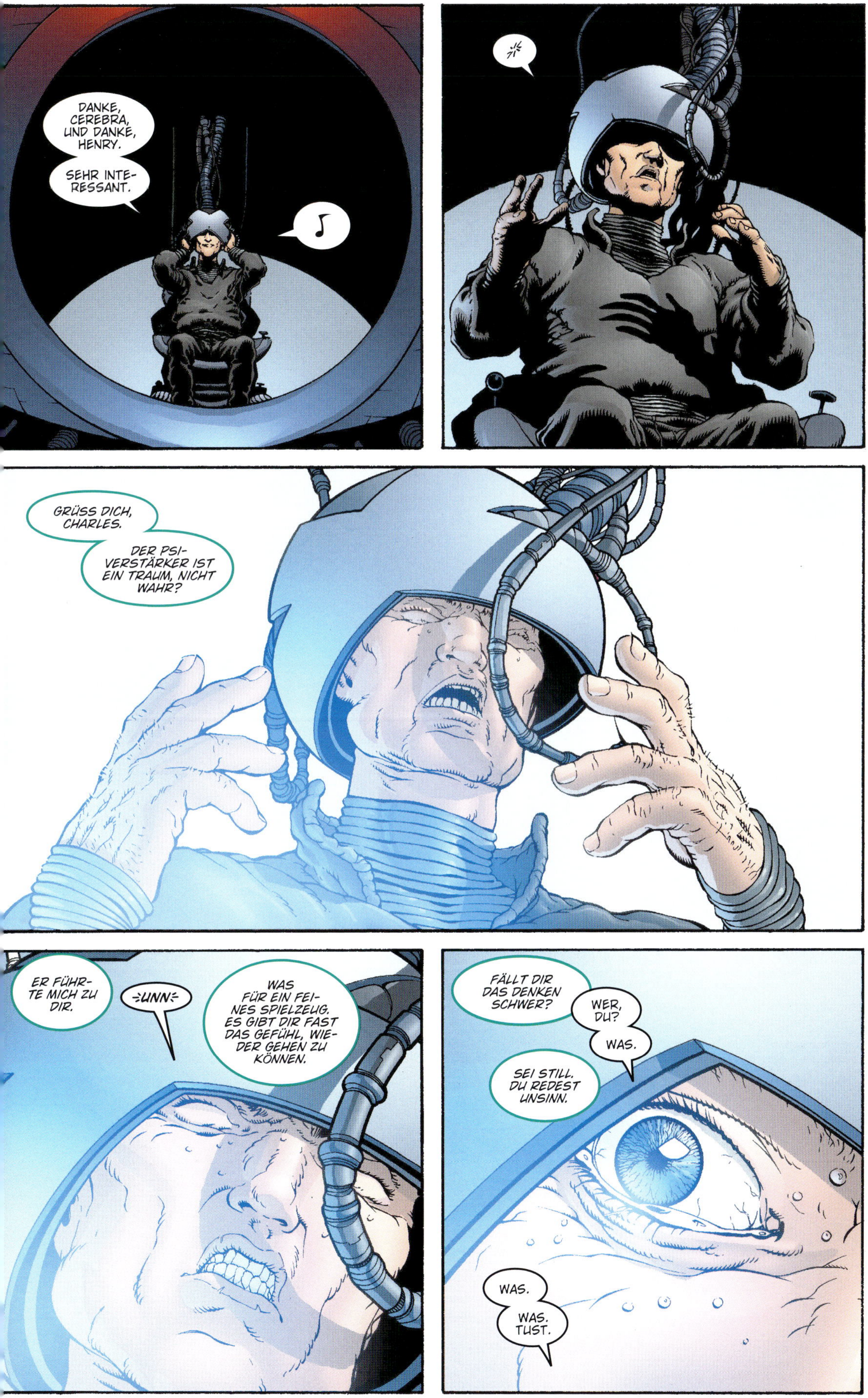
DANKE, CEREBRA, UND DANKE, HENRY.
SEHR INTERESSANT.
GRÜSS DICH, CHARLES.
DER PSI-VERSTÄRKER IST EIN TRAUM, NICHT WAHR?
ER FÜHRTE MICH ZU DIR.
UNN
WAS FÜR EIN FEINES SPIELZEUG. ES GIBT DIR FAST DAS GEFÜHL, WIEDER GEHEN ZU KÖNNEN.
FÄLLT DIR DAS DENKEN SCHWER?
WER, DU?
WAS.
SEI STILL. DU REDEST UNSINN.
WAS.
WAS. TUST.

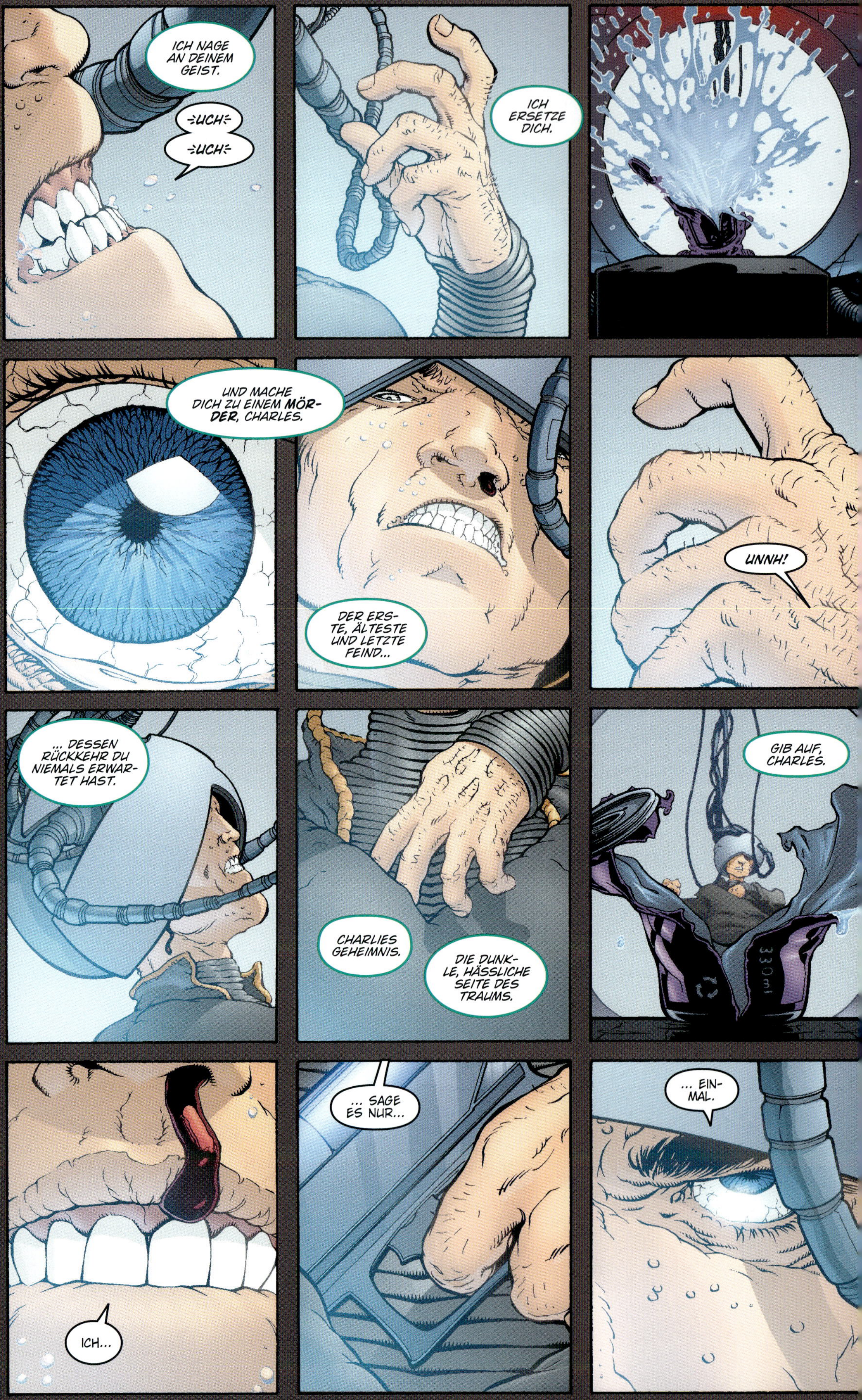
ICH NAGE AN DEINEM GEIST.
UCH
UCH
ICH ERSETZE DICH.
UND MACHE DICH ZU EINEM **MÖRDER**, CHARLES.
DER ERSTE, ÄLTESTE UND LETZTE FEIND...
UNNH!
... DESSEN RÜCKKEHR DU NIEMALS ERWARTET HAST.
CHARLIES GEHEIMNIS.
DIE DUNKLE, HÄSSLICHE SEITE DES TRAUMS.
GIB AUF, CHARLES.
ICH...
... SAGE ES NUR...
... EINMAL.

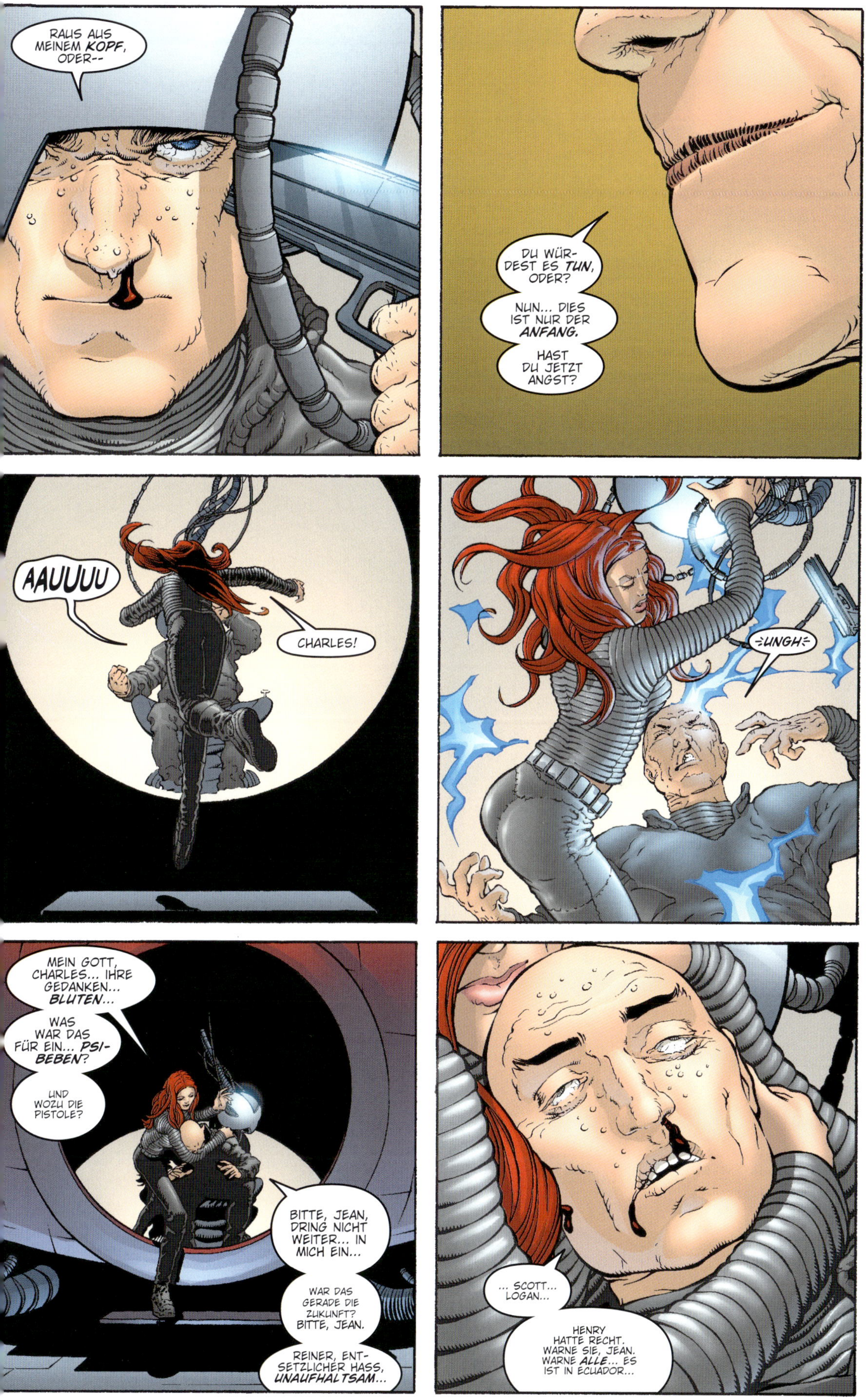
RAUS AUS MEINEM KOPF, ODER--
DU WÜR-DEST ES TUN, ODER?
NUN... DIES IST NUR DER ANFANG.
HAST DU JETZT ANGST?
AAUUUU
CHARLES!
UNGH
MEIN GOTT, CHARLES... IHRE GEDANKEN... BLUTEN...
WAS WAR DAS FÜR EIN... PSI-BEBEN?
UND WOZU DIE PISTOLE?
BITTE, JEAN, DRING NICHT WEITER... IN MICH EIN...
WAR DAS GERADE DIE ZUKUNFT? BITTE, JEAN.
REINER, ENT-SETZLICHER HASS, UNAUFHALTSAM...
... SCOTT... LOGAN...
HENRY HATTE RECHT. WARNE SIE, JEAN. WARNE ALLE... ES IST IN ECUADOR...

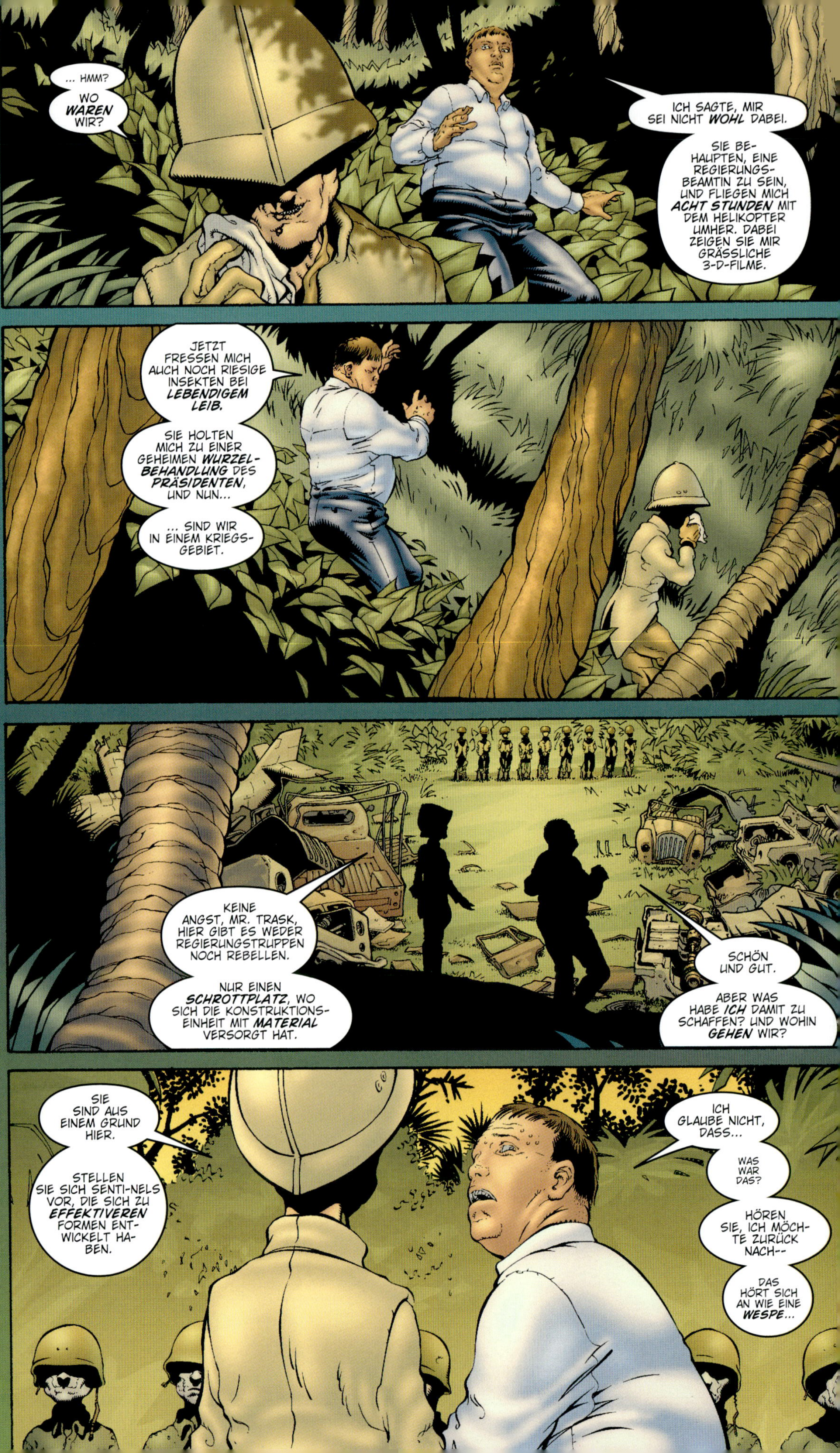
... HMM?
WO *WAREN* WIR?
ICH SAGTE, MIR SEI NICHT *WOHL* DABEI.
SIE BEHAUPTEN, EINE REGIERUNGSBEAMTIN ZU SEIN, UND FLIEGEN MICH *ACHT STUNDEN* MIT DEM HELIKOPTER UMHER. DABEI ZEIGEN SIE MIR GRÄSSLICHE 3-D-FILME.
JETZT FRESSEN MICH AUCH NOCH RIESIGE INSEKTEN BEI *LEBENDIGEM LEIB.*
SIE HOLTEN MICH ZU EINER GEHEIMEN *WURZELBEHANDLUNG* DES *PRÄSIDENTEN*, UND NUN...
... SIND WIR IN EINEM KRIEGSGEBIET.
KEINE ANGST, MR. TRASK, HIER GIBT ES WEDER REGIERUNGSTRUPPEN NOCH REBELLEN.
NUR EINEN *SCHROTTPLATZ*, WO SICH DIE KONSTRUKTIONSEINHEIT MIT *MATERIAL* VERSORGT HAT.
SCHÖN UND GUT.
ABER WAS HABE *ICH* DAMIT ZU SCHAFFEN? UND WOHIN *GEHEN* WIR?
SIE SIND AUS EINEM GRUND HIER.
STELLEN SIE SICH SENTI-NELS VOR, DIE SICH ZU *EFFEKTIVEREN* FORMEN ENTWICKELT HABEN.
ICH GLAUBE NICHT, DASS...
WAS WAR DAS?
HÖREN SIE, ICH MÖCHTE ZURÜCK NACH--
DAS HÖRT SICH AN WIE EINE *WESPE*...

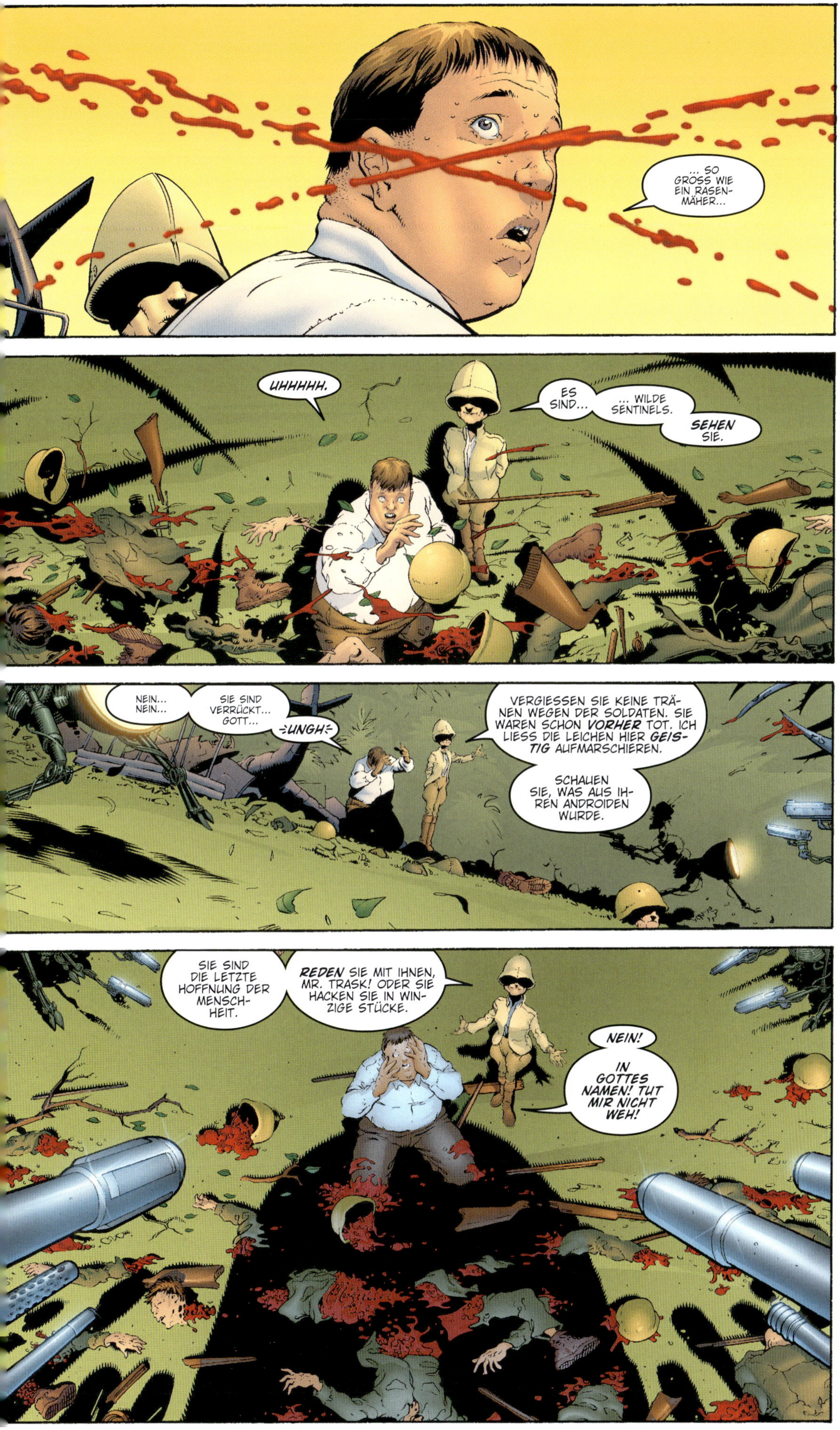
... SO GROSS WIE EIN RASEN-MÄHER...
UHHHHH.
ES SIND...
... WILDE SENTINELS.
SEHEN SIE.
NEIN... NEIN...
SIE SIND VERRÜCKT... GOTT...
UNGH
VERGIESSEN SIE KEINE TRÄNEN WEGEN DER SOLDATEN. SIE WAREN SCHON VORHER TOT. ICH LIESS DIE LEICHEN HIER GEISTIG AUFMARSCHIEREN.
SCHAUEN SIE, WAS AUS IHREN ANDROIDEN WURDE.
SIE SIND DIE LETZTE HOFFNUNG DER MENSCHHEIT.
REDEN SIE MIT IHNEN, MR. TRASK! ODER SIE HACKEN SIE IN WINZIGE STÜCKE.
NEIN!
IN GOTTES NAMEN! TUT MIR NICHT WEH!

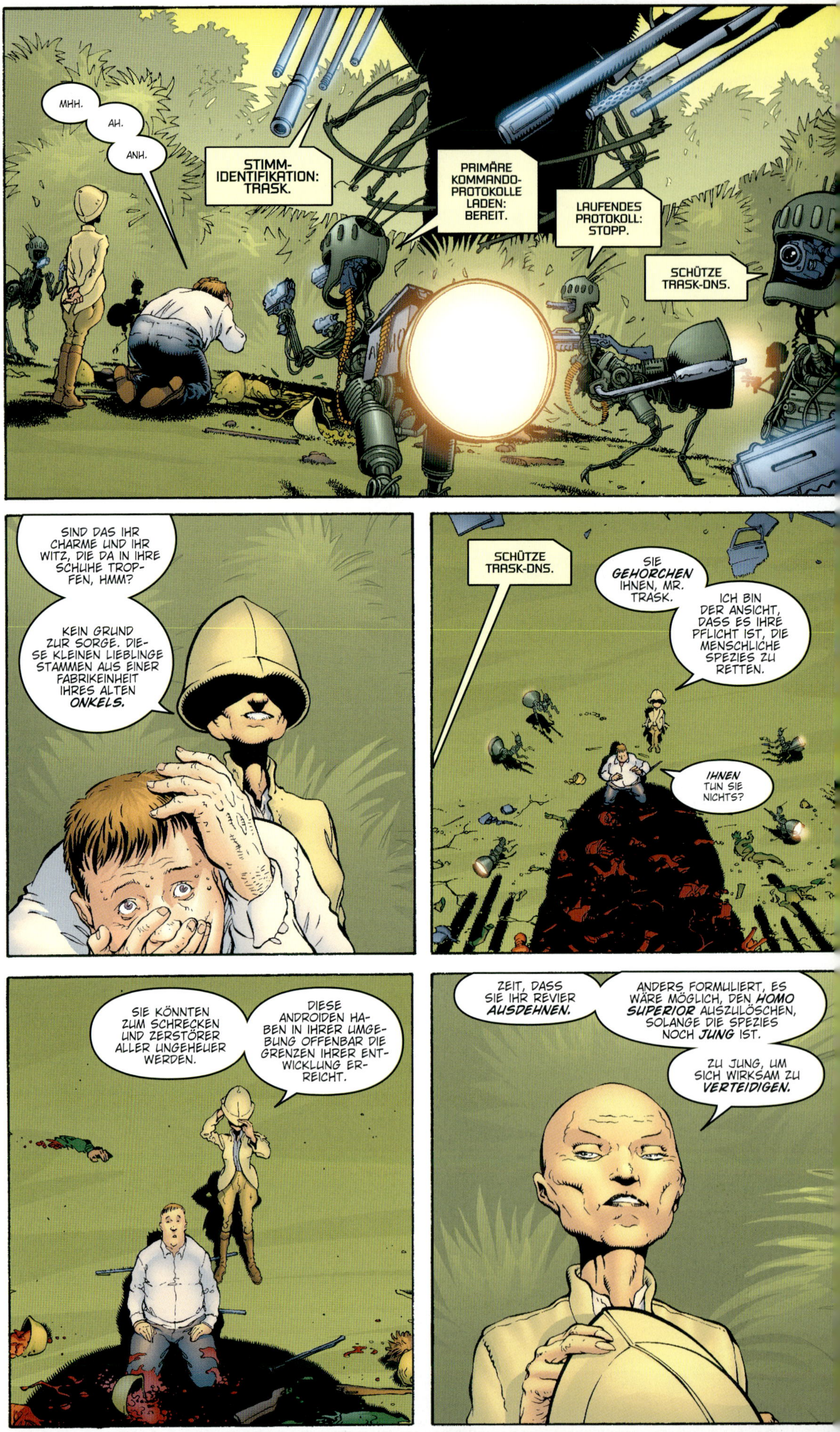
MHH.
AH.
ANH.
STIMM-IDENTIFIKATION: TRASK.
PRIMÄRE KOMMANDO-PROTOKOLLE LADEN: BEREIT.
LAUFENDES PROTOKOLL: STOPP.
SCHÜTZE TRASK-DNS.
SIND DAS IHR CHARME UND IHR WITZ, DIE DA IN IHRE SCHUHE TROPFEN, HMM?
KEIN GRUND ZUR SORGE. DIESE KLEINEN LIEBLINGE STAMMEN AUS EINER FABRIKEINHEIT IHRES ALTEN ONKELS.
SCHÜTZE TRASK-DNS.
SIE GEHORCHEN IHNEN, MR. TRASK.
ICH BIN DER ANSICHT, DASS ES IHRE PFLICHT IST, DIE MENSCHLICHE SPEZIES ZU RETTEN.
IHNEN TUN SIE NICHTS?
SIE KÖNNTEN ZUM SCHRECKEN UND ZERSTÖRER ALLER UNGEHEUER WERDEN.
DIESE ANDROIDEN HABEN IN IHRER UMGEBUNG OFFENBAR DIE GRENZEN IHRER ENTWICKLUNG ERREICHT.
ZEIT, DASS SIE IHR REVIER AUSDEHNEN.
ANDERS FORMULIERT, ES WÄRE MÖGLICH, DEN HOMO SUPERIOR AUSZULÖSCHEN, SOLANGE DIE SPEZIES NOCH JUNG IST.
ZU JUNG, UM SICH WIRKSAM ZU VERTEIDIGEN.

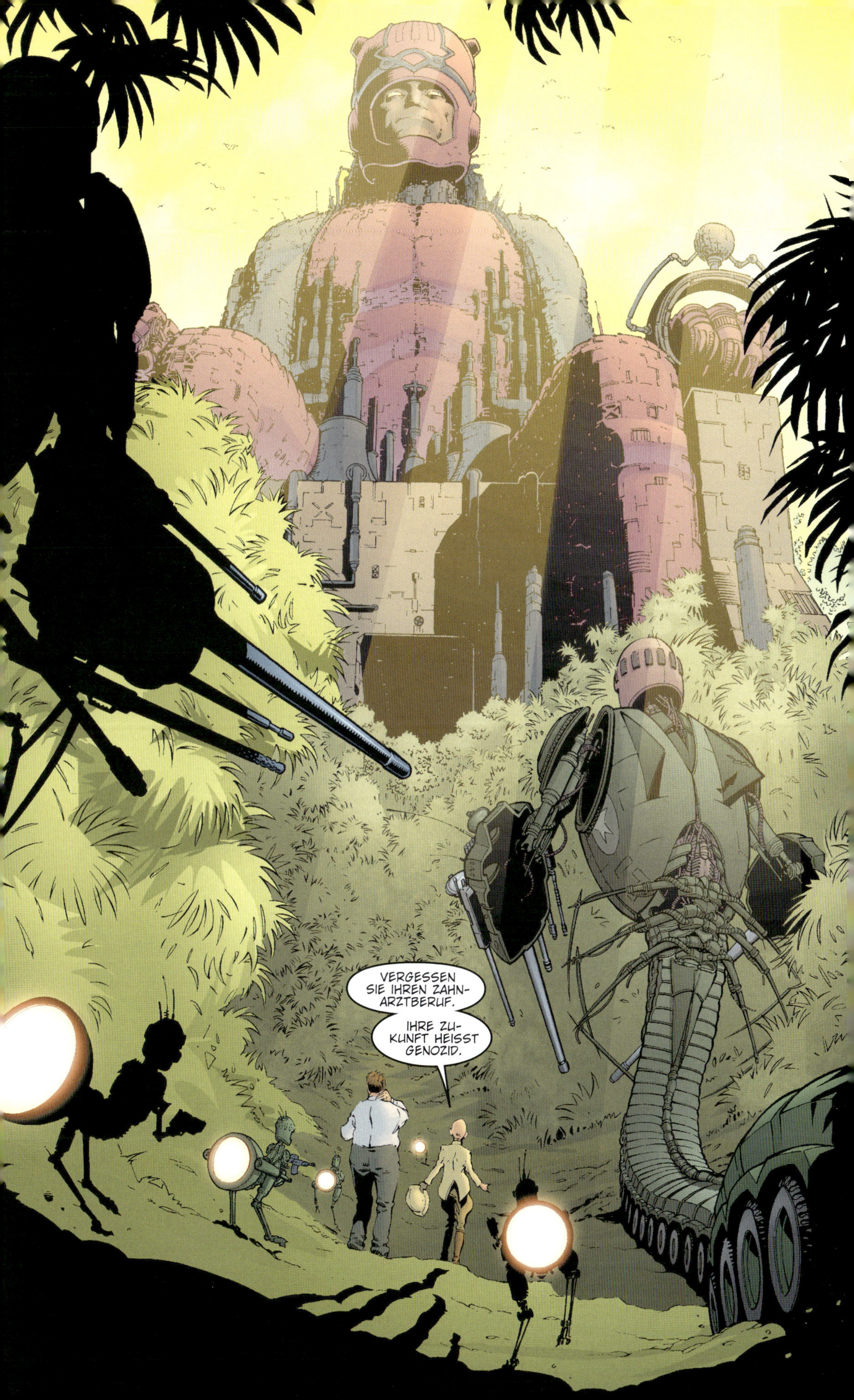
VERGESSEN SIE IHREN ZAHN-ARZTBERUF.
IHRE ZU-KUNFT HEISST GENOZID.

BEDROHTE SPEZIES, TEIL 2

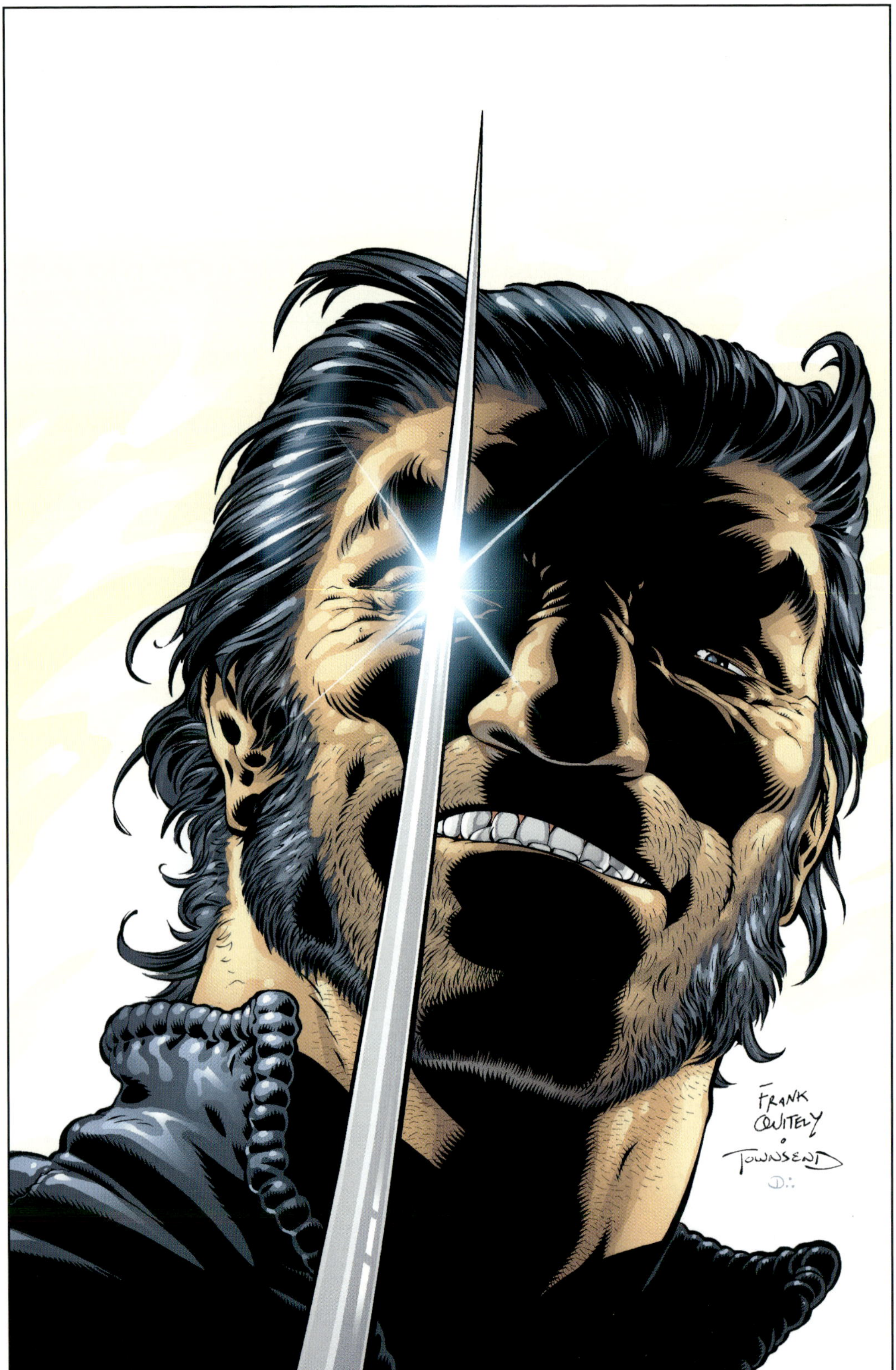

New X-Men (2001) 115
Cover von **FRANK QUITELY**

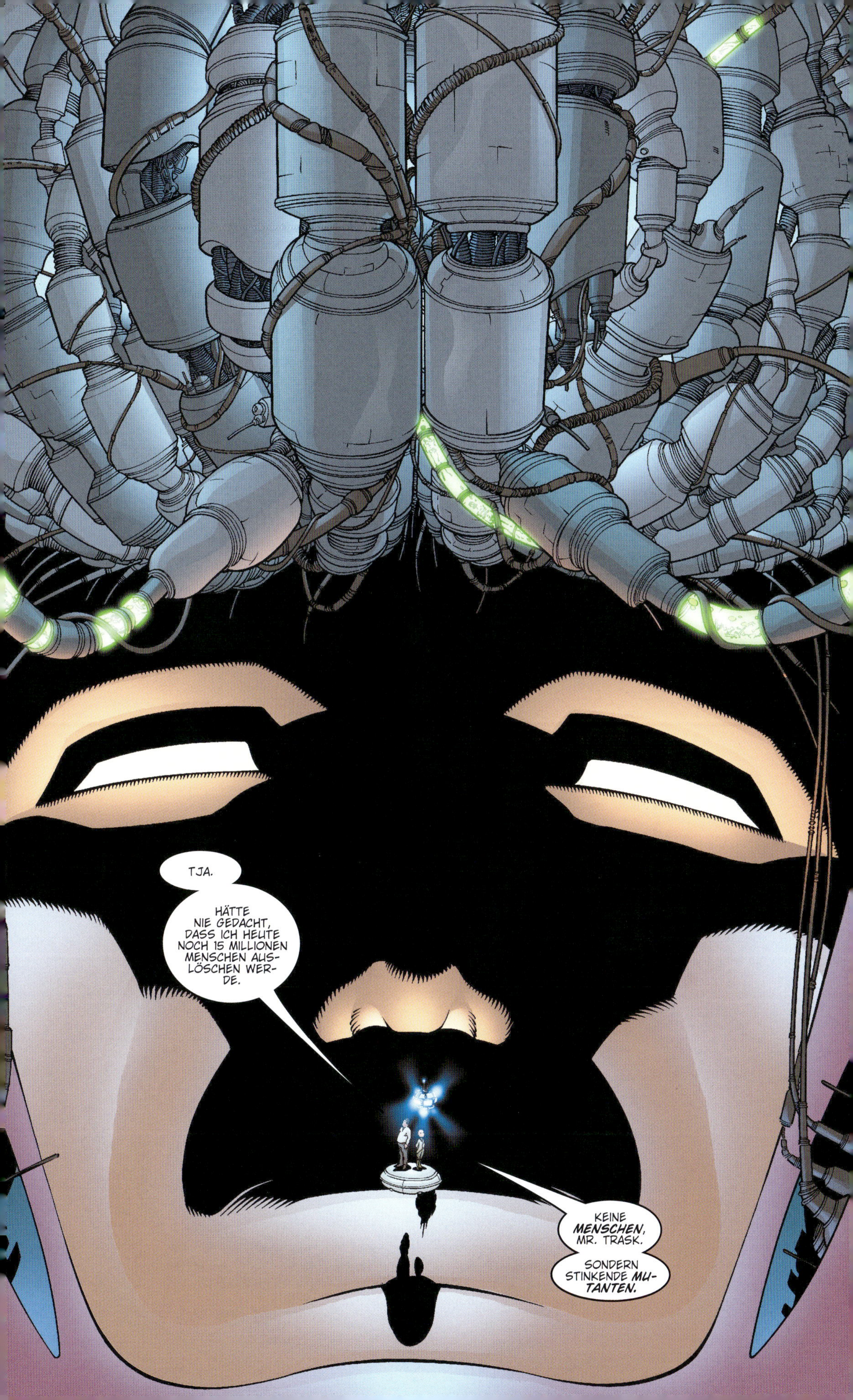
TJA.
HÄTTE NIE GEDACHT, DASS ICH HEUTE NOCH 15 MILLIONEN MENSCHEN AUSLÖSCHEN WERDE.
KEINE MENSCHEN, MR. TRASK.
SONDERN STINKENDE MUTANTEN.

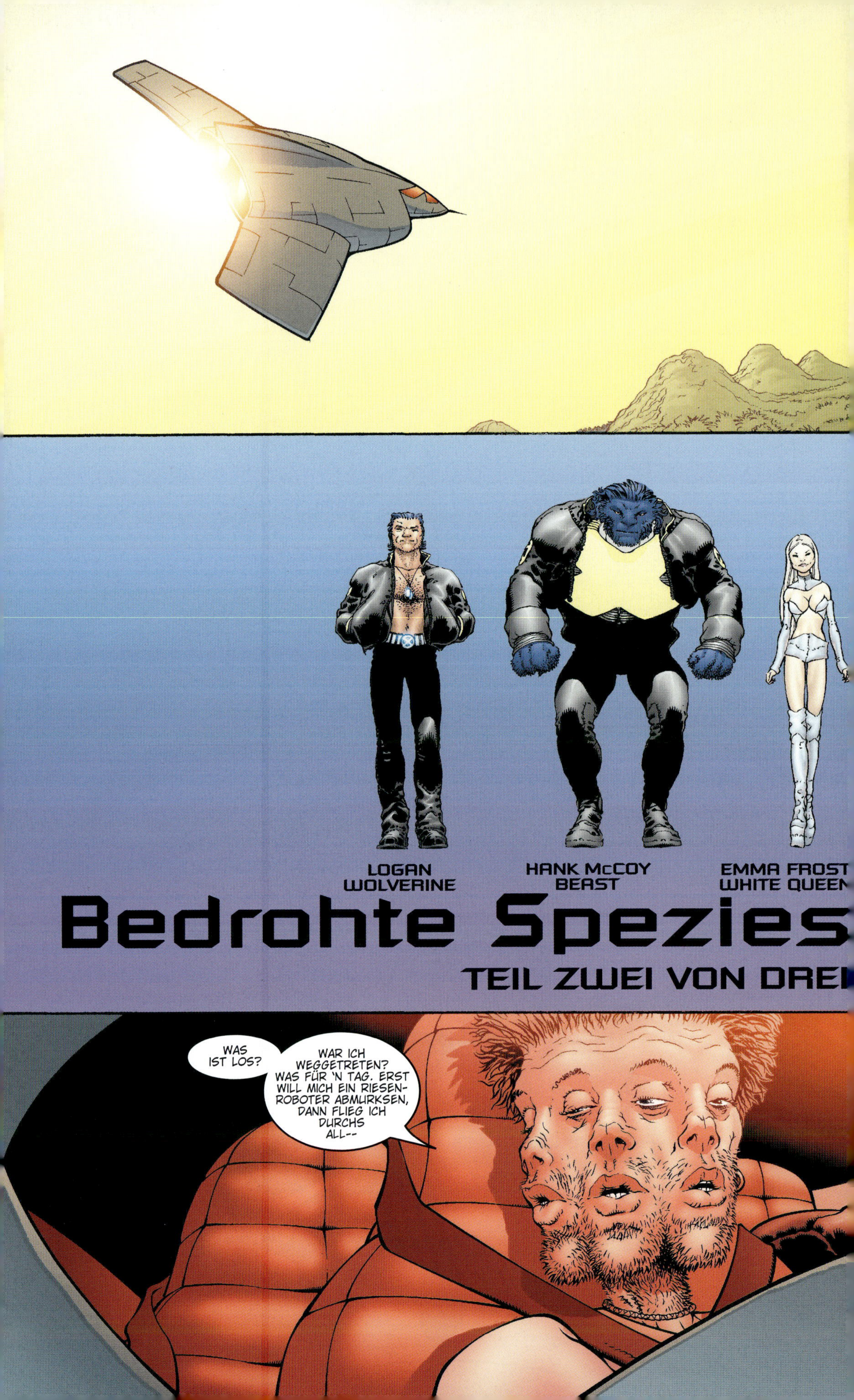
LOGAN
WOLVERINE
HANK McCOY
BEAST
EMMA FROST
WHITE QUEEN
Bedrohte Spezies
TEIL ZWEI VON DREI
WAS IST LOS?
WAR ICH WEGGETRETEN? WAS FÜR 'N TAG. ERST WILL MICH EIN RIESEN-ROBOTER ABMURKSEN, DANN FLIEG ICH DURCHS ALL--

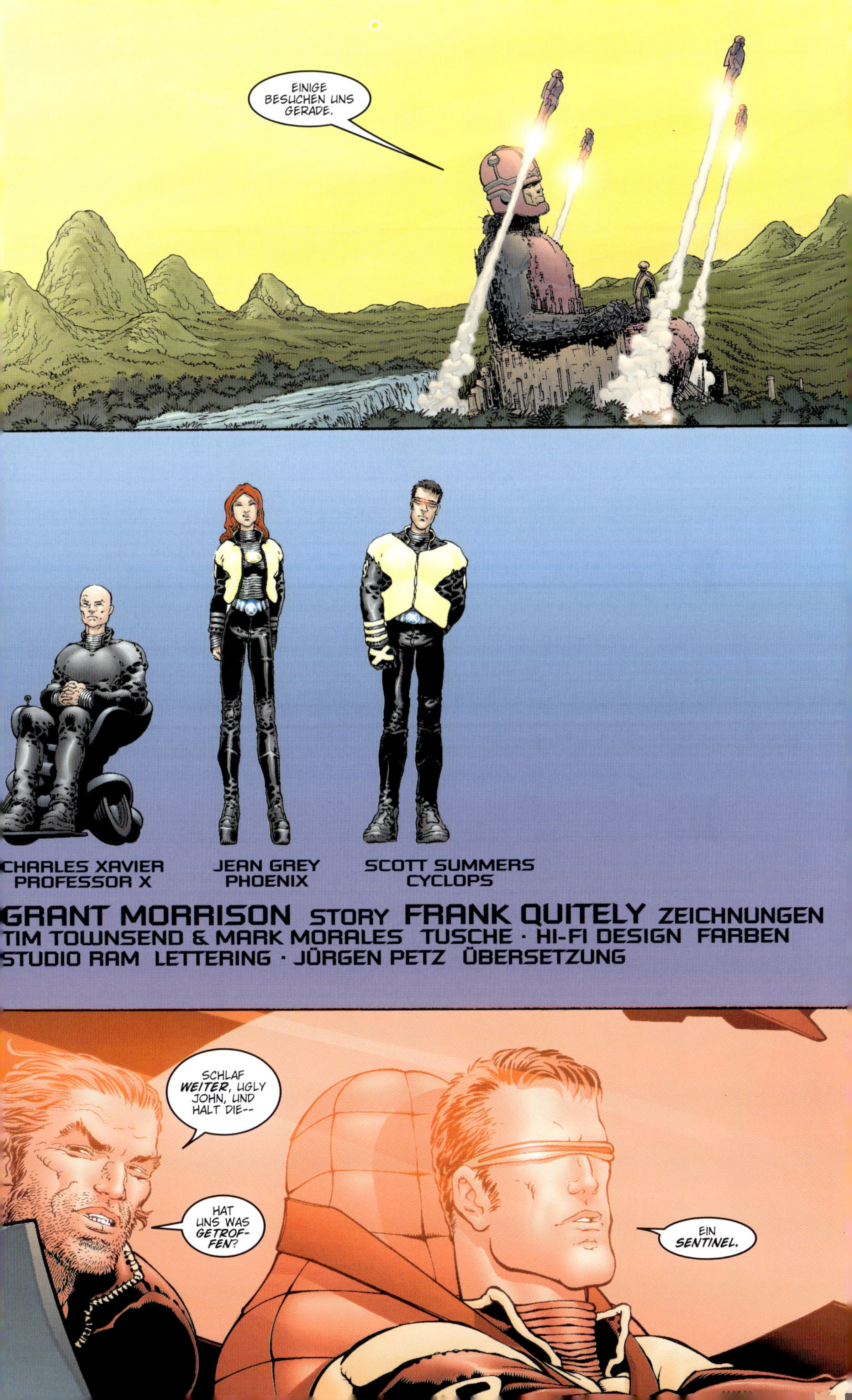
EINIGE BESUCHEN UNS GERADE.
CHARLES XAVIER PROFESSOR X
JEAN GREY PHOENIX
SCOTT SUMMERS CYCLOPS
GRANT MORRISON STORY FRANK QUITELY ZEICHNUNGEN
TIM TOWNSEND & MARK MORALES TUSCHE · HI-FI DESIGN FARBEN
STUDIO RAM LETTERING · JÜRGEN PETZ ÜBERSETZUNG
SCHLAF *WEITER*, UGLY JOHN, UND HALT DIE--
HAT UNS WAS *GETROF-FEN*?
EIN *SENTINEL*.

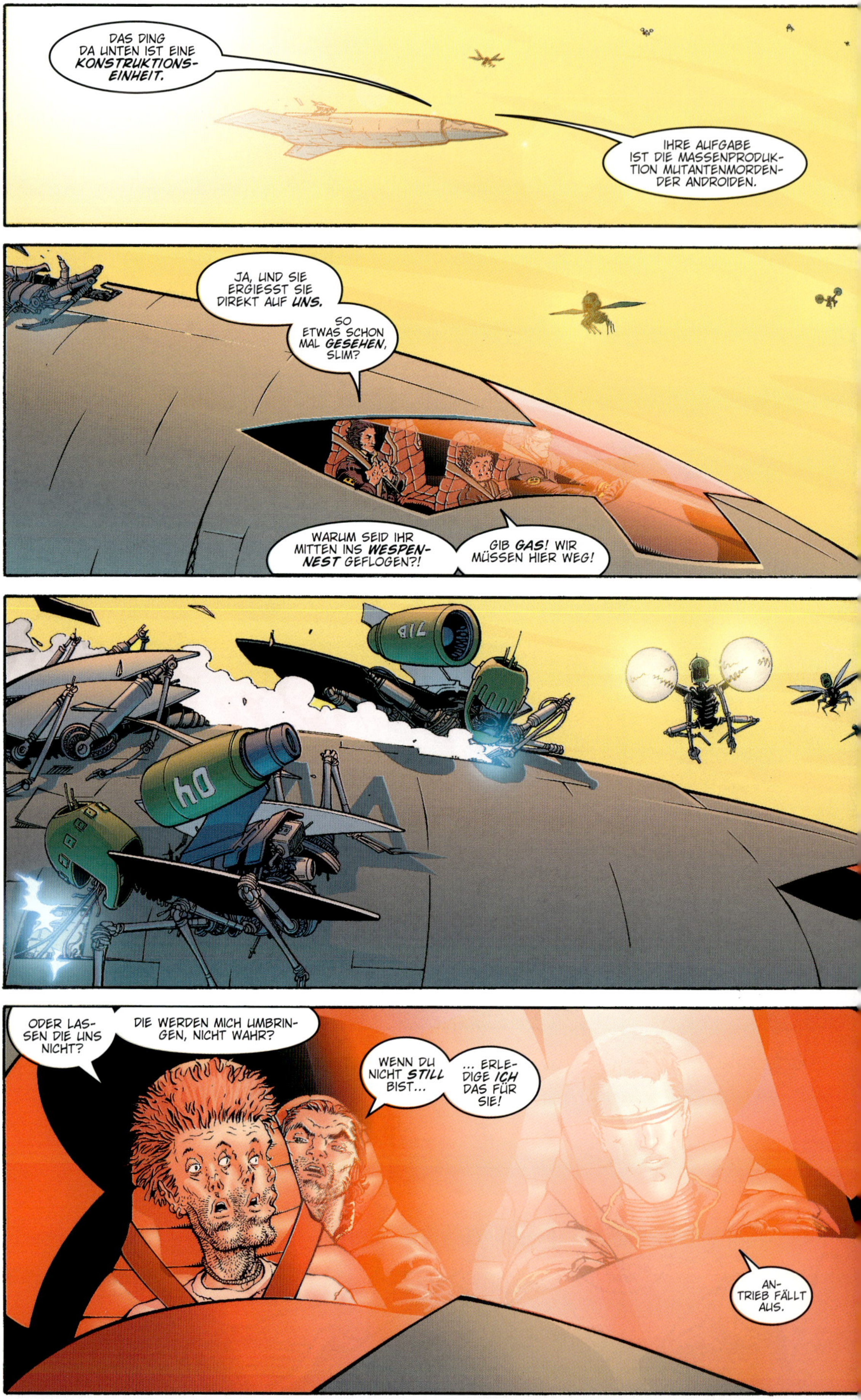
DAS DING DA UNTEN IST EINE **KONSTRUKTIONS-EINHEIT.**
IHRE AUFGABE IST DIE MASSENPRODUK-TION MUTANTENMORDEN-DER ANDROIDEN.
JA, UND SIE ERGIESST SIE DIREKT AUF **UNS.**
SO ETWAS SCHON MAL **GESEHEN**, SLIM?
WARUM SEID IHR MITTEN INS **WESPEN-NEST** GEFLOGEN?!
GIB **GAS!** WIR MÜSSEN HIER WEG!
ODER LAS-SEN DIE UNS NICHT?
DIE WERDEN MICH UMBRIN-GEN, NICHT WAHR?
WENN DU NICHT **STILL** BIST...
... ERLE-DIGE **ICH** DAS FÜR SIE!
AN-TRIEB FÄLLT AUS.

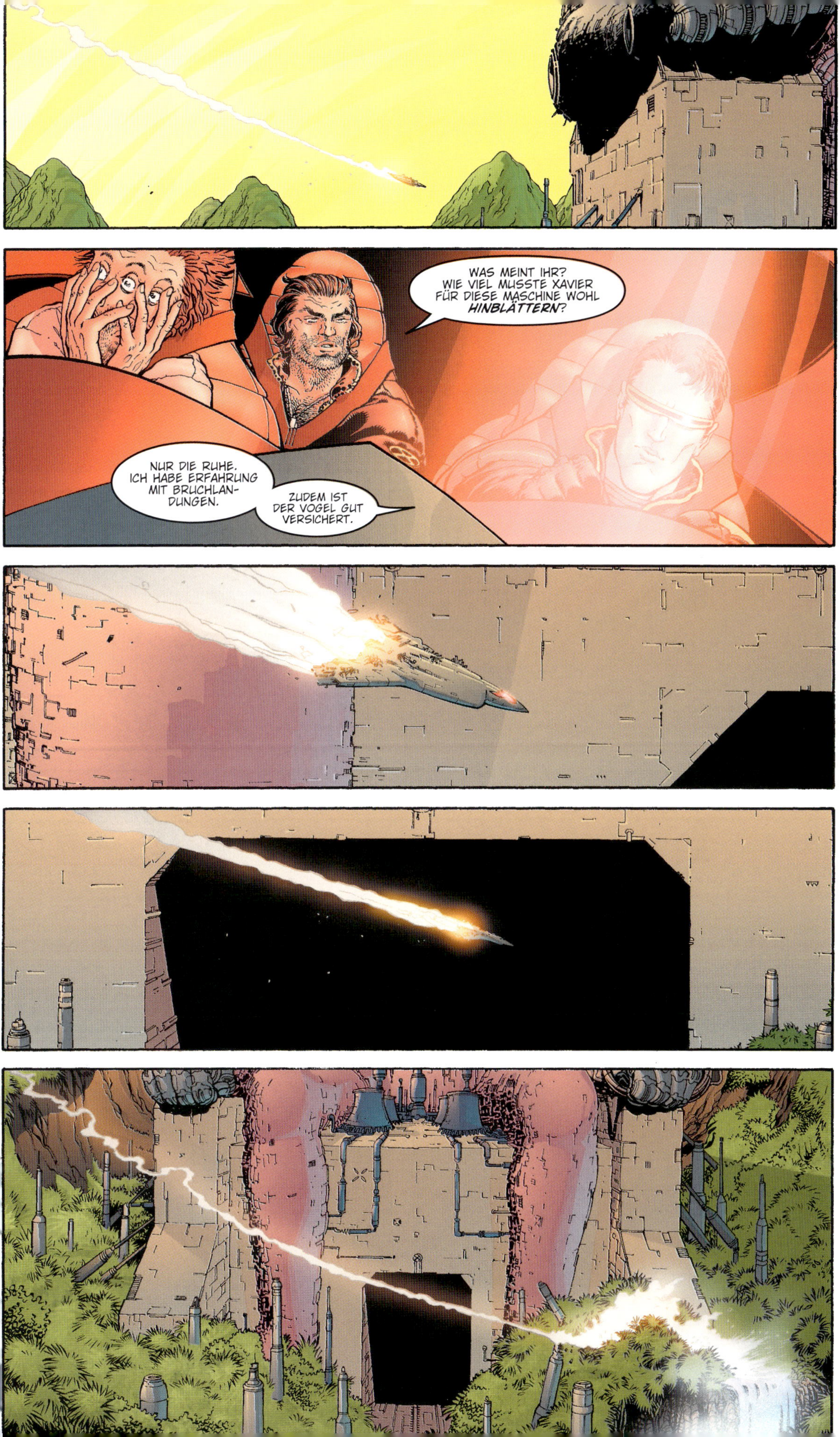
WAS MEINT IHR? WIE VIEL MUSSTE XAVIER FÜR DIESE MASCHINE WOHL HINBLÄTTERN?
NUR DIE RUHE. ICH HABE ERFAHRUNG MIT BRUCHLAN-DUNGEN.
ZUDEM IST DER VOGEL GUT VERSICHERT.

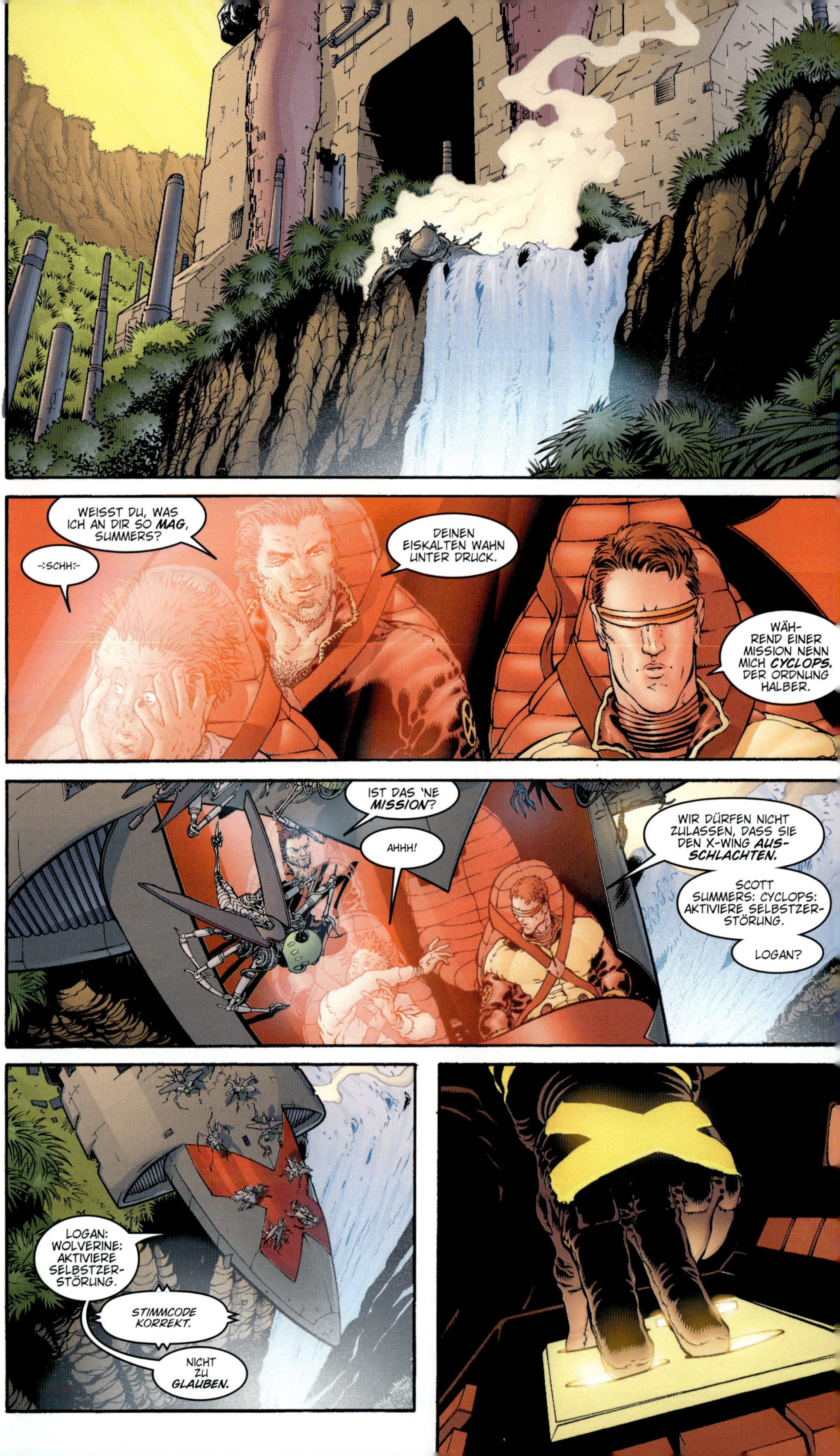
WEISST DU, WAS ICH AN DIR SO MAG, SUMMERS?
-SCHH-
DEINEN EISKALTEN WAHN UNTER DRUCK.
WÄH-REND EINER MISSION NENN MICH CYCLOPS. DER ORDNUNG HALBER.
IST DAS 'NE MISSION?
AHHH!
WIR DÜRFEN NICHT ZULASSEN, DASS SIE DEN X-WING AUS-SCHLACHTEN.
SCOTT SUMMERS: CYCLOPS: AKTIVIERE SELBSTZER-STÖRUNG.
LOGAN?
LOGAN: WOLVERINE: AKTIVIERE SELBSTZER-STÖRUNG.
STIMMCODE KORREKT.
NICHT ZU GLAUBEN.

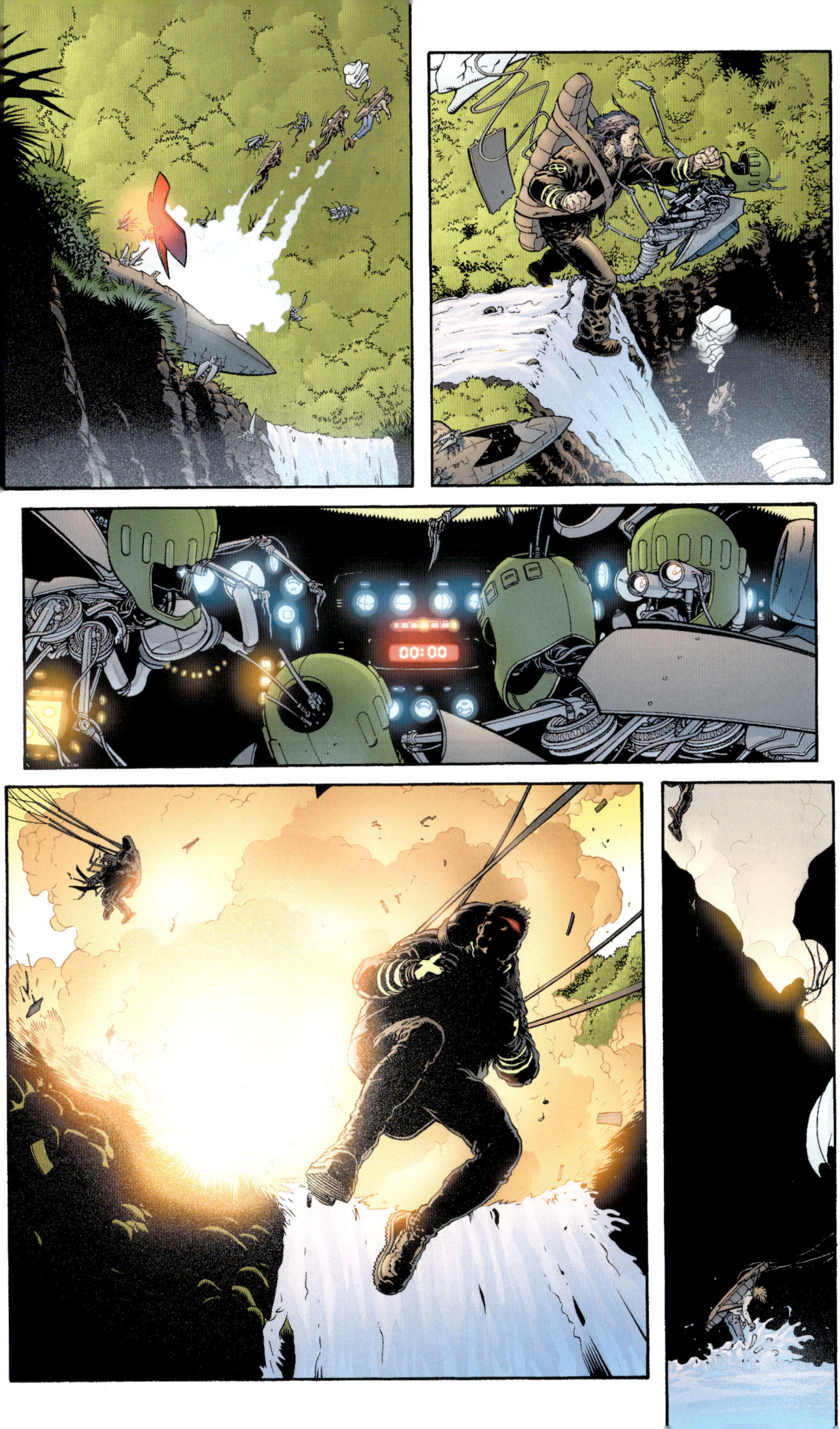
00:00

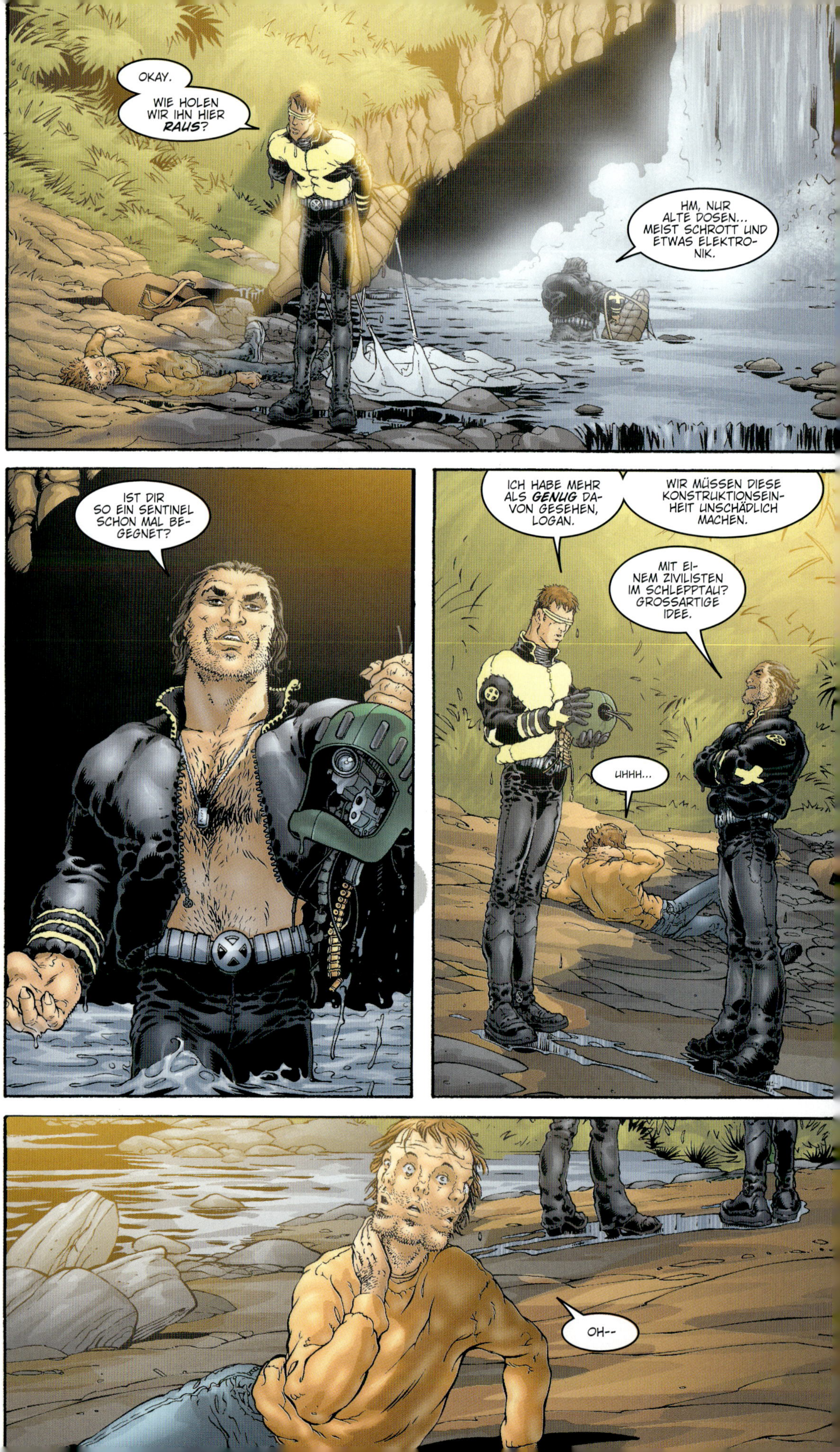
OKAY.
WIE HOLEN WIR IHN HIER RAUS?
HM, NUR ALTE DOSEN... MEIST SCHROTT UND ETWAS ELEKTRONIK.
IST DIR SO EIN SENTINEL SCHON MAL BEGEGNET?
ICH HABE MEHR ALS GENUG DAVON GESEHEN, LOGAN.
WIR MÜSSEN DIESE KONSTRUKTIONSEINHEIT UNSCHÄDLICH MACHEN.
MIT EINEM ZIVILISTEN IM SCHLEPPTAU? GROSSARTIGE IDEE.
UHHH...
OH--

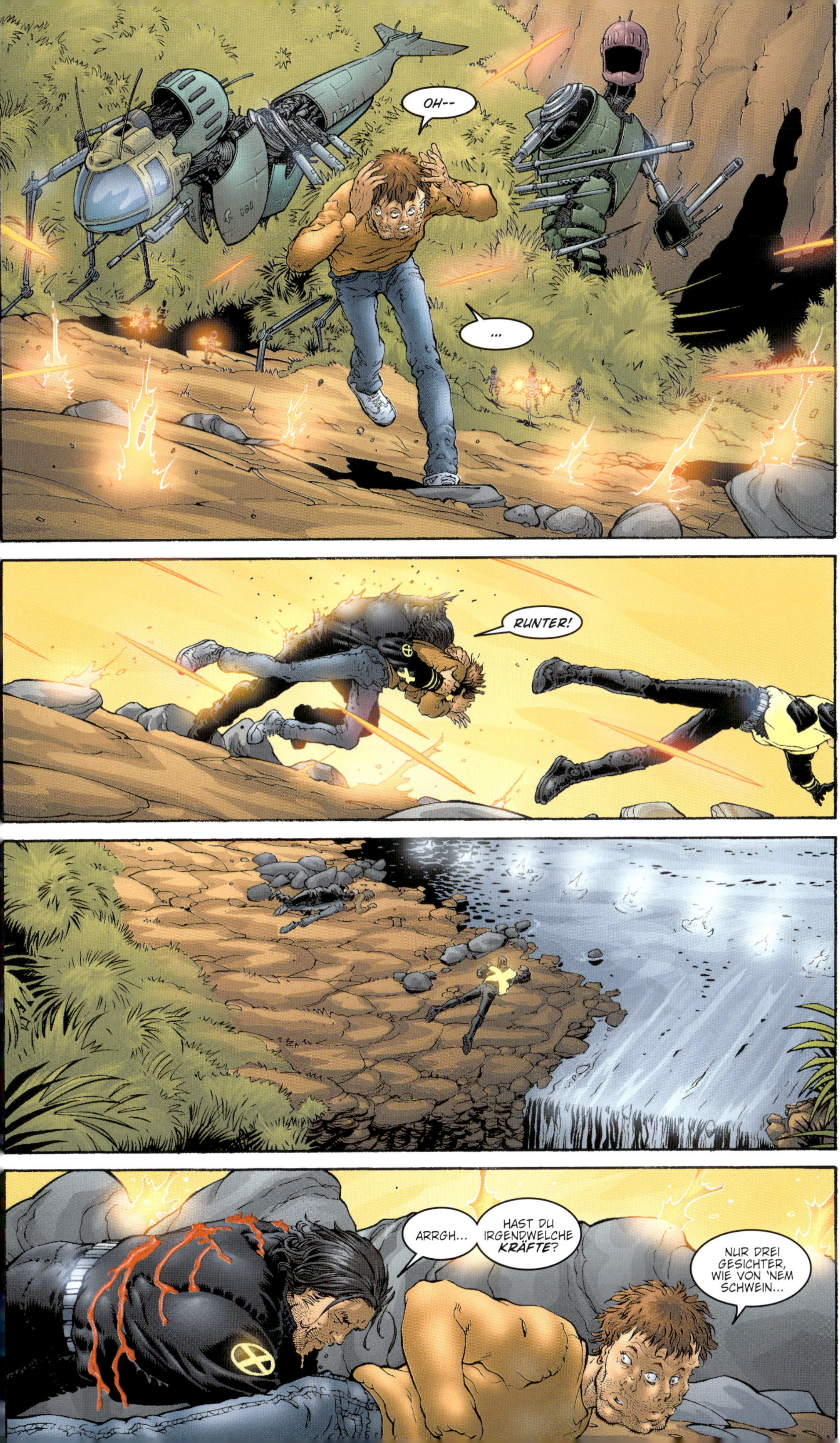
OH--
...
RUNTER!
ARRGH...
HAST DU IRGENDWELCHE KRÄFTE?
NUR DREI GESICHTER, WIE VON 'NEM SCHWEIN...

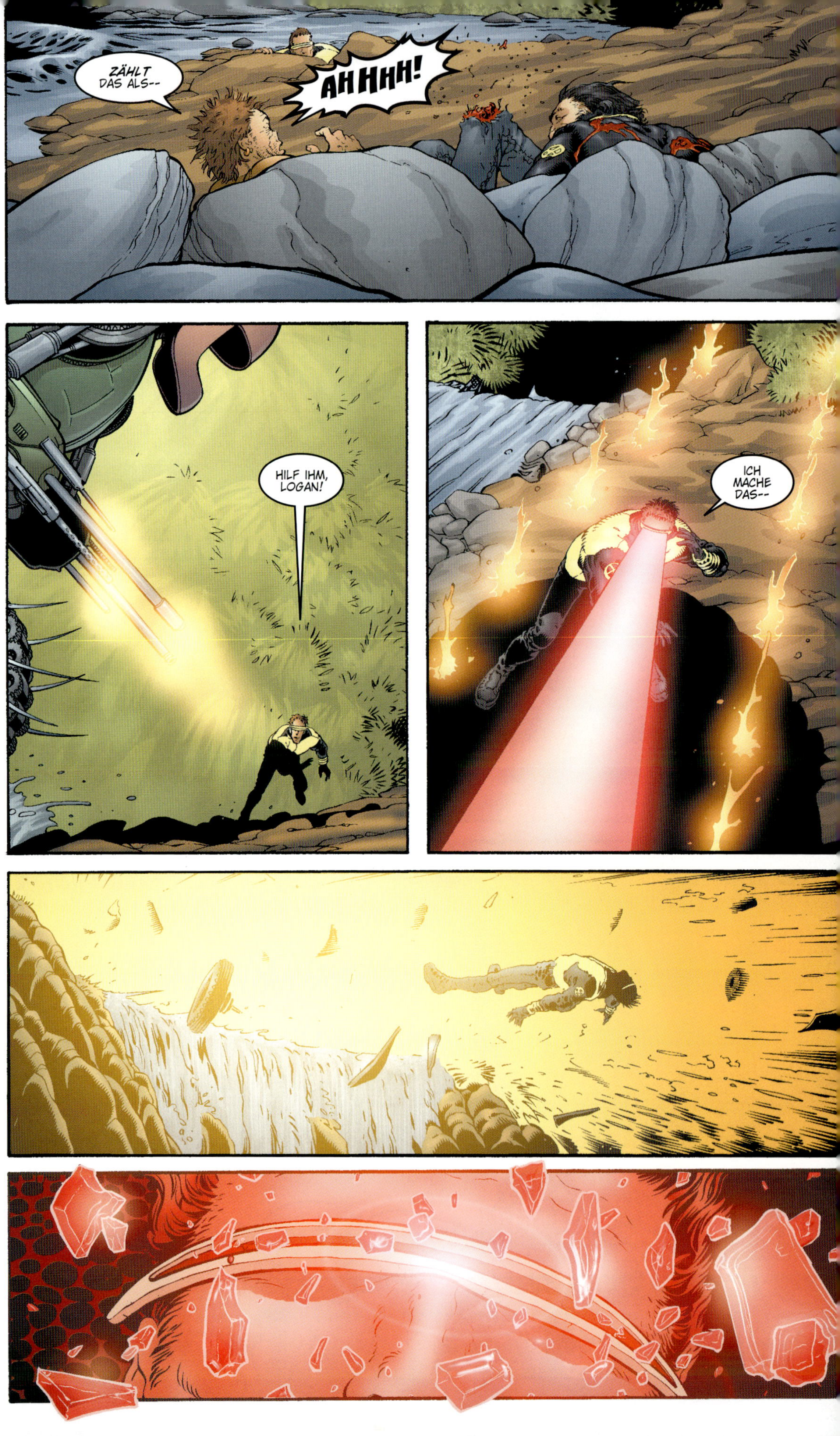
ZÄHLT DAS ALS--
AHHHH!
HILF IHM, LOGAN!
ICH MACHE DAS--

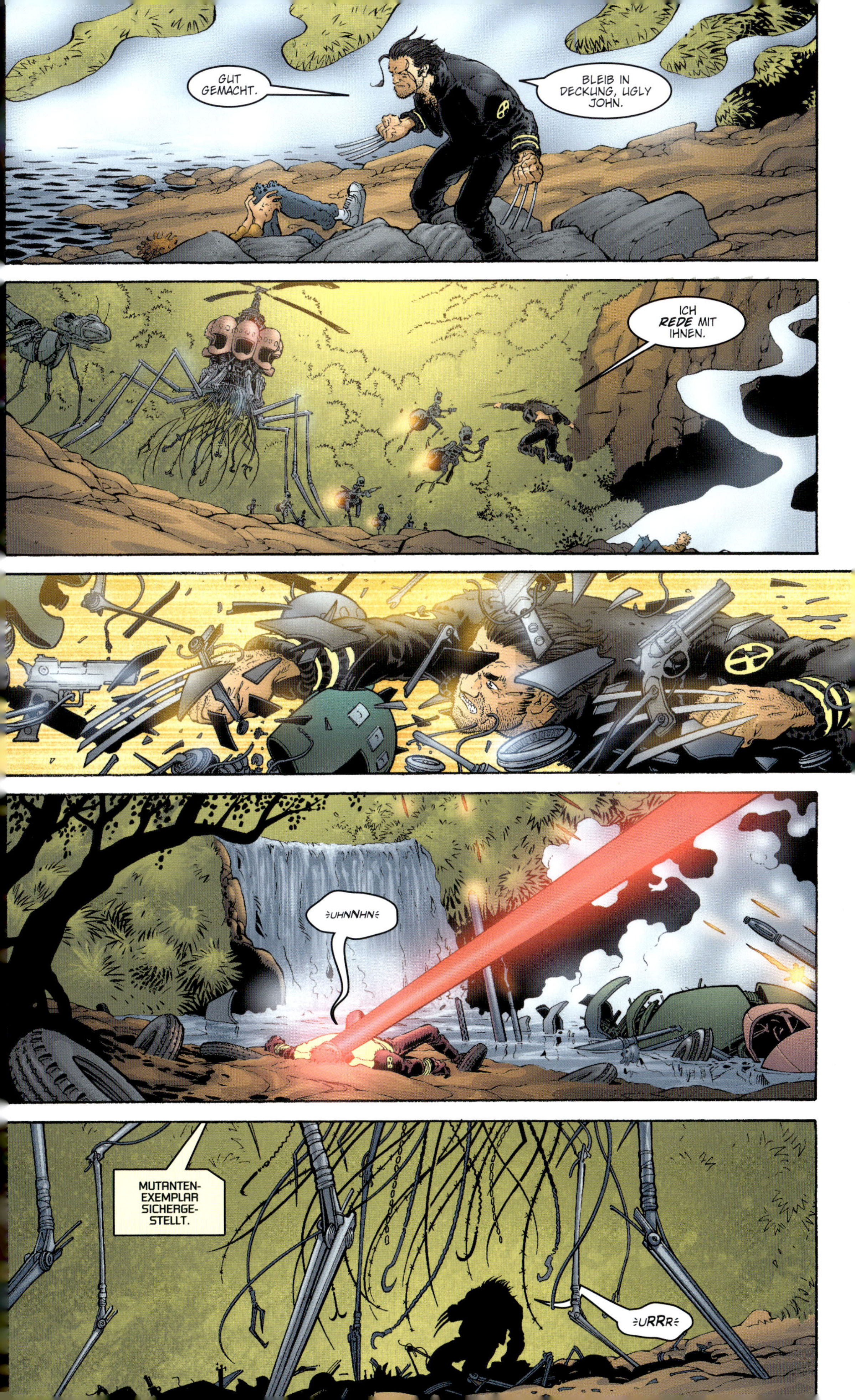
GUT GEMACHT.
BLEIB IN DECKUNG, UGLY JOHN.
ICH REDE MIT IHNEN.
UHNNHN
MUTANTEN-EXEMPLAR SICHERGE-STELLT.
URRR

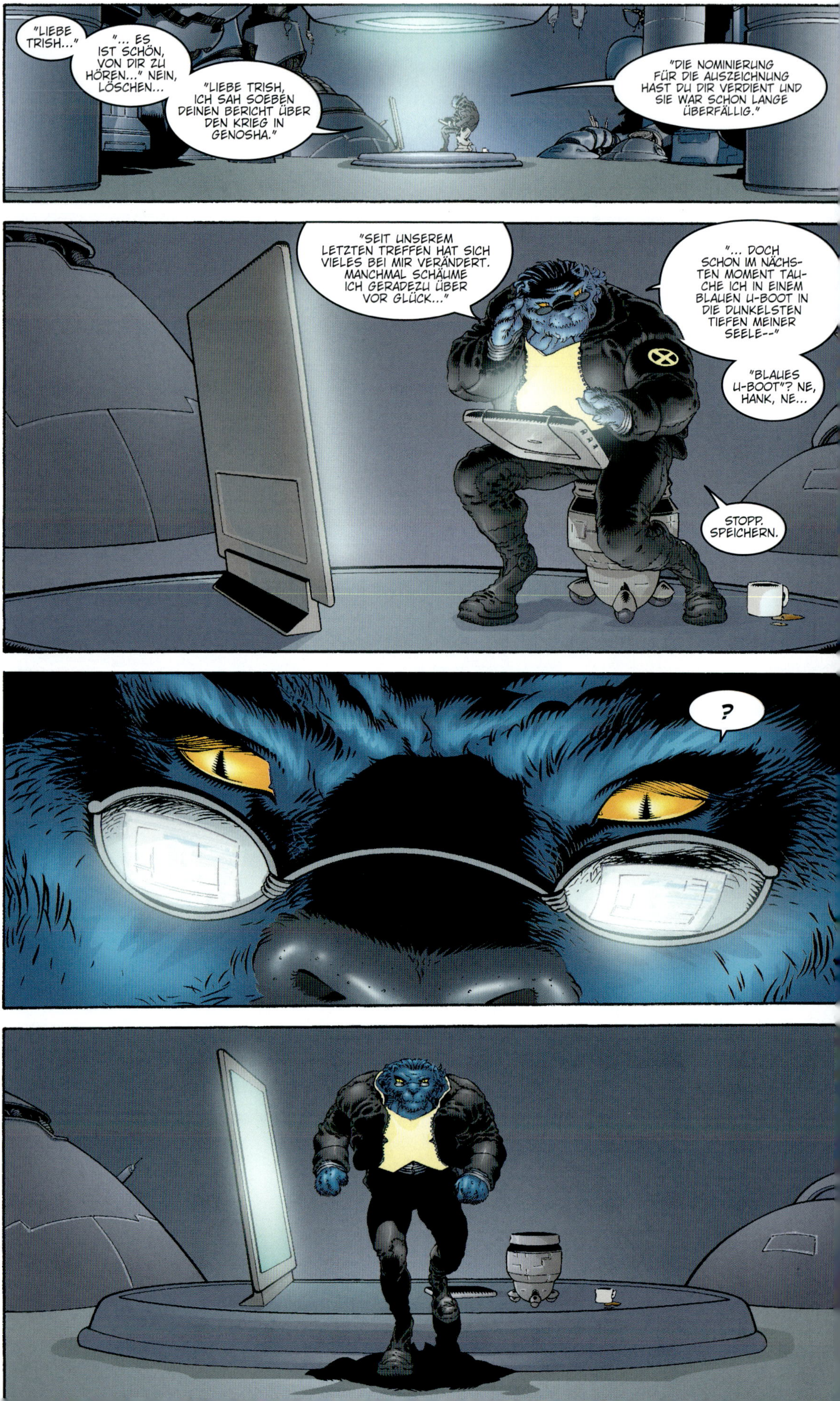
"LIEBE TRISH..."
"... ES IST SCHÖN, VON DIR ZU HÖREN..." NEIN, LÖSCHEN...
"LIEBE TRISH, ICH SAH SOEBEN DEINEN BERICHT ÜBER DEN KRIEG IN GENOSHA."
"DIE NOMINIERUNG FÜR DIE AUSZEICHNUNG HAST DU DIR VERDIENT UND SIE WAR SCHON LANGE ÜBERFÄLLIG."
"SEIT UNSEREM LETZTEN TREFFEN HAT SICH VIELES BEI MIR VERÄNDERT. MANCHMAL SCHÄUME ICH GERADEZU ÜBER VOR GLÜCK..."
"... DOCH SCHON IM NÄCHS-TEN MOMENT TAU-CHE ICH IN EINEM BLAUEN U-BOOT IN DIE DUNKELSTEN TIEFEN MEINER SEELE--"
"BLAUES U-BOOT"? NE, HANK, NE...
STOPP. SPEICHERN.
?

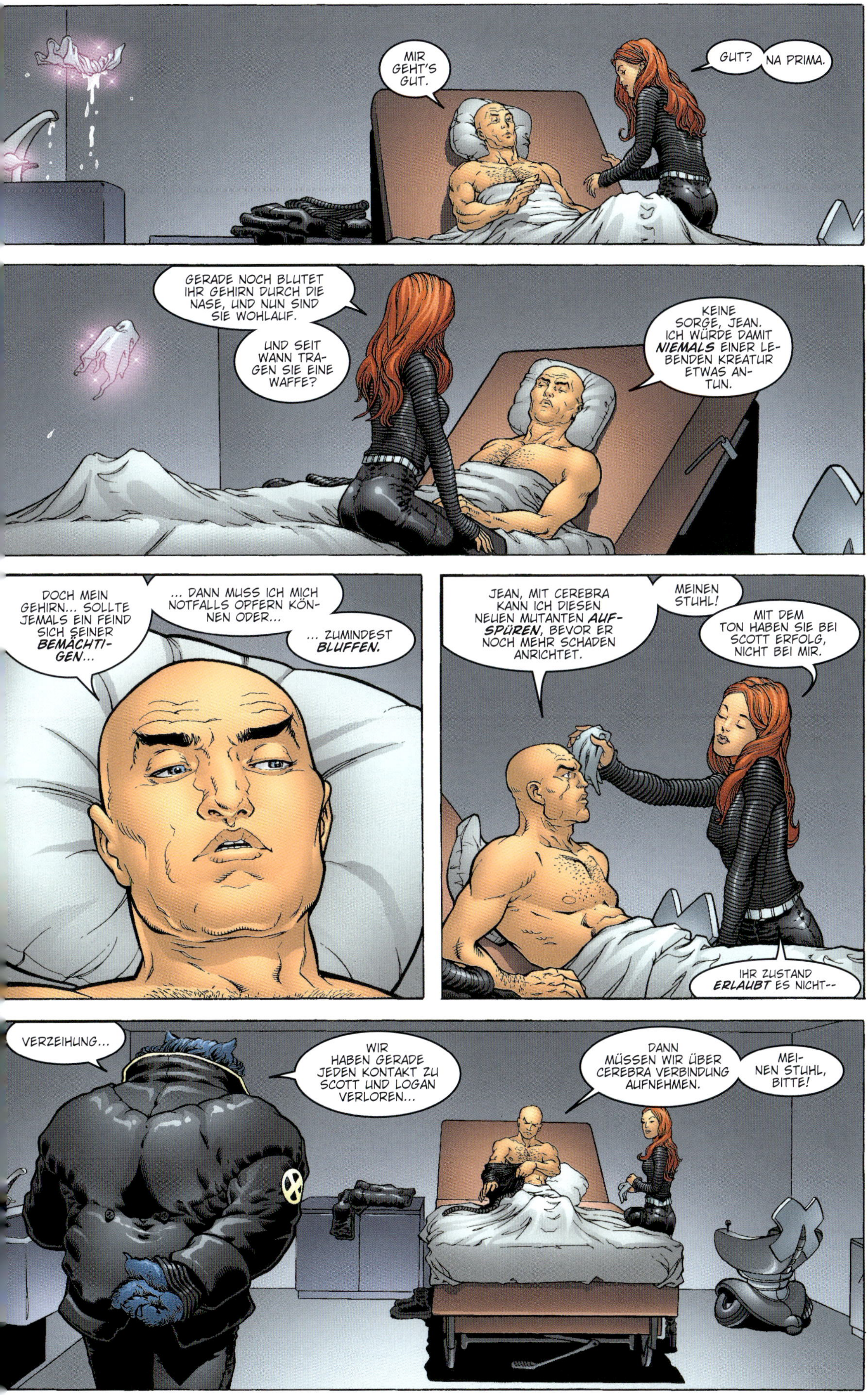
MIR GEHT'S GUT.
GUT? NA PRIMA.
GERADE NOCH BLUTET IHR GEHIRN DURCH DIE NASE, UND NUN SIND SIE WOHLAUF.
UND SEIT WANN TRAGEN SIE EINE WAFFE?
KEINE SORGE, JEAN. ICH WÜRDE DAMIT NIEMALS EINER LEBENDEN KREATUR ETWAS ANTUN.
DOCH MEIN GEHIRN... SOLLTE JEMALS EIN FEIND SICH SEINER BEMÄCHTIGEN...
... DANN MUSS ICH MICH NOTFALLS OPFERN KÖNNEN ODER...
... ZUMINDEST BLUFFEN.
JEAN, MIT CEREBRA KANN ICH DIESEN NEUEN MUTANTEN AUFSPÜREN, BEVOR ER NOCH MEHR SCHADEN ANRICHTET.
MEINEN STUHL!
MIT DEM TON HABEN SIE BEI SCOTT ERFOLG, NICHT BEI MIR.
IHR ZUSTAND ERLAUBT ES NICHT--
VERZEIHUNG...
WIR HABEN GERADE JEDEN KONTAKT ZU SCOTT UND LOGAN VERLOREN...
DANN MÜSSEN WIR ÜBER CEREBRA VERBINDUNG AUFNEHMEN.
MEINEN STUHL, BITTE!

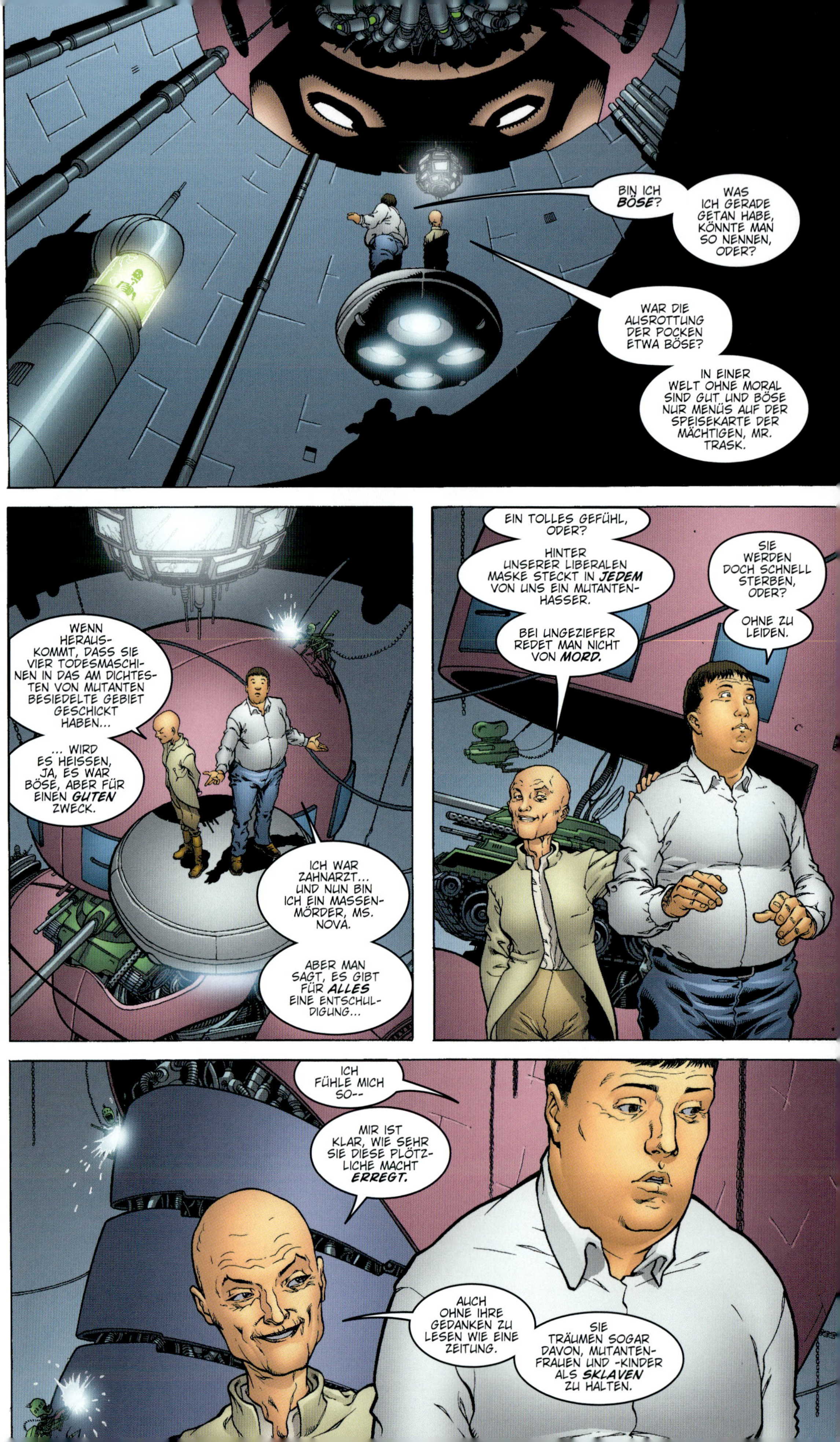
BIN ICH BÖSE?
WAS ICH GERADE GETAN HABE, KÖNNTE MAN SO NENNEN, ODER?
WAR DIE AUSROTTUNG DER POCKEN ETWA BÖSE?
IN EINER WELT OHNE MORAL SIND GUT UND BÖSE NUR MENÜS AUF DER SPEISEKARTE DER MÄCHTIGEN, MR. TRASK.
WENN HERAUSKOMMT, DASS SIE VIER TODESMASCHINEN IN DAS AM DICHTESTEN VON MUTANTEN BESIEDELTE GEBIET GESCHICKT HABEN...
... WIRD ES HEISSEN, JA, ES WAR BÖSE, ABER FÜR EINEN GUTEN ZWECK.
ICH WAR ZAHNARZT... UND NUN BIN ICH EIN MASSENMÖRDER, MS. NOVA.
ABER MAN SAGT, ES GIBT FÜR ALLES EINE ENTSCHULDIGUNG...
EIN TOLLES GEFÜHL, ODER?
HINTER UNSERER LIBERALEN MASKE STECKT IN JEDEM VON UNS EIN MUTANTENHASSER.
BEI UNGEZIEFER REDET MAN NICHT VON MORD.
SIE WERDEN DOCH SCHNELL STERBEN, ODER?
OHNE ZU LEIDEN.
ICH FÜHLE MICH SO--
MIR IST KLAR, WIE SEHR SIE DIESE PLÖTZLICHE MACHT ERREGT.
AUCH OHNE IHRE GEDANKEN ZU LESEN WIE EINE ZEITUNG.
SIE TRÄUMEN SOGAR DAVON, MUTANTENFRAUEN UND -KINDER ALS SKLAVEN ZU HALTEN.

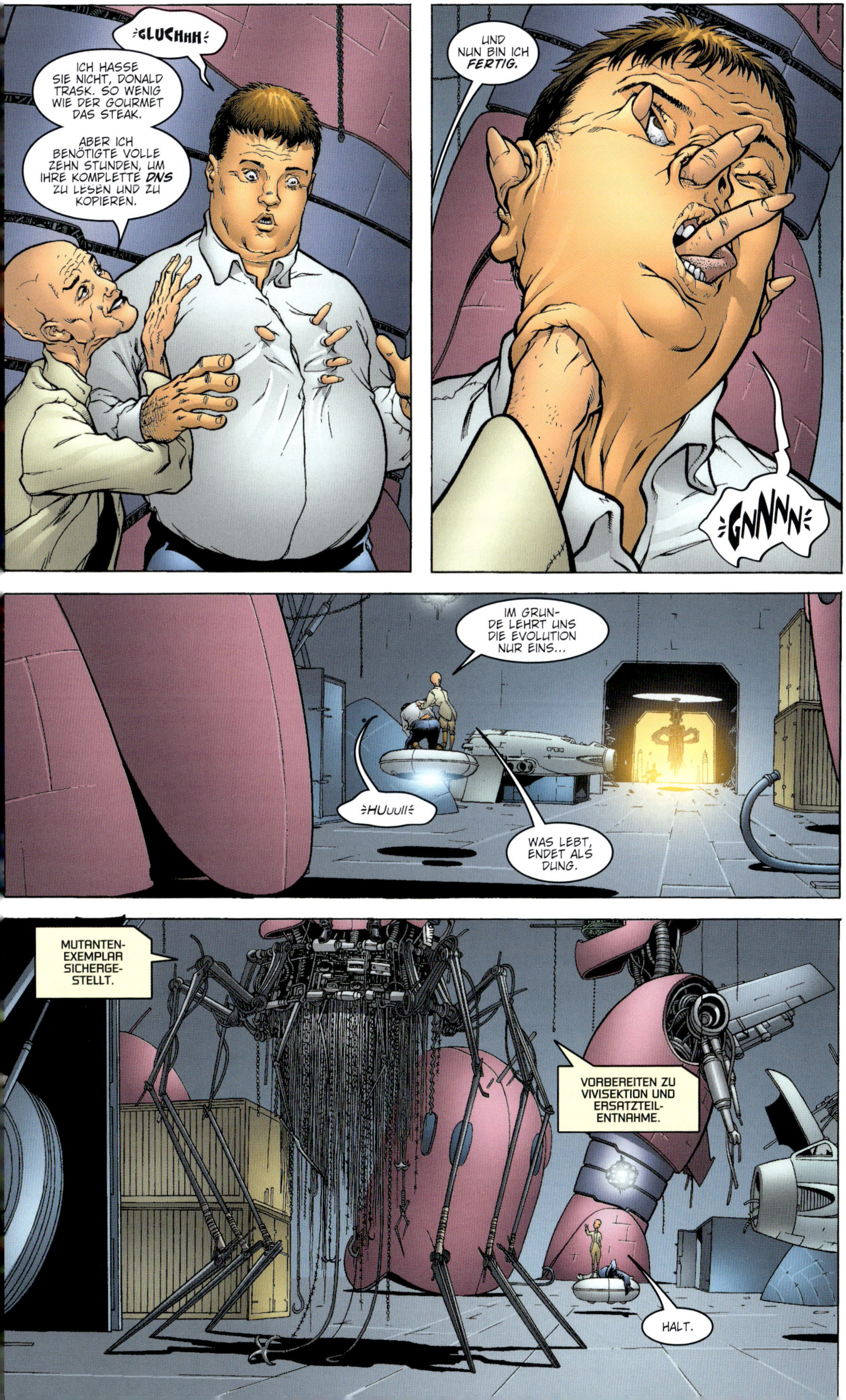
GLUCHHH
ICH HASSE SIE NICHT, DONALD TRASK. SO WENIG WIE DER GOURMET DAS STEAK.
ABER ICH BENÖTIGTE VOLLE ZEHN STUNDEN, UM IHRE KOMPLETTE DNS ZU LESEN UND ZU KOPIEREN.
UND NUN BIN ICH FERTIG.
GNNNN
IM GRUNDE LEHRT UNS DIE EVOLUTION NUR EINS...
HUuuu!
WAS LEBT, ENDET ALS DUNG.
MUTANTEN-EXEMPLAR SICHERGESTELLT.
VORBEREITEN ZU VIVISEKTION UND ERSATZTEIL-ENTNAHME.
HALT.

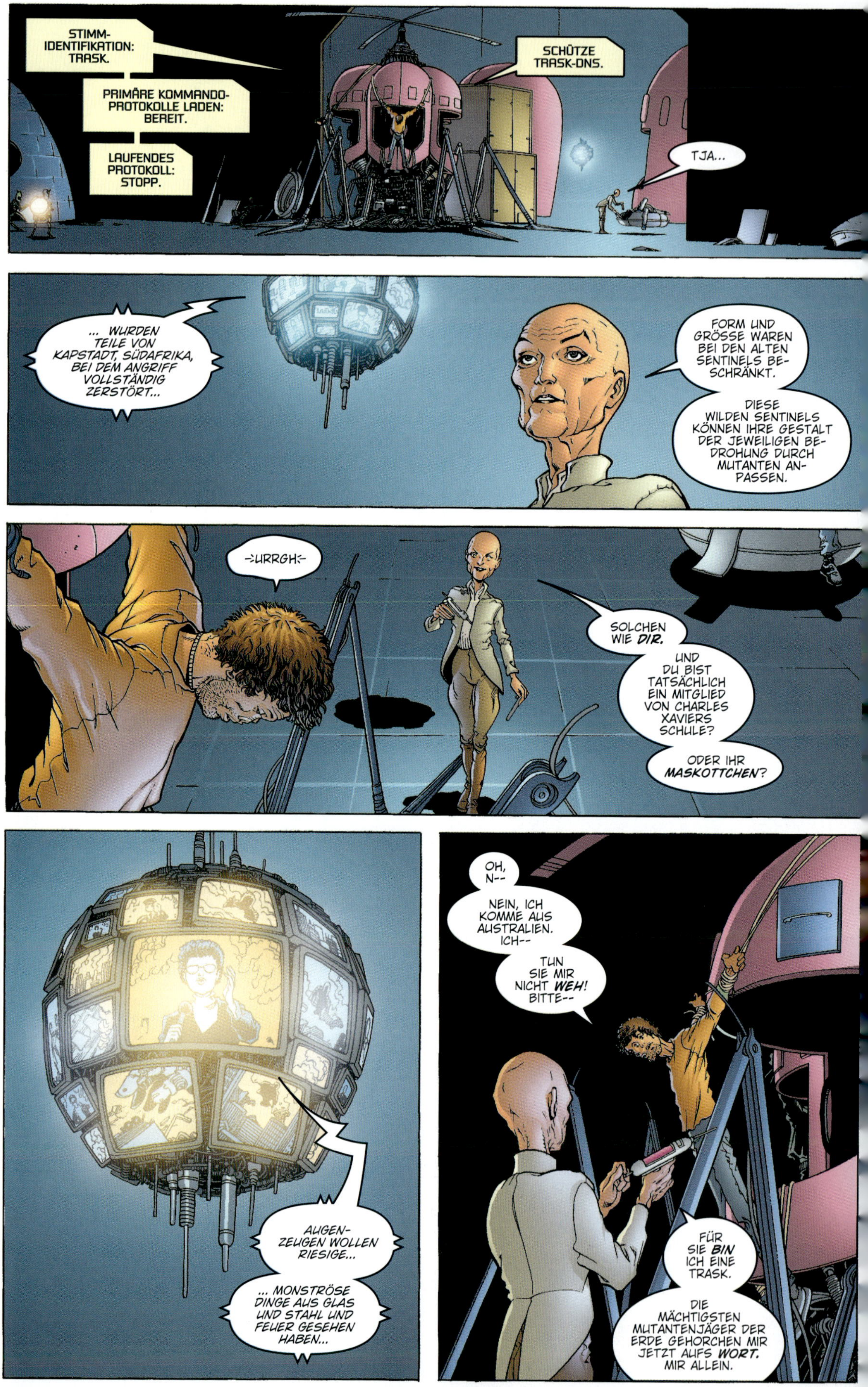
STIMM-IDENTIFIKATION: TRASK.
PRIMÄRE KOMMANDO-PROTOKOLLE LADEN: BEREIT.
LAUFENDES PROTOKOLL: STOPP.
SCHÜTZE TRASK-DNS.
TJA...
... WURDEN TEILE VON KAPSTADT, SÜDAFRIKA, BEI DEM ANGRIFF VOLLSTÄNDIG ZERSTÖRT...
FORM UND GRÖSSE WAREN BEI DEN ALTEN SENTINELS BESCHRÄNKT.
DIESE WILDEN SENTINELS KÖNNEN IHRE GESTALT DER JEWEILIGEN BEDROHUNG DURCH MUTANTEN ANPASSEN.
-URRGH-
SOLCHEN WIE DIR.
UND DU BIST TATSÄCHLICH EIN MITGLIED VON CHARLES XAVIERS SCHULE?
ODER IHR MASKOTTCHEN?
AUGENZEUGEN WOLLEN RIESIGE...
... MONSTRÖSE DINGE AUS GLAS UND STAHL UND FEUER GESEHEN HABEN...
OH, N--
NEIN, ICH KOMME AUS AUSTRALIEN. ICH--
TUN SIE MIR NICHT WEH! BITTE--
FÜR SIE BIN ICH EINE TRASK.
DIE MÄCHTIGSTEN MUTANTENJÄGER DER ERDE GEHORCHEN MIR JETZT AUFS WORT. MIR ALLEIN.

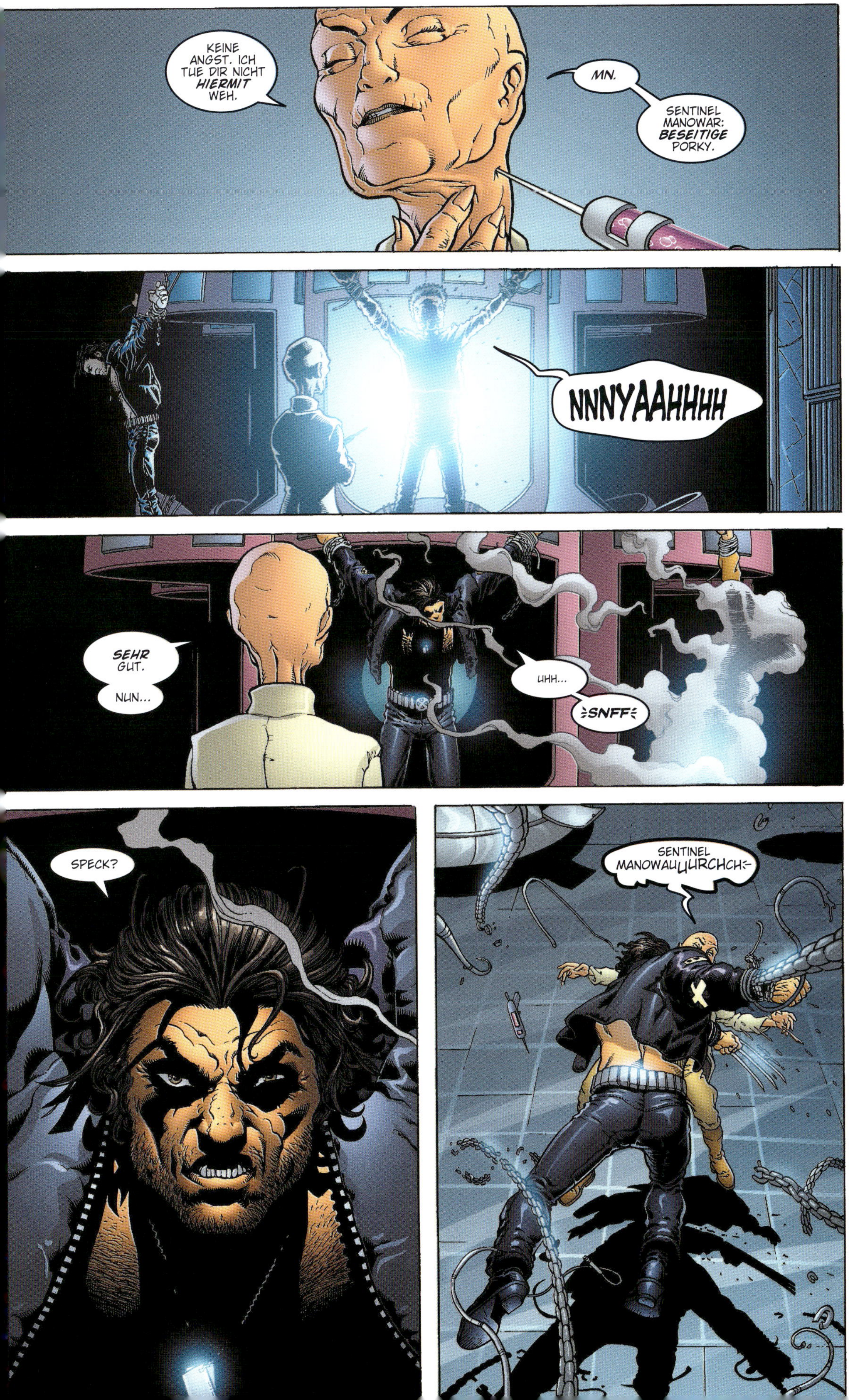
KEINE ANGST. ICH TUE DIR NICHT HIERMIT WEH.
MN.
SENTINEL MANOWAR: BESEITIGE PORKY.
NNNYAAHHHH
SEHR GUT.
NUN...
UHH...
SNFF
SPECK?
SENTINEL MANOWAUUURCHCH-

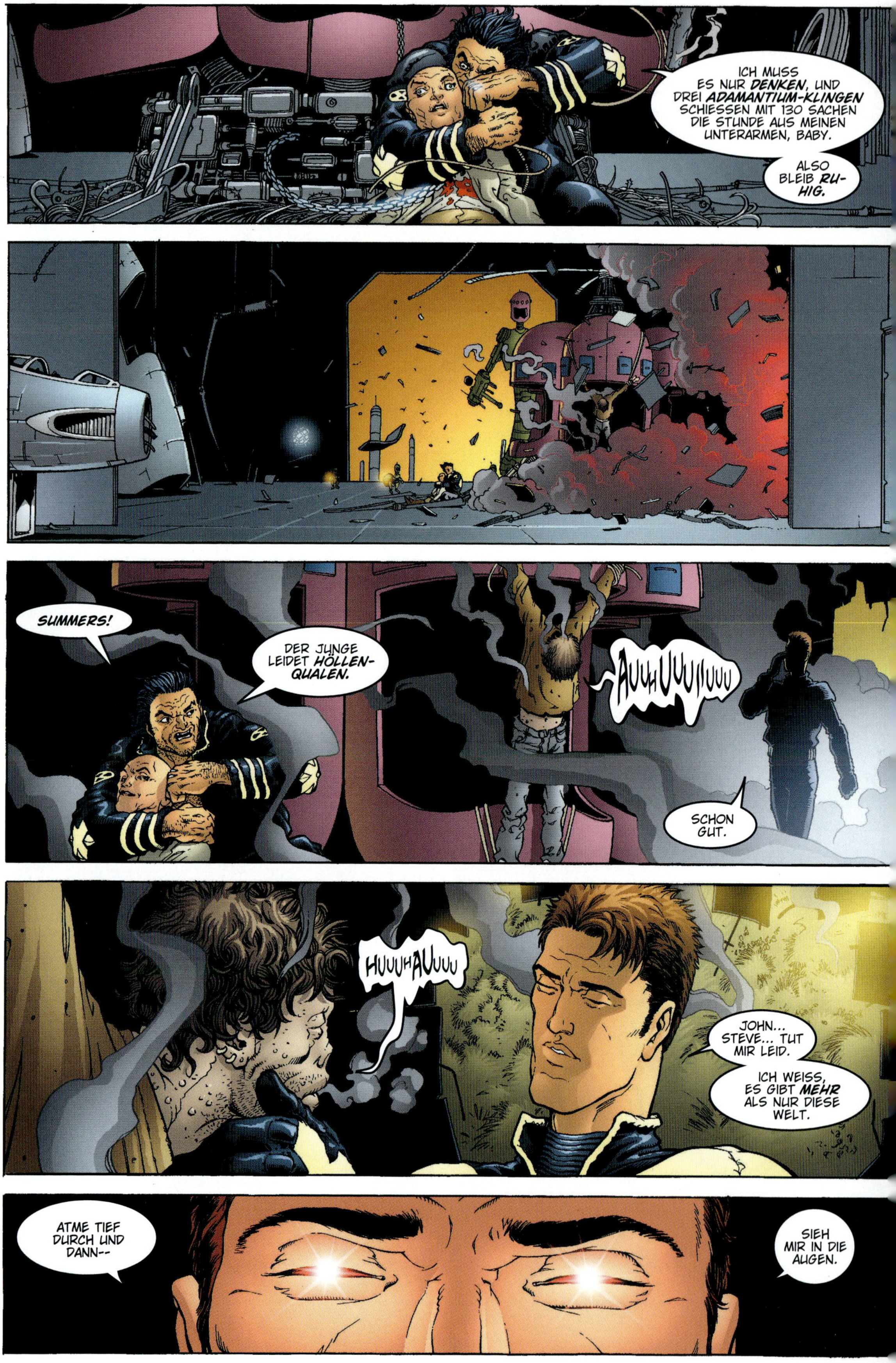
ICH MUSS ES NUR **DENKEN**, UND DREI **ADAMANTIUM-KLINGEN** SCHIESSEN MIT 130 SACHEN DIE STUNDE AUS MEINEN UNTERARMEN, BABY.
ALSO BLEIB **RUHIG.**
SUMMERS!
DER JUNGE LEIDET **HÖLLENQUALEN.**
AUUHUUUIUUU
SCHON GUT.
HUUUHAUUUU
JOHN... STEVE... TUT MIR LEID.
ICH WEISS, ES GIBT **MEHR** ALS NUR DIESE WELT.
ATME TIEF DURCH UND DANN--
SIEH MIR IN DIE AUGEN.

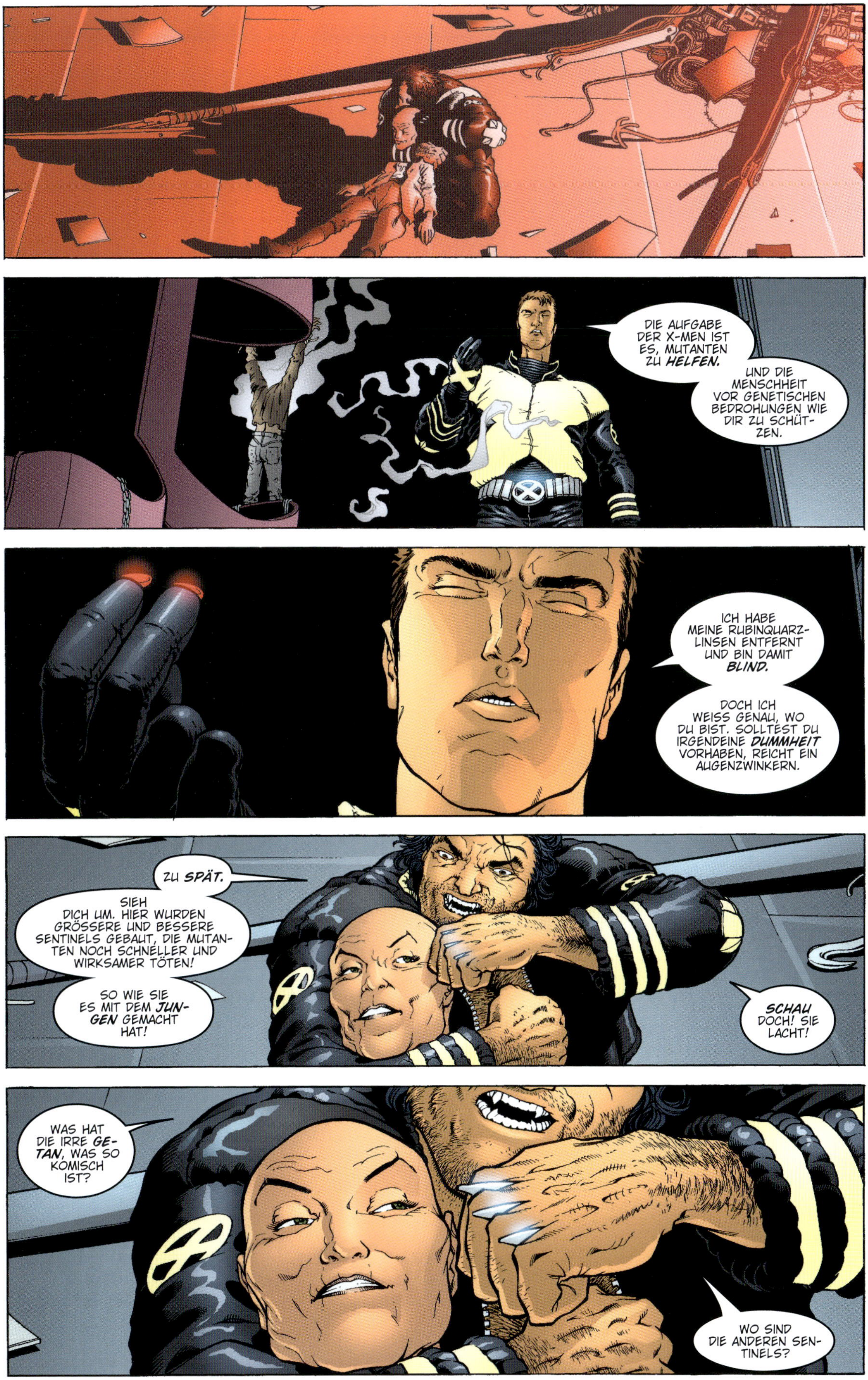

DIE AUFGABE DER X-MEN IST ES, MUTANTEN ZU HELFEN.
UND DIE MENSCHHEIT VOR GENETISCHEN BEDROHUNGEN WIE DIR ZU SCHÜTZEN.
ICH HABE MEINE RUBINQUARZ-LINSEN ENTFERNT UND BIN DAMIT BLIND.
DOCH ICH WEISS GENAU, WO DU BIST. SOLLTEST DU IRGENDEINE DUMMHEIT VORHABEN, REICHT EIN AUGENZWINKERN.
ZU SPÄT.
SIEH DICH UM. HIER WURDEN GRÖSSERE UND BESSERE SENTINELS GEBAUT, DIE MUTANTEN NOCH SCHNELLER UND WIRKSAMER TÖTEN!
SO WIE SIE ES MIT DEM JUNGEN GEMACHT HAT!
SCHAU DOCH! SIE LACHT!
WAS HAT DIE IRRE GETAN, WAS SO KOMISCH IST?
WO SIND DIE ANDEREN SENTINELS?

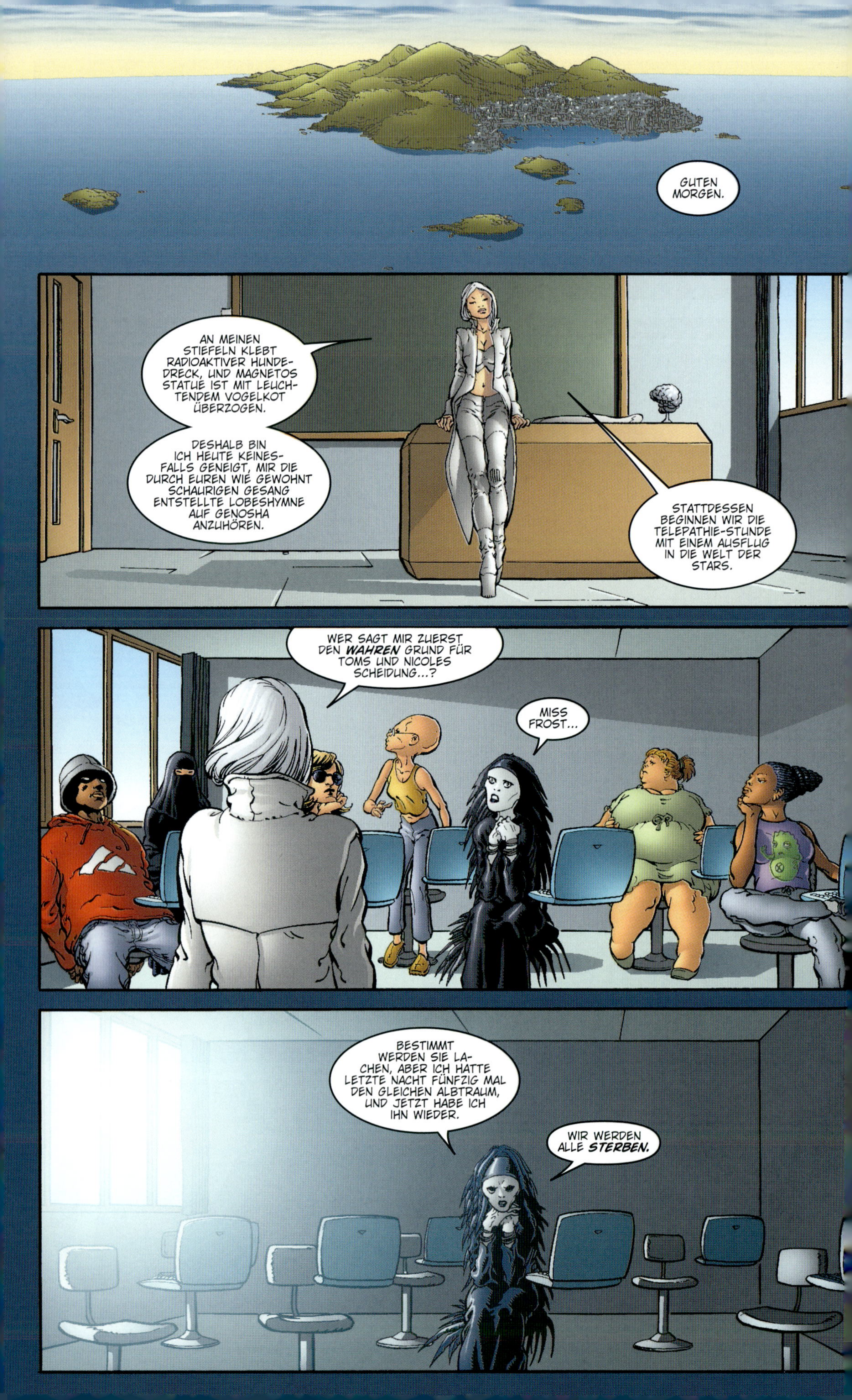
GUTEN MORGEN.
AN MEINEN STIEFELN KLEBT RADIOAKTIVER HUNDE-DRECK, UND MAGNETOS STATUE IST MIT LEUCHTENDEM VOGELKOT ÜBERZOGEN.
DESHALB BIN ICH HEUTE KEINESFALLS GENEIGT, MIR DIE DURCH EUREN WIE GEWOHNT SCHAURIGEN GESANG ENTSTELLTE LOBESHYMNE AUF GENOSHA ANZUHÖREN.
STATTDESSEN BEGINNEN WIR DIE TELEPATHIE-STUNDE MIT EINEM AUSFLUG IN DIE WELT DER STARS.
WER SAGT MIR ZUERST DEN ***WAHREN*** GRUND FÜR TOMS UND NICOLES SCHEIDUNG...?
MISS FROST...
BESTIMMT WERDEN SIE LACHEN, ABER ICH HATTE LETZTE NACHT FÜNFZIG MAL DEN GLEICHEN ALBTRAUM, UND JETZT HABE ICH IHN WIEDER.
WIR WERDEN ALLE ***STERBEN.***

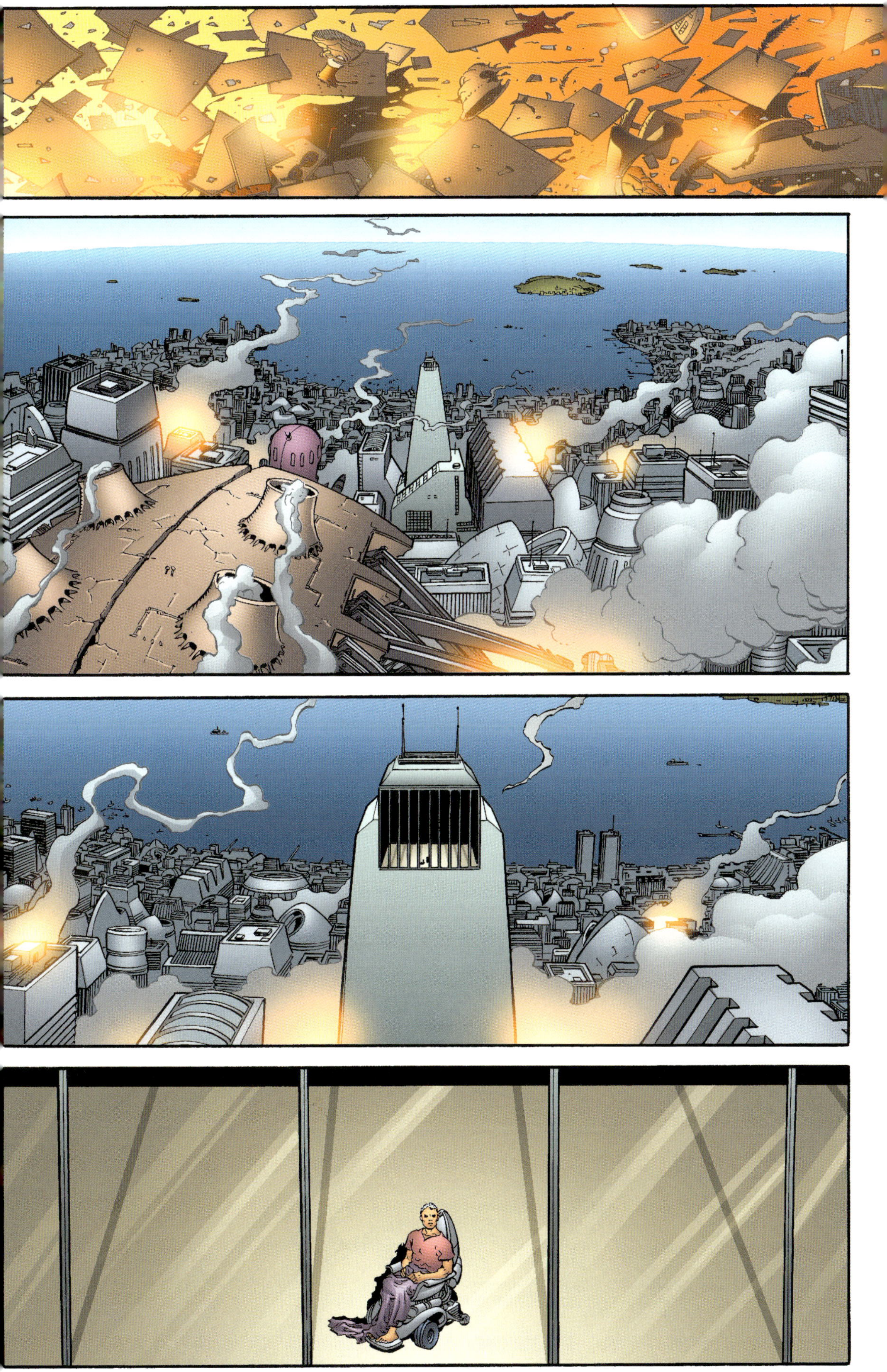

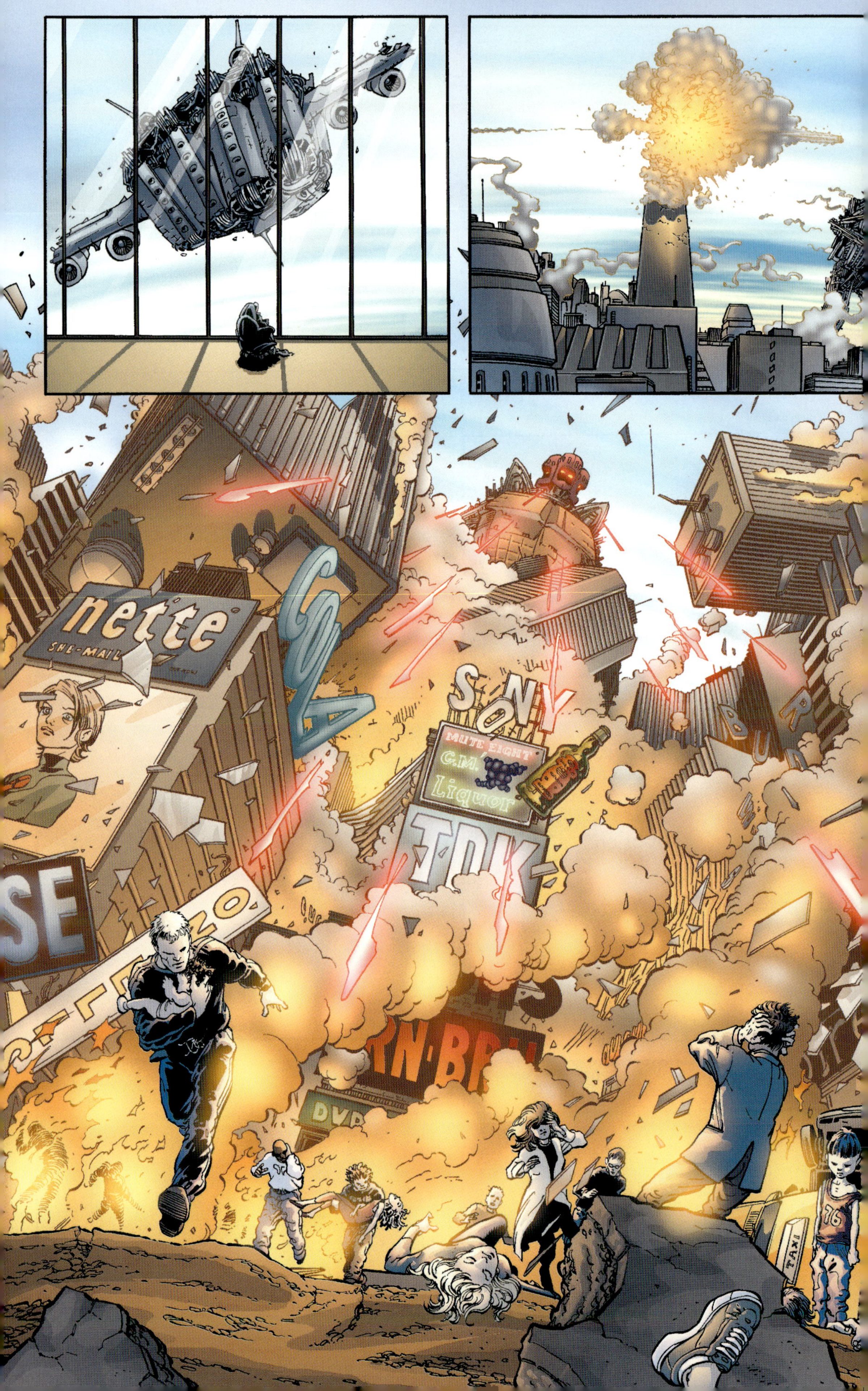

nette
SHE-MAIL
SONY
MUTE EIGHT
G.M.
Liquor
TDK
SE

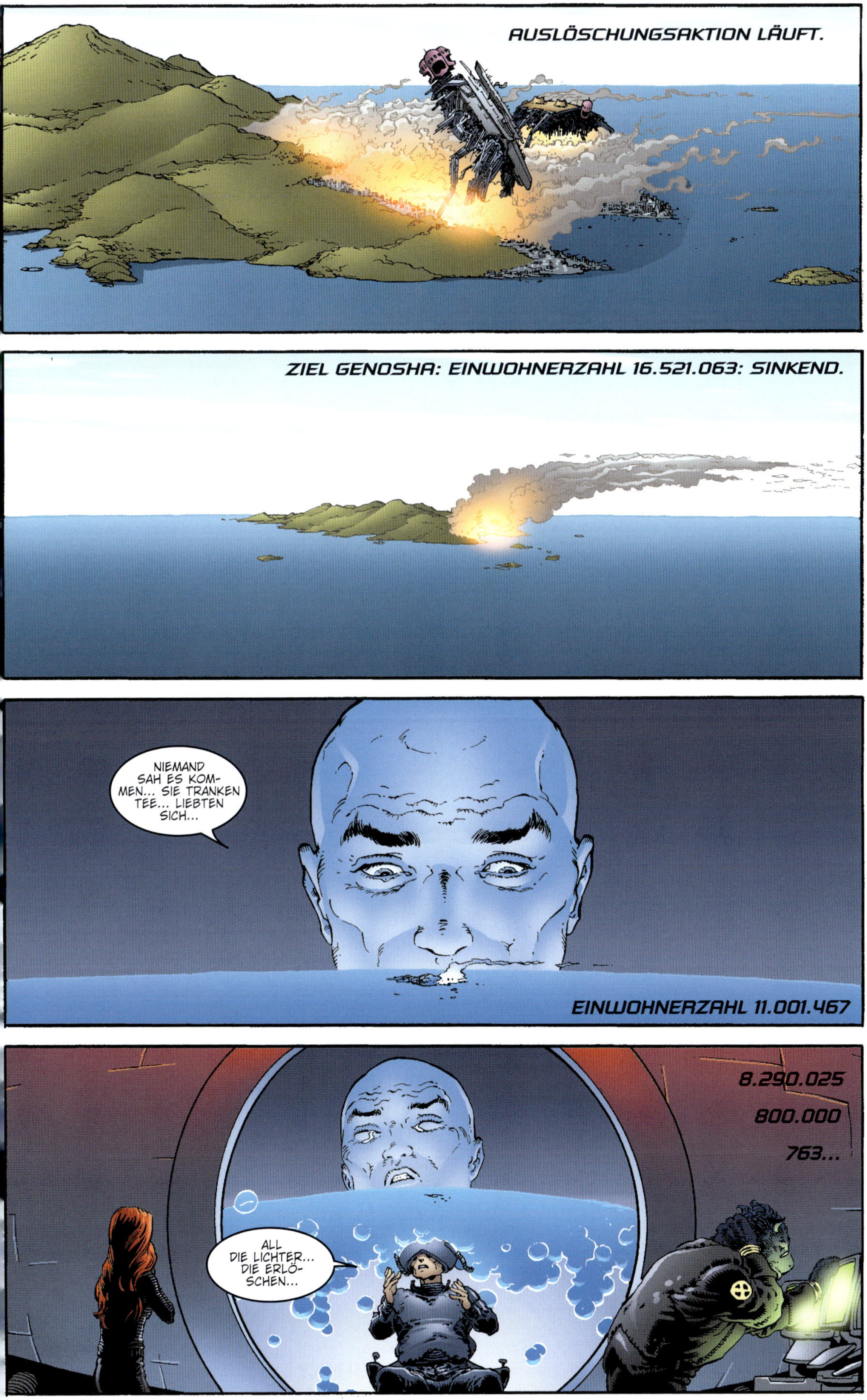
AUSLÖSCHUNGSAKTION LÄUFT.
ZIEL GENOSHA: EINWOHNERZAHL 16.521.063: SINKEND.
NIEMAND SAH ES KOMMEN... SIE TRANKEN TEE... LIEBTEN SICH...
EINWOHNERZAHL 11.001.467
8.290.025
800.000
763...
ALL DIE LICHTER... DIE ERLÖSCHEN...

BEDROHTE SPEZIES, TEIL 3

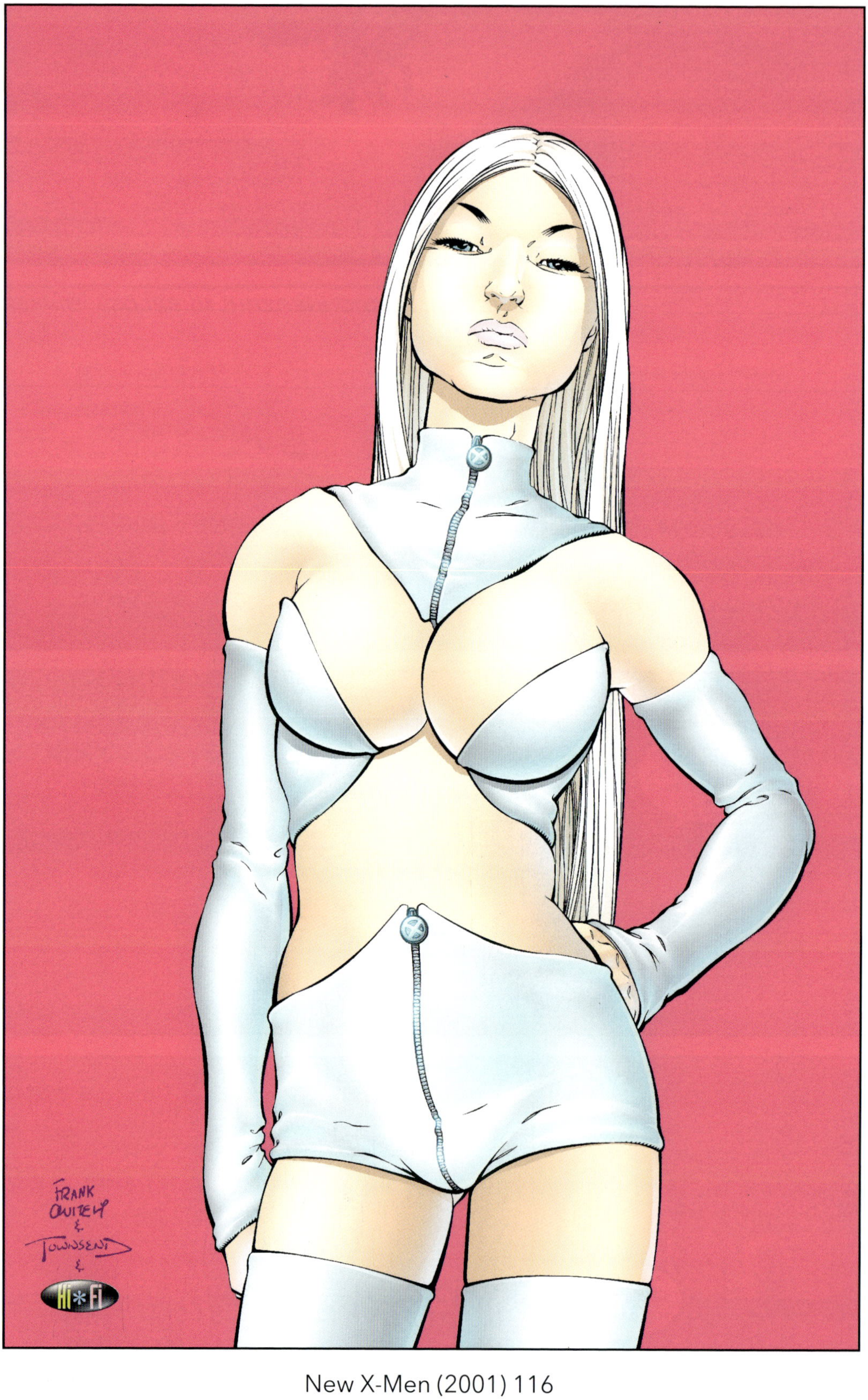

New X-Men (2001) 116
Cover von **FRANK QUITELY**

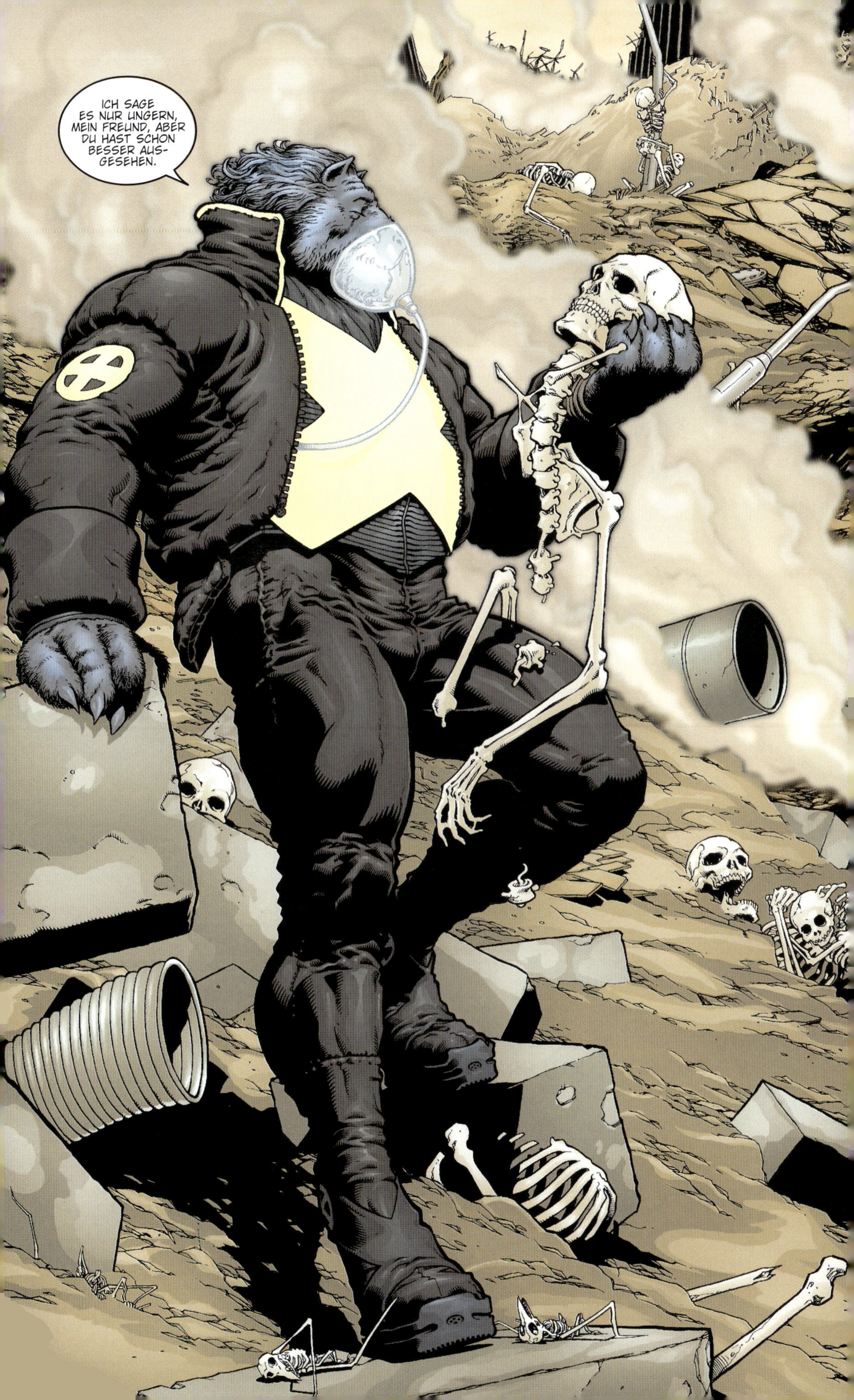
ICH SAGE ES NUR UNGERN, MEIN FREUND, ABER DU HAST SCHON BESSER AUS-GESEHEN.

STAN LEE PRÄSENTIERT:

NEW

Bedrohte Spezies

TEIL DREI VON DREI

GRANT MORRISON STORY

FRANK QUITELY ZEICHNUNGEN

MARK MORALES DAN GREEN TUSCHE

HI-FI DESIGN FARBEN

STUDIO RAM LETTERING

JÜRGEN PETZ ÜBERSETZUNG

MEN

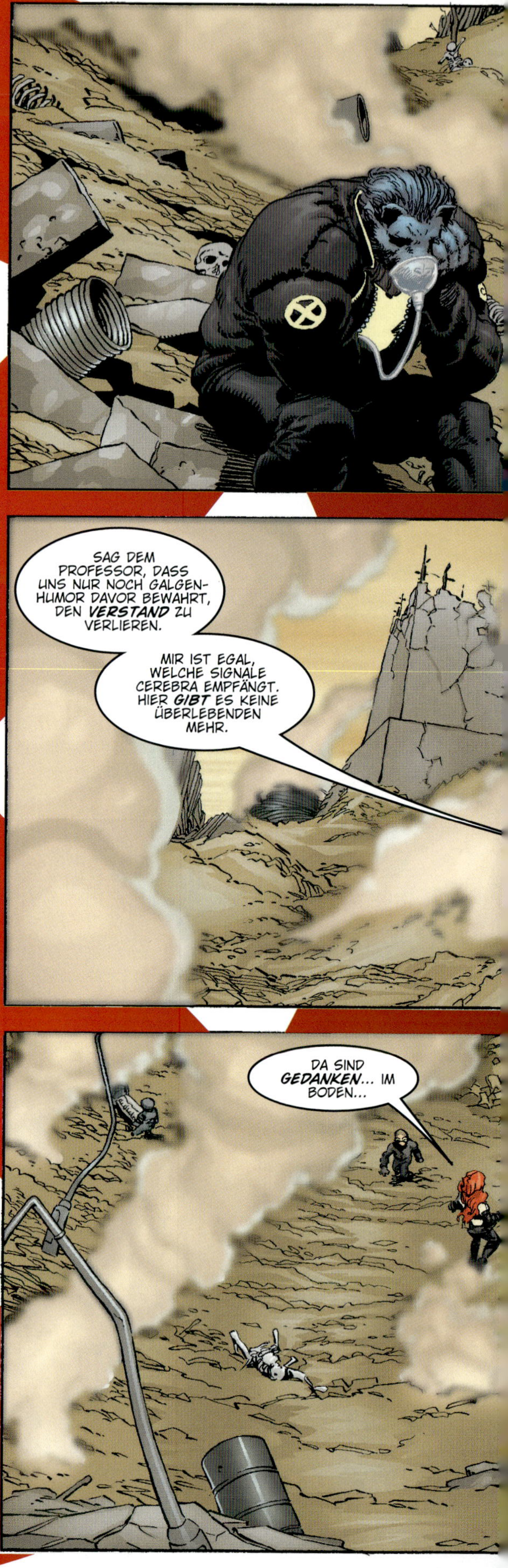

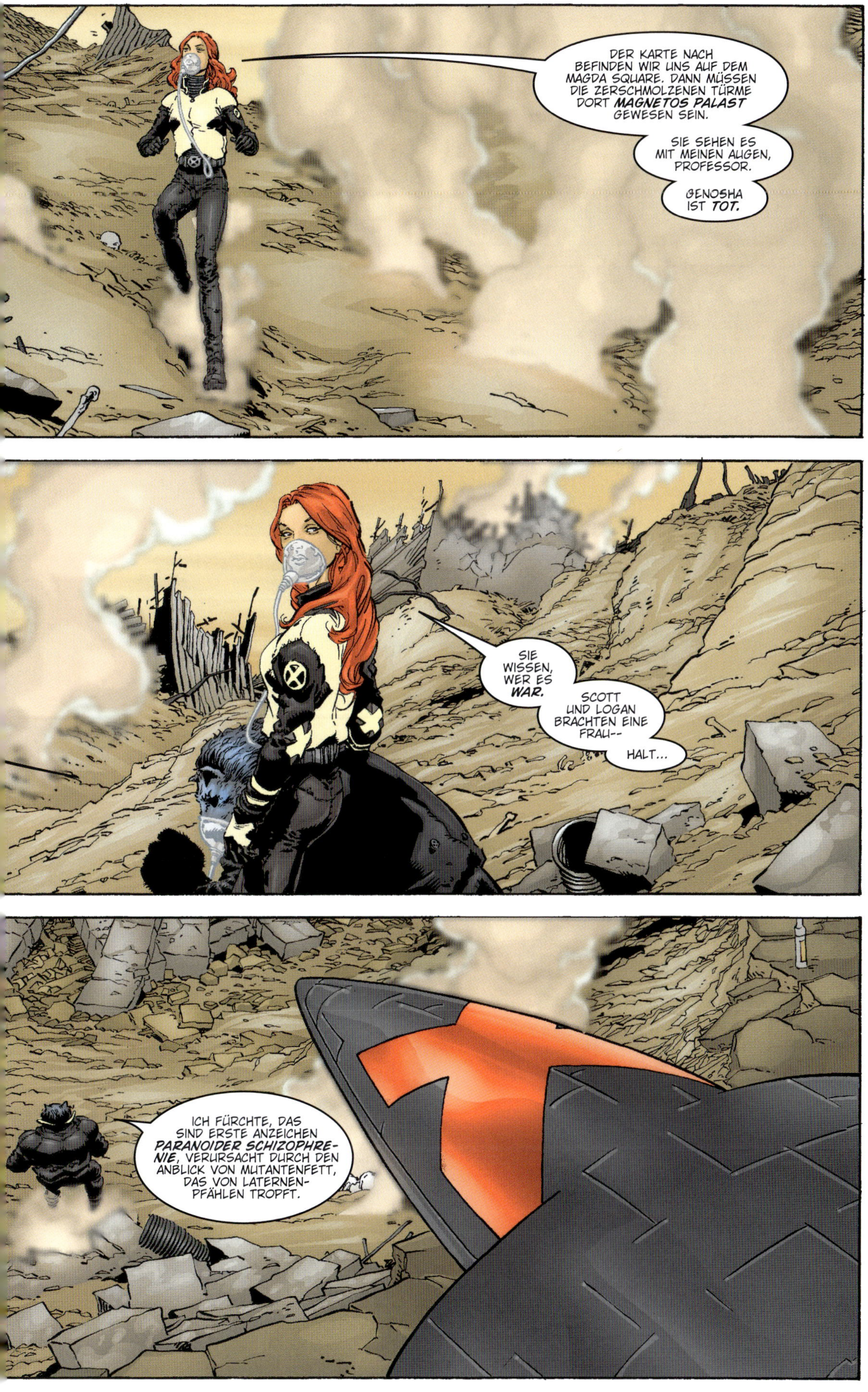
DER KARTE NACH BEFINDEN WIR UNS AUF DEM MAGDA SQUARE. DANN MÜSSEN DIE ZERSCHMOLZENEN TÜRME DORT **MAGNETOS PALAST** GEWESEN SEIN.
SIE SEHEN ES MIT MEINEN AUGEN, PROFESSOR.
GENOSHA IST **TOT.**
SIE WISSEN, WER ES **WAR.**
SCOTT UND LOGAN BRACHTEN EINE FRAU--
HALT...
ICH FÜRCHTE, DAS SIND ERSTE ANZEICHEN **PARANOIDER SCHIZOPHRENIE**, VERURSACHT DURCH DEN ANBLICK VON MUTANTENFETT, DAS VON LATERNENPFÄHLEN TROPFT.

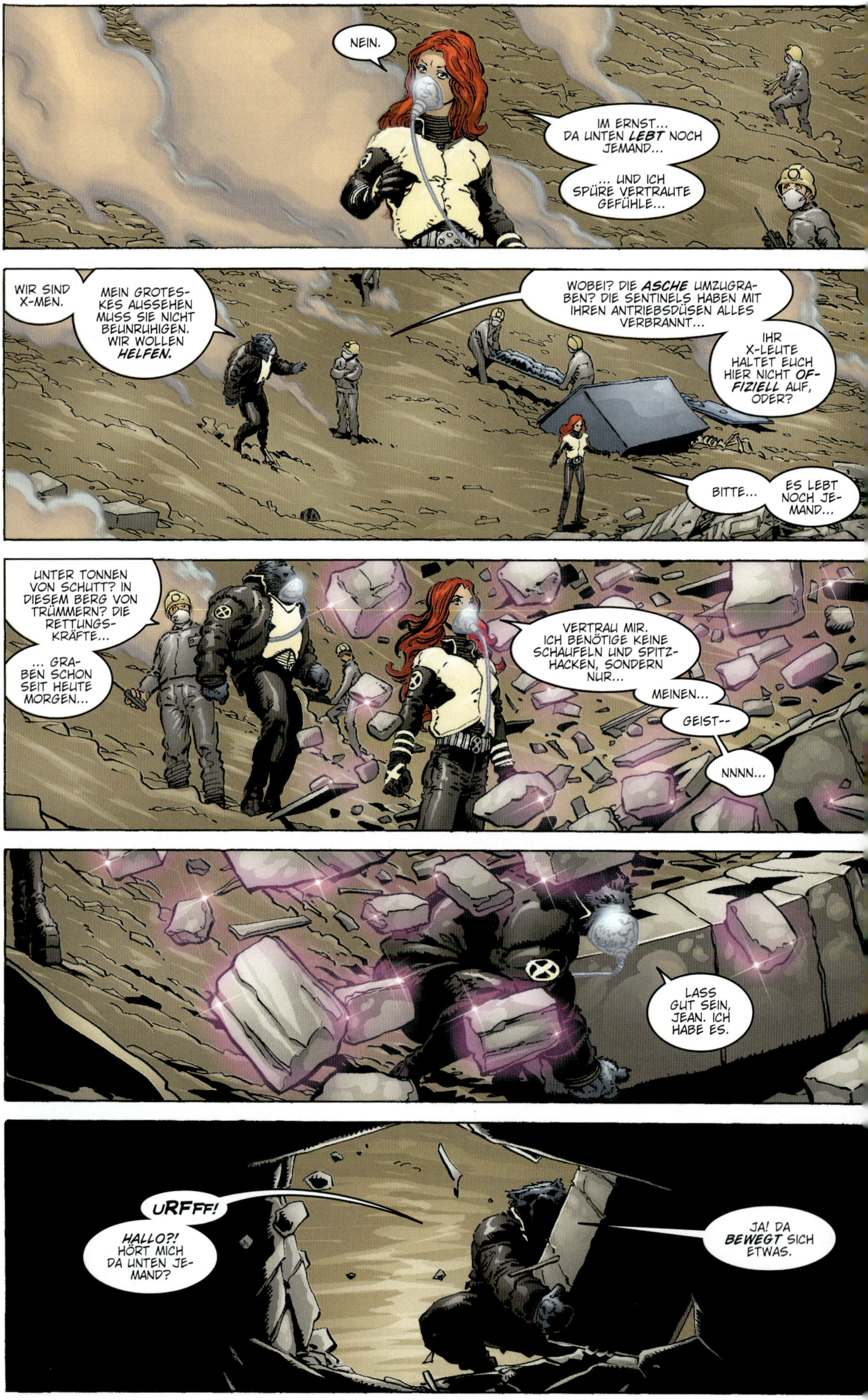
NEIN.
IM ERNST... DA UNTEN LEBT NOCH JEMAND...
... UND ICH SPÜRE VERTRAUTE GEFÜHLE...
WIR SIND X-MEN.
MEIN GROTESKES AUSSEHEN MUSS SIE NICHT BEUNRUHIGEN. WIR WOLLEN HELFEN.
WOBEI? DIE ASCHE UMZUGRABEN? DIE SENTINELS HABEN MIT IHREN ANTRIEBSDÜSEN ALLES VERBRANNT...
IHR X-LEUTE HALTET EUCH HIER NICHT OFFIZIELL AUF, ODER?
BITTE...
ES LEBT NOCH JEMAND...
UNTER TONNEN VON SCHUTT? IN DIESEM BERG VON TRÜMMERN? DIE RETTUNGSKRÄFTE...
... GRABEN SCHON SEIT HEUTE MORGEN...
VERTRAU MIR. ICH BENÖTIGE KEINE SCHAUFELN UND SPITZHACKEN, SONDERN NUR...
MEINEN...
GEIST--
NNNN...
LASS GUT SEIN, JEAN. ICH HABE ES.
URFFF!
HALLO?! HÖRT MICH DA UNTEN JEMAND?
JA! DA BEWEGT SICH ETWAS.

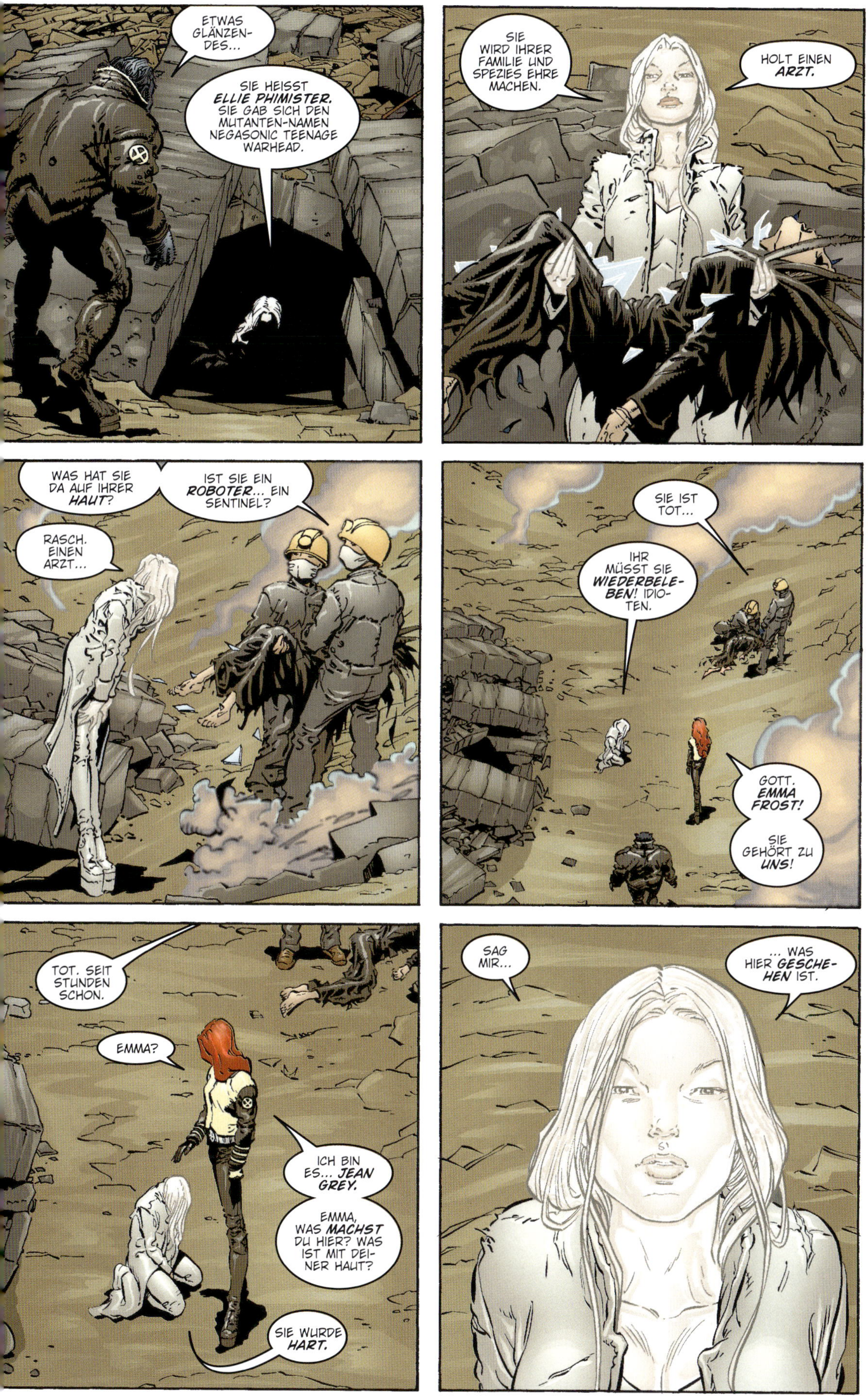
ETWAS GLÄNZENDES...
SIE HEISST ELLIE PHIMISTER. SIE GAB SICH DEN MUTANTEN-NAMEN NEGASONIC TEENAGE WARHEAD.
SIE WIRD IHRER FAMILIE UND SPEZIES EHRE MACHEN.
HOLT EINEN ARZT.
WAS HAT SIE DA AUF IHRER HAUT?
IST SIE EIN ROBOTER... EIN SENTINEL?
RASCH. EINEN ARZT...
SIE IST TOT...
IHR MÜSST SIE WIEDERBELEBEN! IDIOTEN.
GOTT. EMMA FROST!
SIE GEHÖRT ZU UNS!
TOT. SEIT STUNDEN SCHON.
EMMA?
ICH BIN ES... JEAN GREY.
EMMA, WAS MACHST DU HIER? WAS IST MIT DEINER HAUT?
SIE WURDE HART.
SAG MIR...
... WAS HIER GESCHEHEN IST.

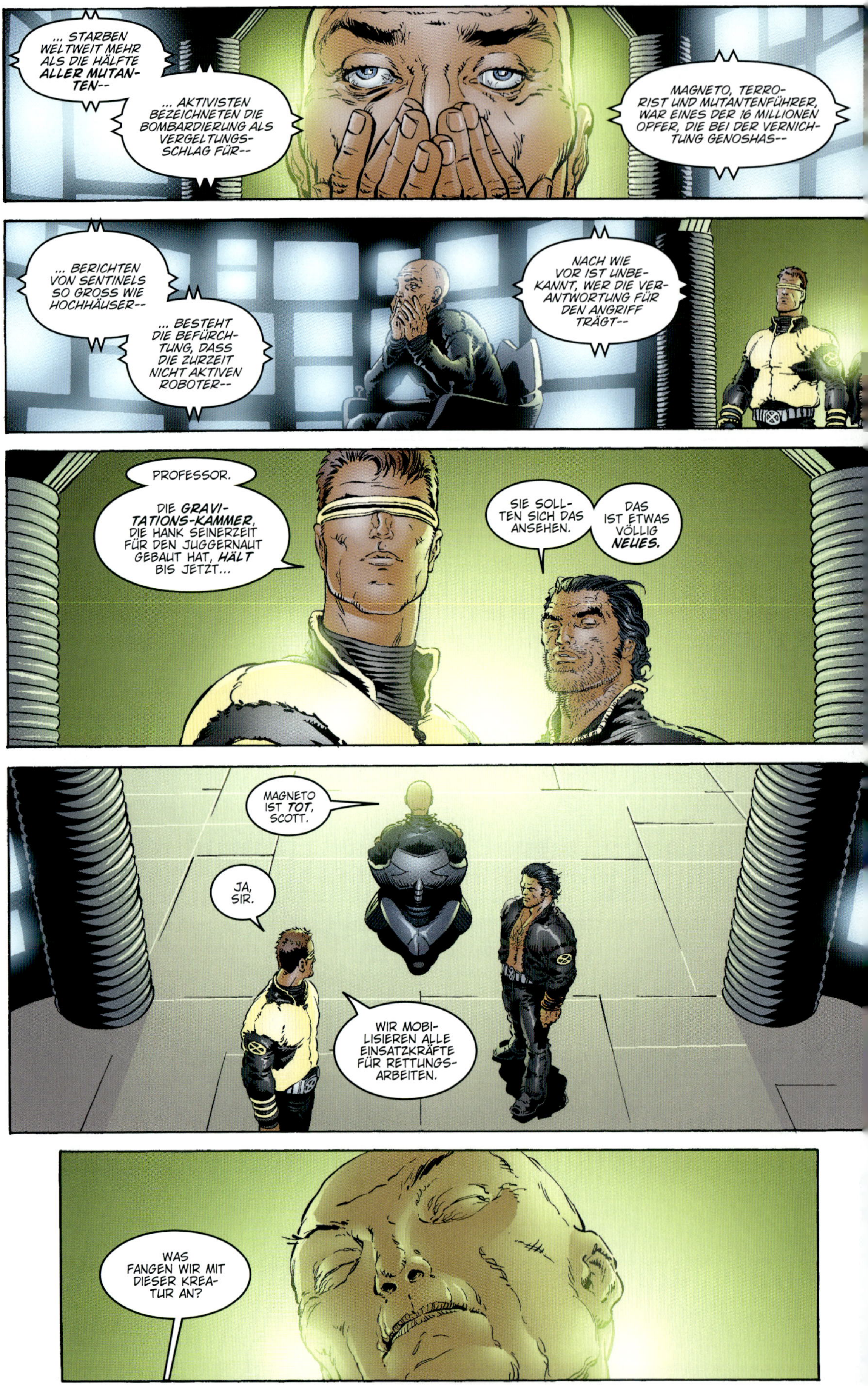
... STARBEN WELTWEIT MEHR ALS DIE HÄLFTE **ALLER MUTANTEN**--
... AKTIVISTEN BEZEICHNETEN DIE BOMBARDIERUNG ALS VERGELTUNGSSCHLAG FÜR--
MAGNETO, TERRORIST UND MUTANTENFÜHRER, WAR EINES DER 16 MILLIONEN OPFER, DIE BEI DER VERNICHTUNG GENOSHAS--
... BERICHTEN VON SENTINELS SO GROSS WIE HOCHHÄUSER--
... BESTEHT DIE BEFÜRCHTUNG, DASS DIE ZURZEIT NICHT AKTIVEN ROBOTER--
NACH WIE VOR IST UNBEKANNT, WER DIE VERANTWORTUNG FÜR DEN ANGRIFF TRÄGT--
PROFESSOR.
DIE **GRAVITATIONS-KAMMER**, DIE HANK SEINERZEIT FÜR DEN JUGGERNAUT GEBAUT HAT, **HÄLT** BIS JETZT...
SIE SOLLTEN SICH DAS ANSEHEN.
DAS IST ETWAS VÖLLIG **NEUES.**
MAGNETO IST **TOT**, SCOTT.
JA, SIR.
WIR MOBILISIEREN ALLE EINSATZKRÄFTE FÜR RETTUNGSARBEITEN.
WAS FANGEN WIR MIT DIESER KREATUR AN?

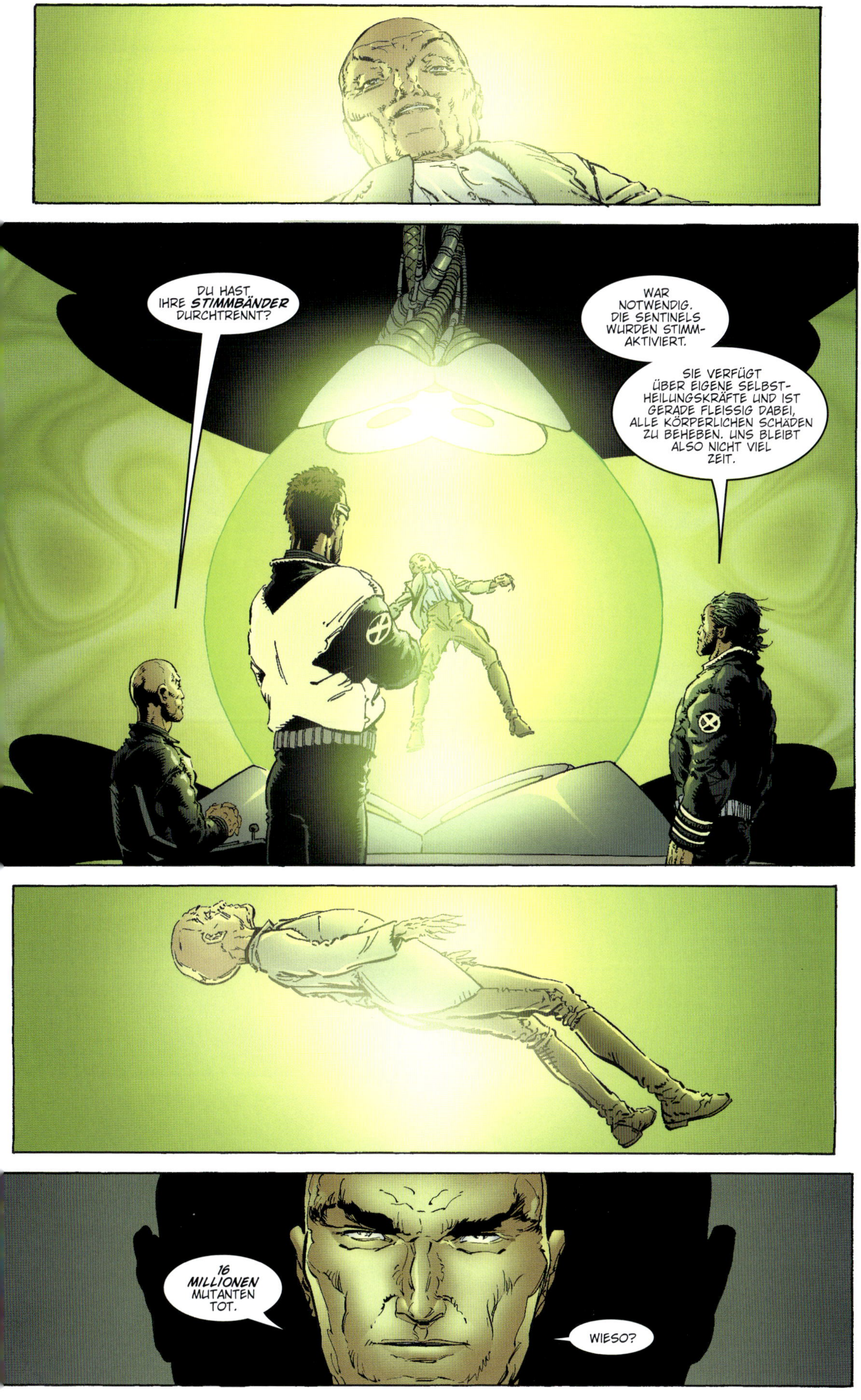
DU HAST, IHRE **STIMMBÄNDER** DURCHTRENNT?
WAR NOTWENDIG. DIE SENTINELS WURDEN STIMM-AKTIVIERT.
SIE VERFÜGT ÜBER EIGENE SELBST-HEILUNGSKRÄFTE UND IST GERADE FLEISSIG DABEI, ALLE KÖRPERLICHEN SCHÄDEN ZU BEHEBEN. UNS BLEIBT ALSO NICHT VIEL ZEIT.
16 MILLIONEN MUTANTEN TOT.
WIESO?

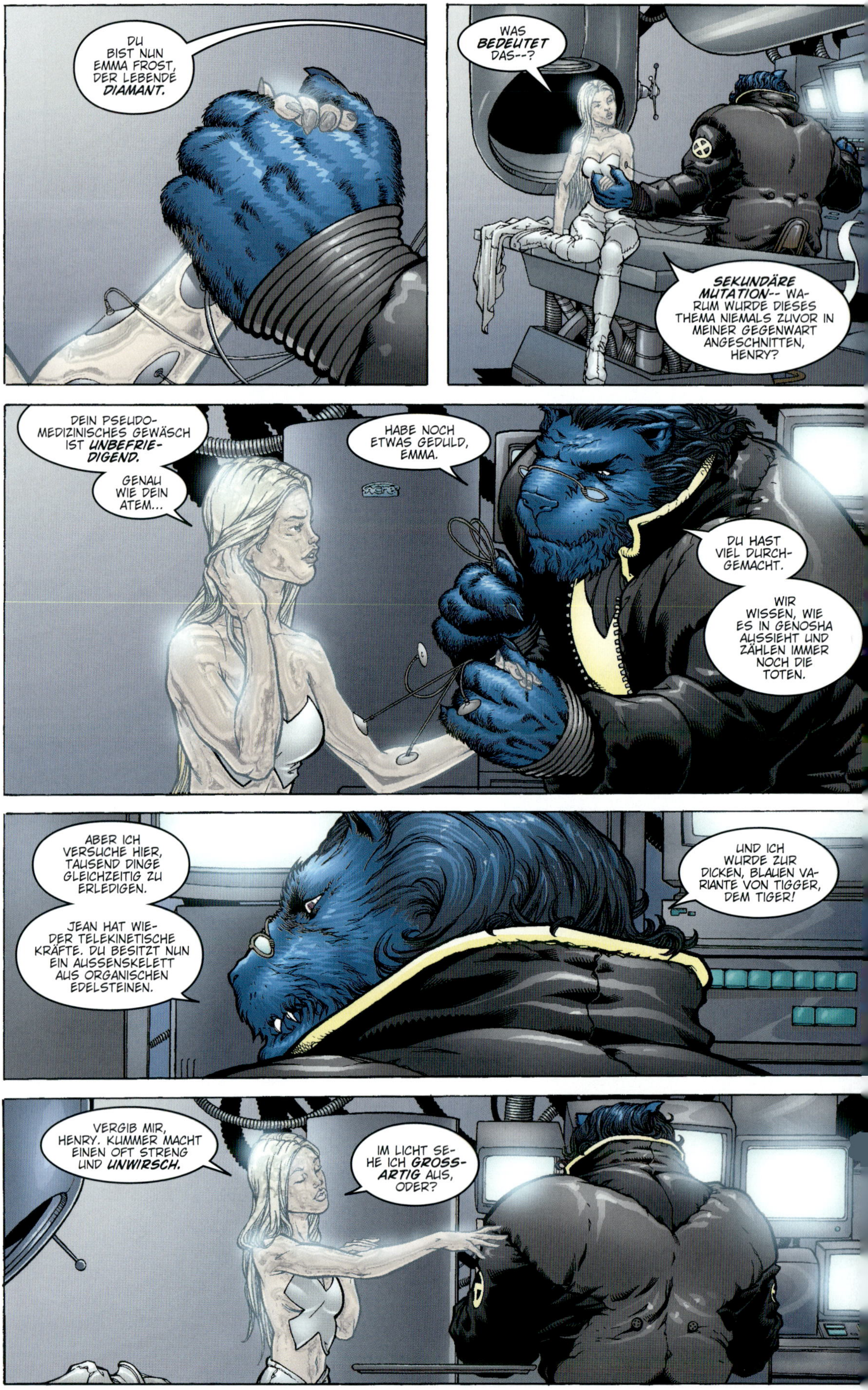
DU BIST NUN EMMA FROST, DER LEBENDE DIAMANT.
WAS BEDEUTET DAS--?
SEKUNDÄRE MUTATION-- WARUM WURDE DIESES THEMA NIEMALS ZUVOR IN MEINER GEGENWART ANGESCHNITTEN, HENRY?
DEIN PSEUDO-MEDIZINISCHES GEWÄSCH IST UNBEFRIEDIGEND.
GENAU WIE DEIN ATEM...
HABE NOCH ETWAS GEDULD, EMMA.
DU HAST VIEL DURCHGEMACHT.
WIR WISSEN, WIE ES IN GENOSHA AUSSIEHT UND ZÄHLEN IMMER NOCH DIE TOTEN.
ABER ICH VERSUCHE HIER, TAUSEND DINGE GLEICHZEITIG ZU ERLEDIGEN.
JEAN HAT WIEDER TELEKINETISCHE KRÄFTE. DU BESITZT NUN EIN AUSSENSKELETT AUS ORGANISCHEN EDELSTEINEN.
UND ICH WURDE ZUR DICKEN, BLAUEN VARIANTE VON TIGGER, DEM TIGER!
VERGIB MIR, HENRY. KUMMER MACHT EINEN OFT STRENG UND UNWIRSCH.
IM LICHT SEHE ICH GROSSARTIG AUS, ODER?

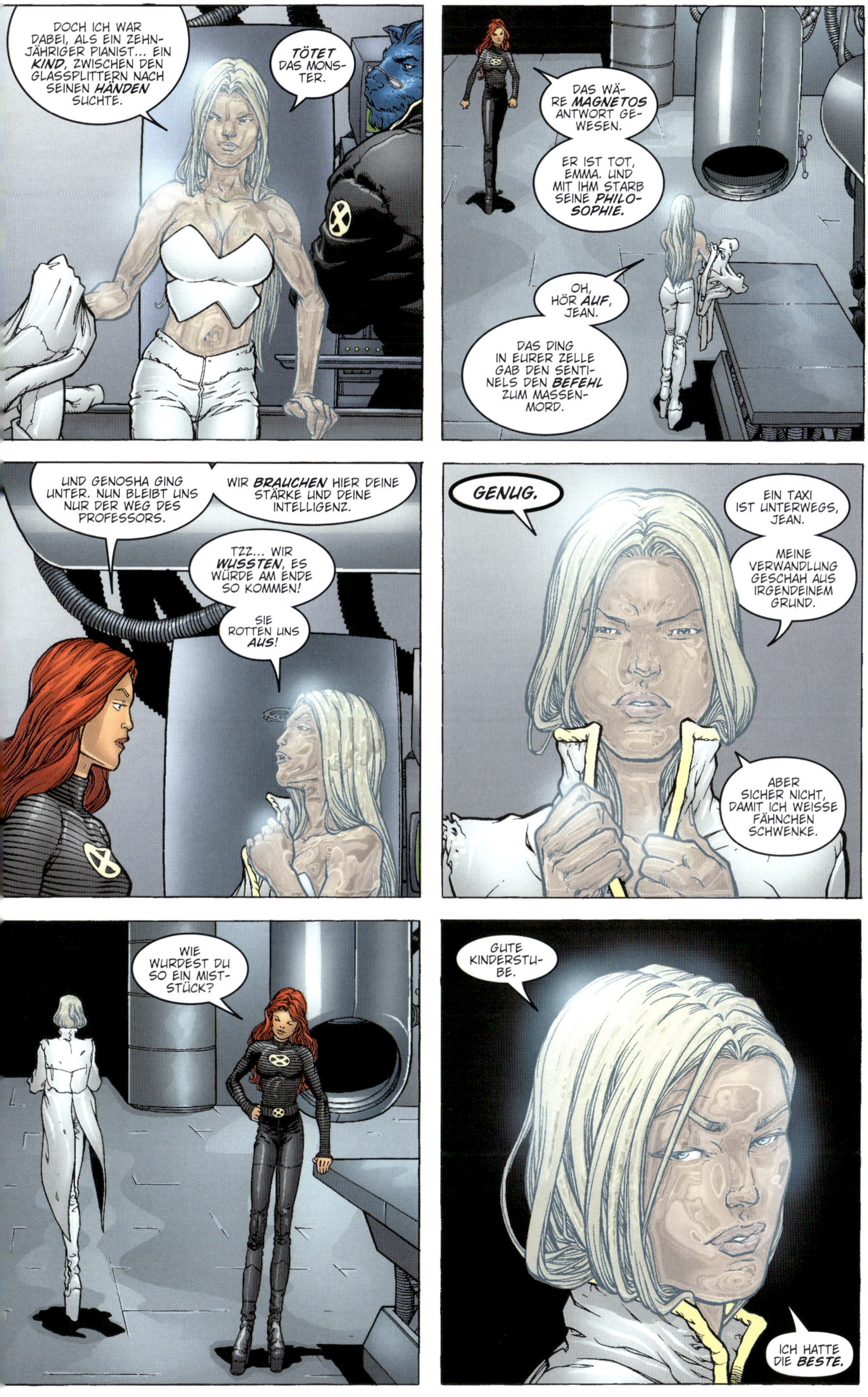
DOCH ICH WAR DABEI, ALS EIN ZEHN-JÄHRIGER PIANIST… EIN KIND, ZWISCHEN DEN GLASSPLITTERN NACH SEINEN HÄNDEN SUCHTE.
TÖTET DAS MONSTER.
DAS WÄRE MAGNETOS ANTWORT GEWESEN.
ER IST TOT, EMMA. UND MIT IHM STARB SEINE PHILOSOPHIE.
OH, HÖR AUF, JEAN.
DAS DING IN EURER ZELLE GAB DEN SENTINELS DEN BEFEHL ZUM MASSENMORD.
UND GENOSHA GING UNTER. NUN BLEIBT UNS NUR DER WEG DES PROFESSORS.
WIR BRAUCHEN HIER DEINE STÄRKE UND DEINE INTELLIGENZ.
TZZ… WIR WUSSTEN, ES WÜRDE AM ENDE SO KOMMEN!
SIE ROTTEN UNS AUS!
GENUG.
EIN TAXI IST UNTERWEGS, JEAN.
MEINE VERWANDLUNG GESCHAH AUS IRGENDEINEM GRUND.
ABER SICHER NICHT, DAMIT ICH WEISSE FÄHNCHEN SCHWENKE.
WIE WURDEST DU SO EIN MISTSTÜCK?
GUTE KINDERSTUBE.
ICH HATTE DIE BESTE.

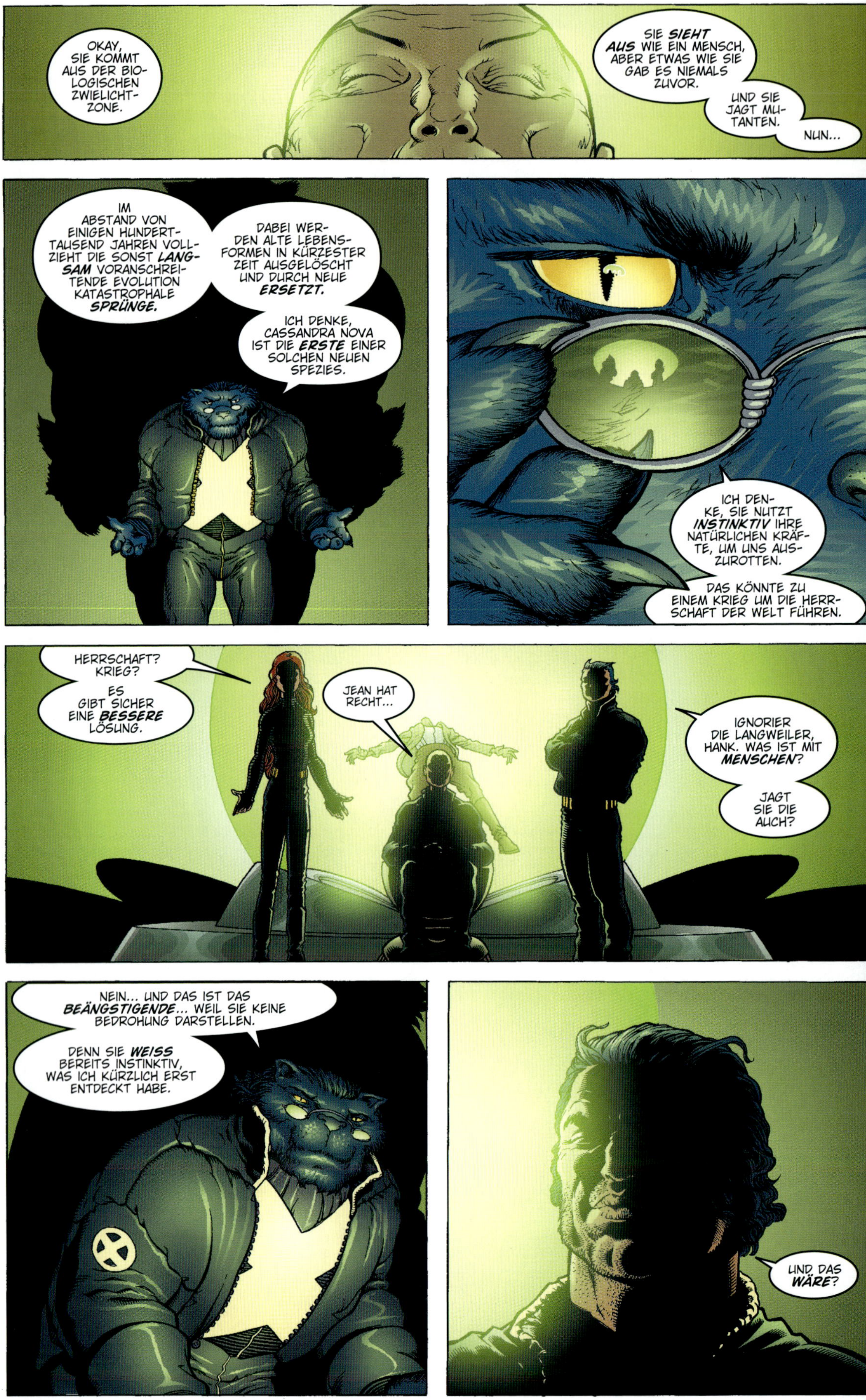
OKAY, SIE KOMMT AUS DER BIOLOGISCHEN ZWIELICHTZONE.
SIE SIEHT AUS WIE EIN MENSCH, ABER ETWAS WIE SIE GAB ES NIEMALS ZUVOR.
UND SIE JAGT MUTANTEN.
NUN...
IM ABSTAND VON EINIGEN HUNDERTTAUSEND JAHREN VOLLZIEHT DIE SONST LANGSAM VORANSCHREITENDE EVOLUTION KATASTROPHALE SPRÜNGE.
DABEI WERDEN ALTE LEBENSFORMEN IN KÜRZESTER ZEIT AUSGELÖSCHT UND DURCH NEUE ERSETZT.
ICH DENKE, CASSANDRA NOVA IST DIE ERSTE EINER SOLCHEN NEUEN SPEZIES.
ICH DENKE, SIE NUTZT INSTINKTIV IHRE NATÜRLICHEN KRÄFTE, UM UNS AUSZUROTTEN.
DAS KÖNNTE ZU EINEM KRIEG UM DIE HERRSCHAFT DER WELT FÜHREN.
HERRSCHAFT? KRIEG?
ES GIBT SICHER EINE BESSERE LÖSUNG.
JEAN HAT RECHT...
IGNORIER DIE LANGWEILER, HANK. WAS IST MIT MENSCHEN?
JAGT SIE DIE AUCH?
NEIN... UND DAS IST DAS BEÄNGSTIGENDE... WEIL SIE KEINE BEDROHUNG DARSTELLEN.
DENN SIE WEISS BEREITS INSTINKTIV, WAS ICH KÜRZLICH ERST ENTDECKT HABE.
UND DAS WÄRE?

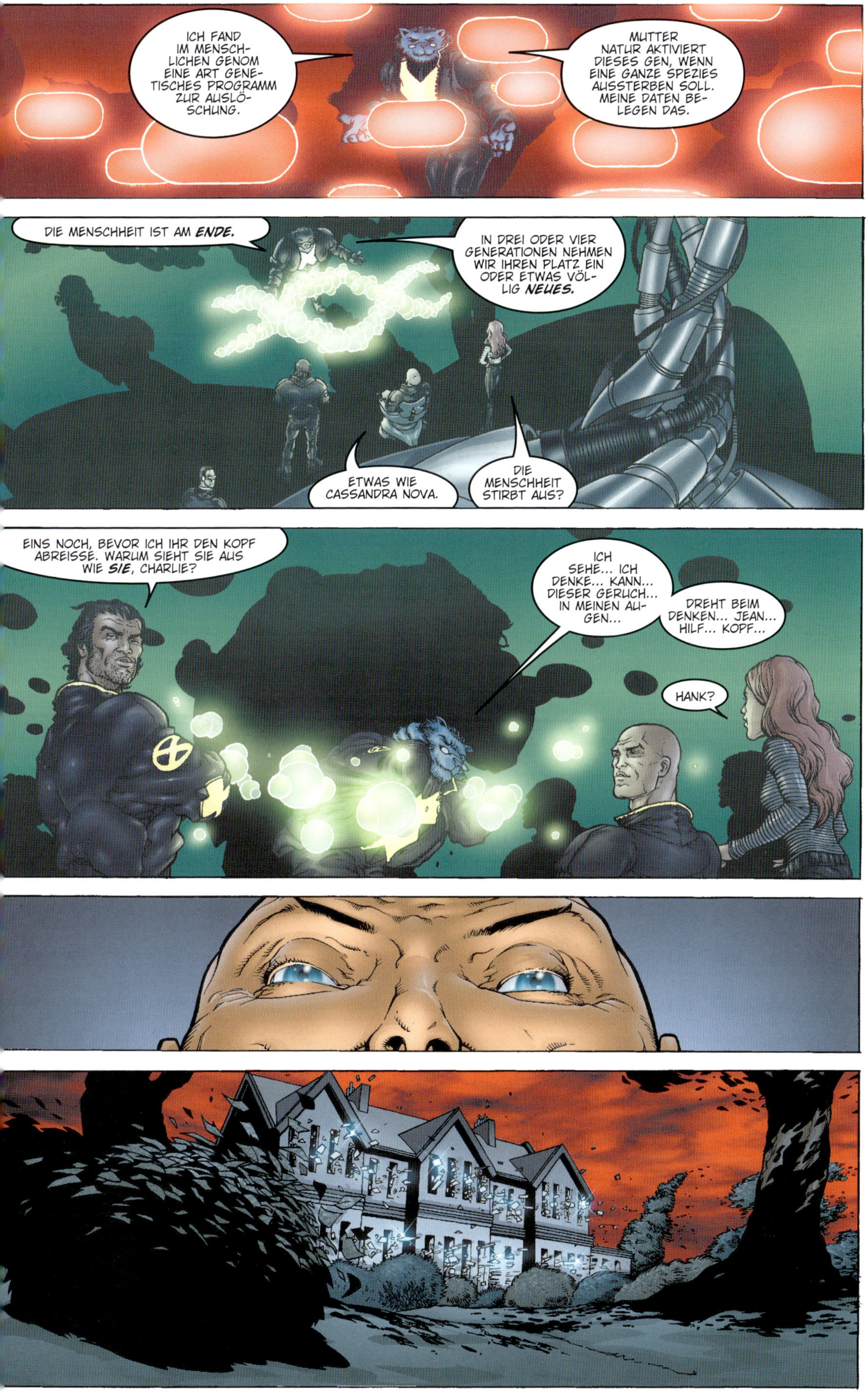
ICH FAND IM MENSCHLICHEN GENOM EINE ART GENETISCHES PROGRAMM ZUR AUSLÖSCHUNG.
MUTTER NATUR AKTIVIERT DIESES GEN, WENN EINE GANZE SPEZIES AUSSTERBEN SOLL. MEINE DATEN BELEGEN DAS.
DIE MENSCHHEIT IST AM ENDE.
IN DREI ODER VIER GENERATIONEN NEHMEN WIR IHREN PLATZ EIN ODER ETWAS VÖLLIG NEUES.
ETWAS WIE CASSANDRA NOVA.
DIE MENSCHHEIT STIRBT AUS?
EINS NOCH, BEVOR ICH IHR DEN KOPF ABREISSE. WARUM SIEHT SIE AUS WIE SIE, CHARLIE?
ICH SEHE... ICH DENKE... KANN... DIESER GERUCH... IN MEINEN AUGEN...
DREHT BEIM DENKEN... JEAN... HILF... KOPF...
HANK?

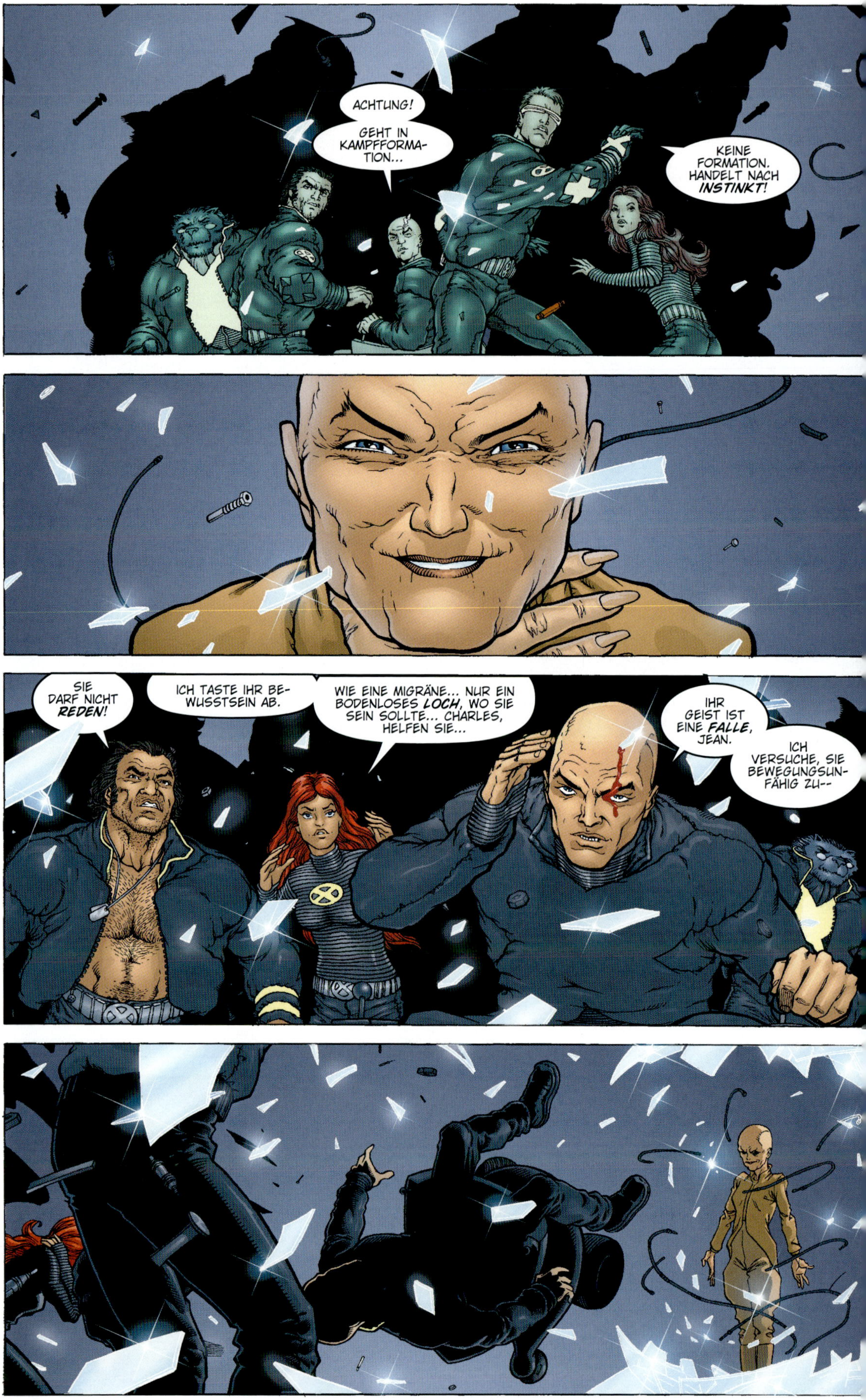

ACHTUNG!
GEHT IN KAMPFFORMATION...
KEINE FORMATION. HANDELT NACH INSTINKT!
SIE DARF NICHT REDEN!
ICH TASTE IHR BEWUSSTSEIN AB.
WIE EINE MIGRÄNE... NUR EIN BODENLOSES LOCH, WO SIE SEIN SOLLTE... CHARLES, HELFEN SIE...
IHR GEIST IST EINE FALLE, JEAN.
ICH VERSUCHE, SIE BEWEGUNGSUNFÄHIG ZU--

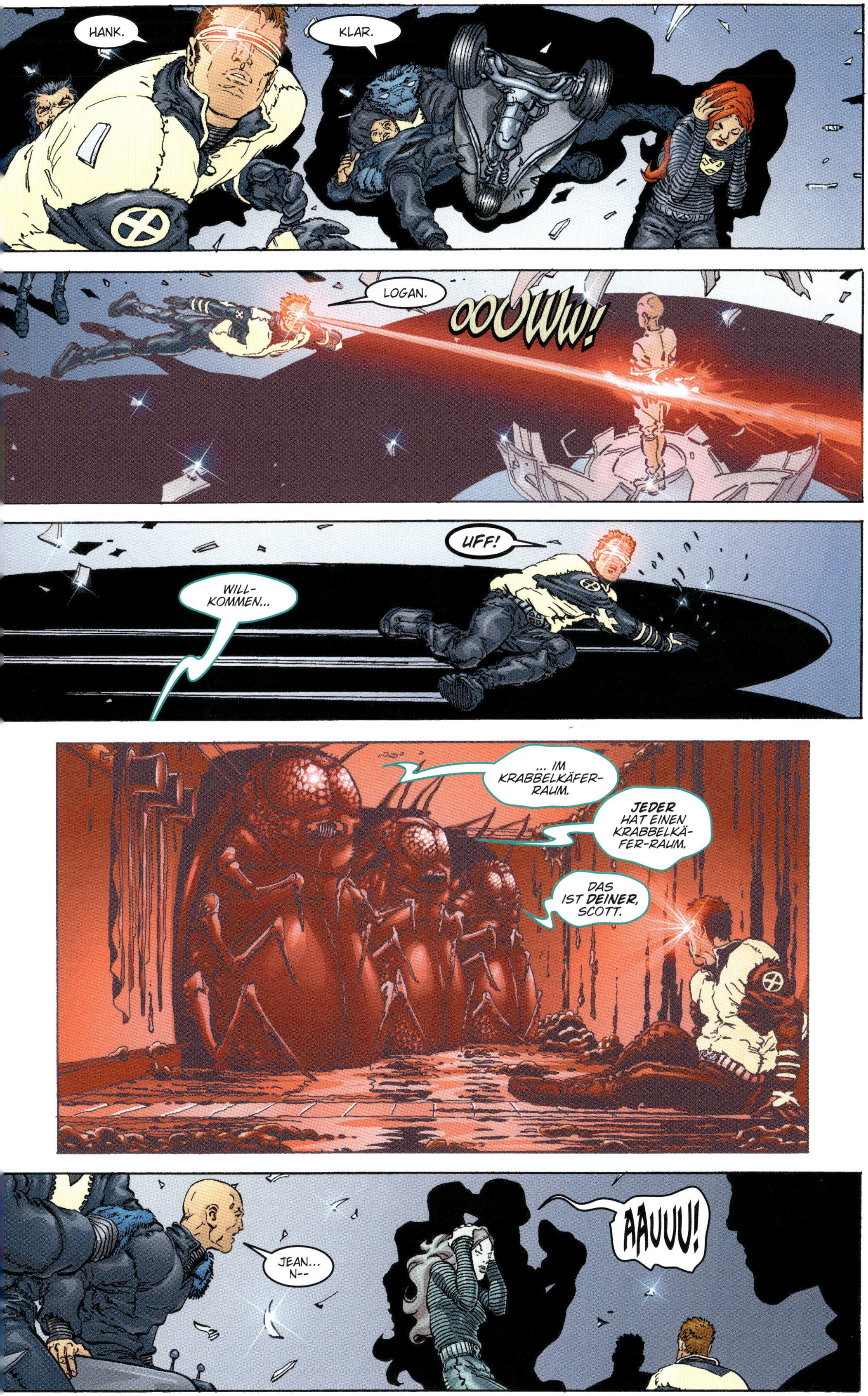

HANK.
KLAR.
LOGAN.
OOOWW!
UFF!
WILL-KOMMEN...
... IM KRABBELKÄFER-RAUM.
JEDER HAT EINEN KRABBELKÄ-FER-RAUM.
DAS IST DEINER, SCOTT.
JEAN... N--
AAUUU!

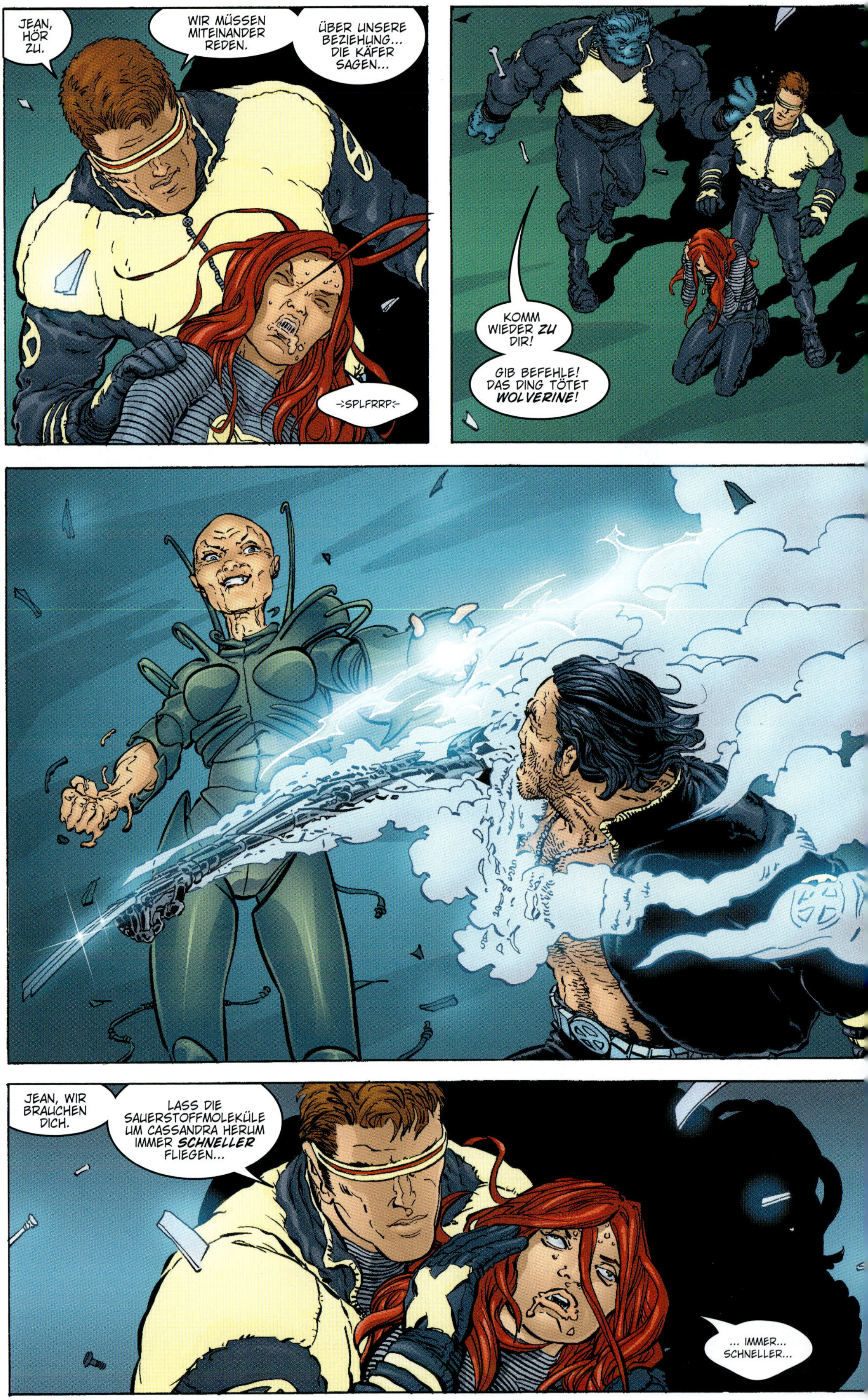
JEAN, HÖR ZU.
WIR MÜSSEN MITEINANDER REDEN.
ÜBER UNSERE BEZIEHUNG... DIE KÄFER SAGEN...
-SPLFRRP-
KOMM WIEDER ZU DIR!
GIB BEFEHLE! DAS DING TÖTET WOLVERINE!
JEAN, WIR BRAUCHEN DICH.
LASS DIE SAUERSTOFFMOLEKÜLE UM CASSANDRA HERUM IMMER SCHNELLER FLIEGEN...
... IMMER... SCHNELLER...

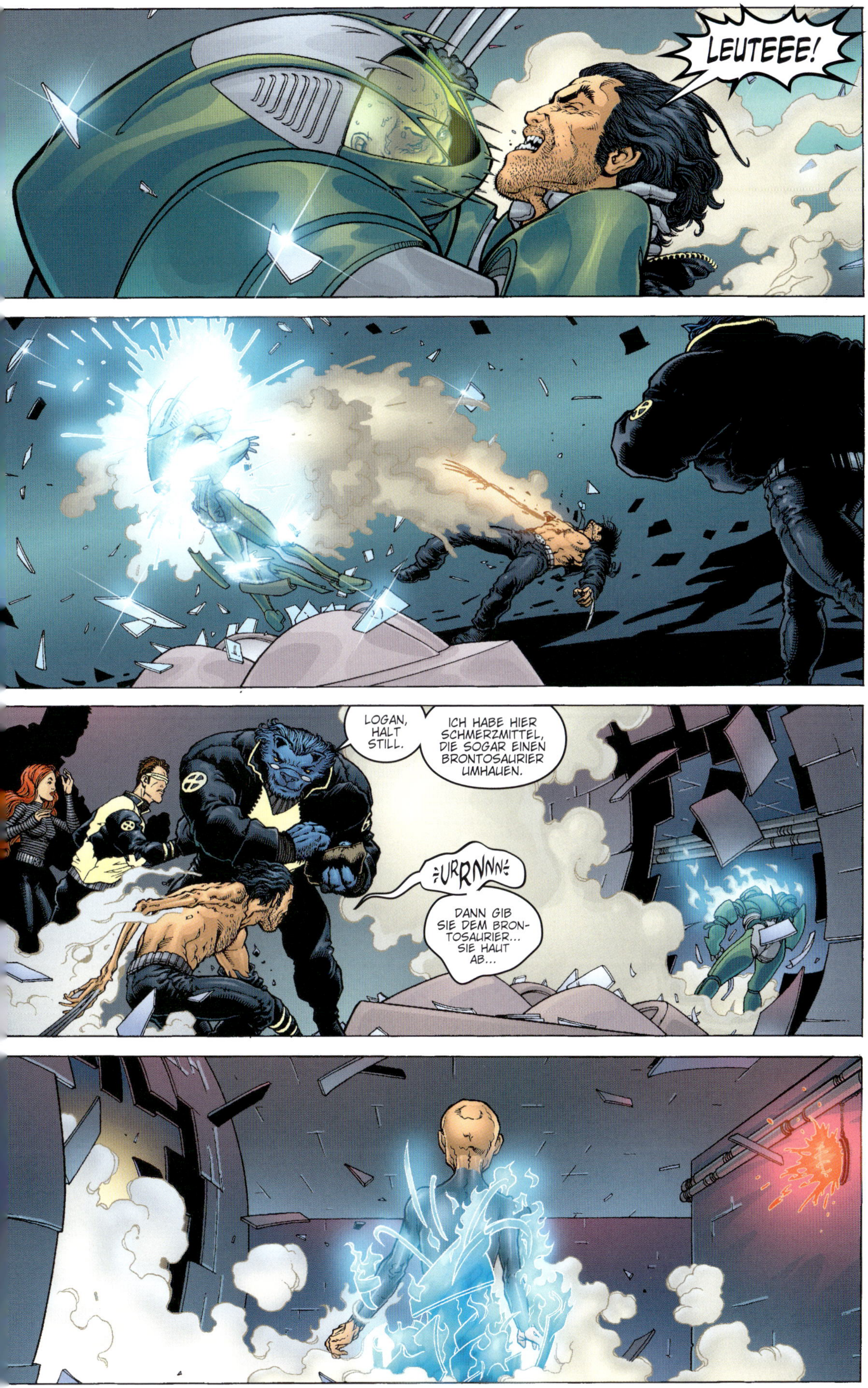
LEUTEEE!
LOGAN, HALT STILL.
ICH HABE HIER SCHMERZMITTEL, DIE SOGAR EINEN BRONTOSAURIER UMHAUEN.
URRNNN
DANN GIB SIE DEM BRONTOSAURIER... SIE HAUT AB...

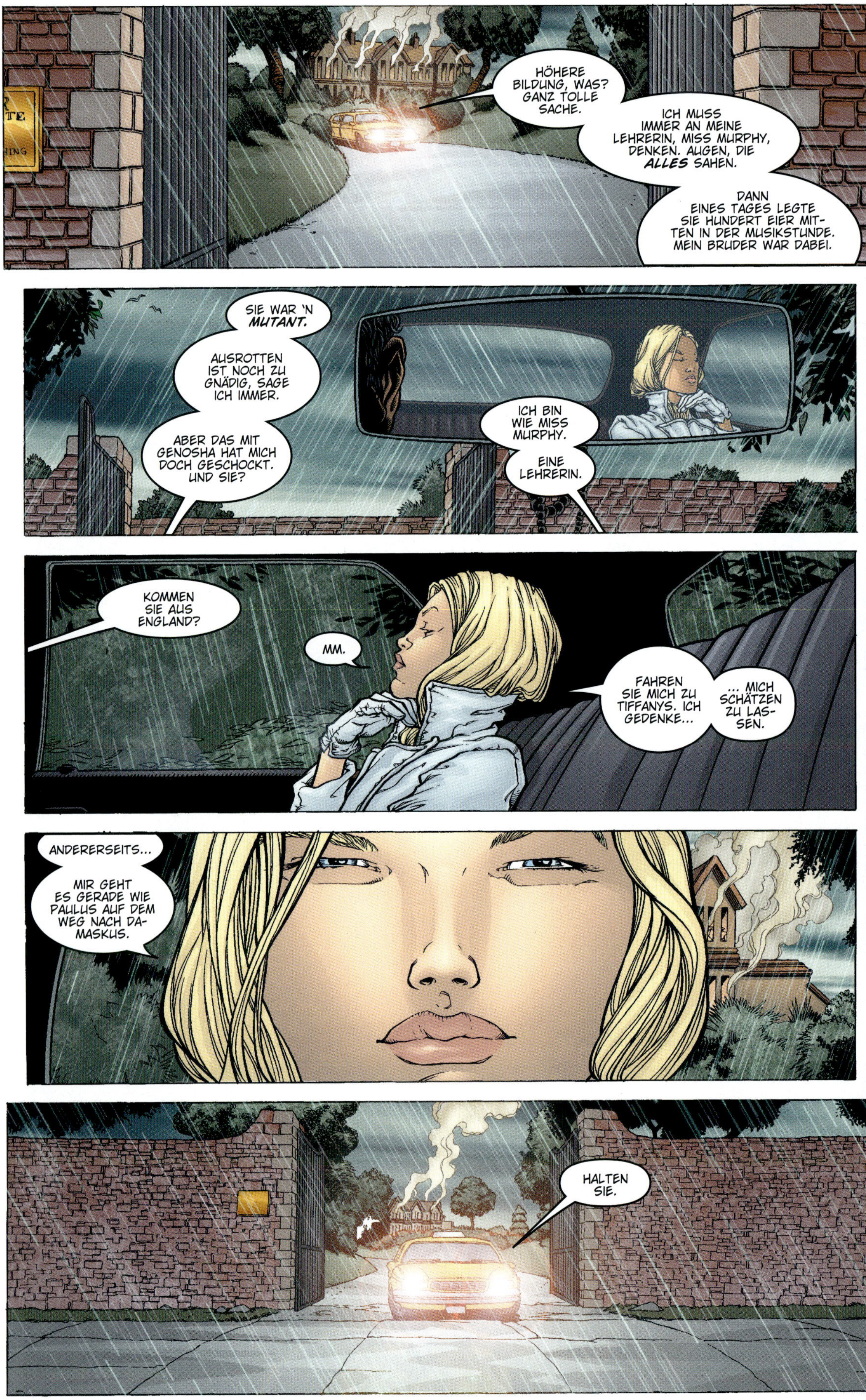
HÖHERE BILDUNG, WAS? GANZ TOLLE SACHE.
ICH MUSS IMMER AN MEINE LEHRERIN, MISS MURPHY, DENKEN. AUGEN, DIE *ALLES* SAHEN.
DANN EINES TAGES LEGTE SIE HUNDERT EIER MITTEN IN DER MUSIKSTUNDE. MEIN BRUDER WAR DABEI.
SIE WAR 'N *MUTANT.*
AUSROTTEN IST NOCH ZU GNÄDIG, SAGE ICH IMMER.
ABER DAS MIT GENOSHA HAT MICH DOCH GESCHOCKT. UND SIE?
ICH BIN WIE MISS MURPHY.
EINE LEHRERIN.
KOMMEN SIE AUS ENGLAND?
MM.
FAHREN SIE MICH ZU TIFFANYS. ICH GEDENKE...
... MICH SCHÄTZEN ZU LASSEN.
ANDERERSEITS...
MIR GEHT ES GERADE WIE PAULUS AUF DEM WEG NACH DAMASKUS.
HALTEN SIE.

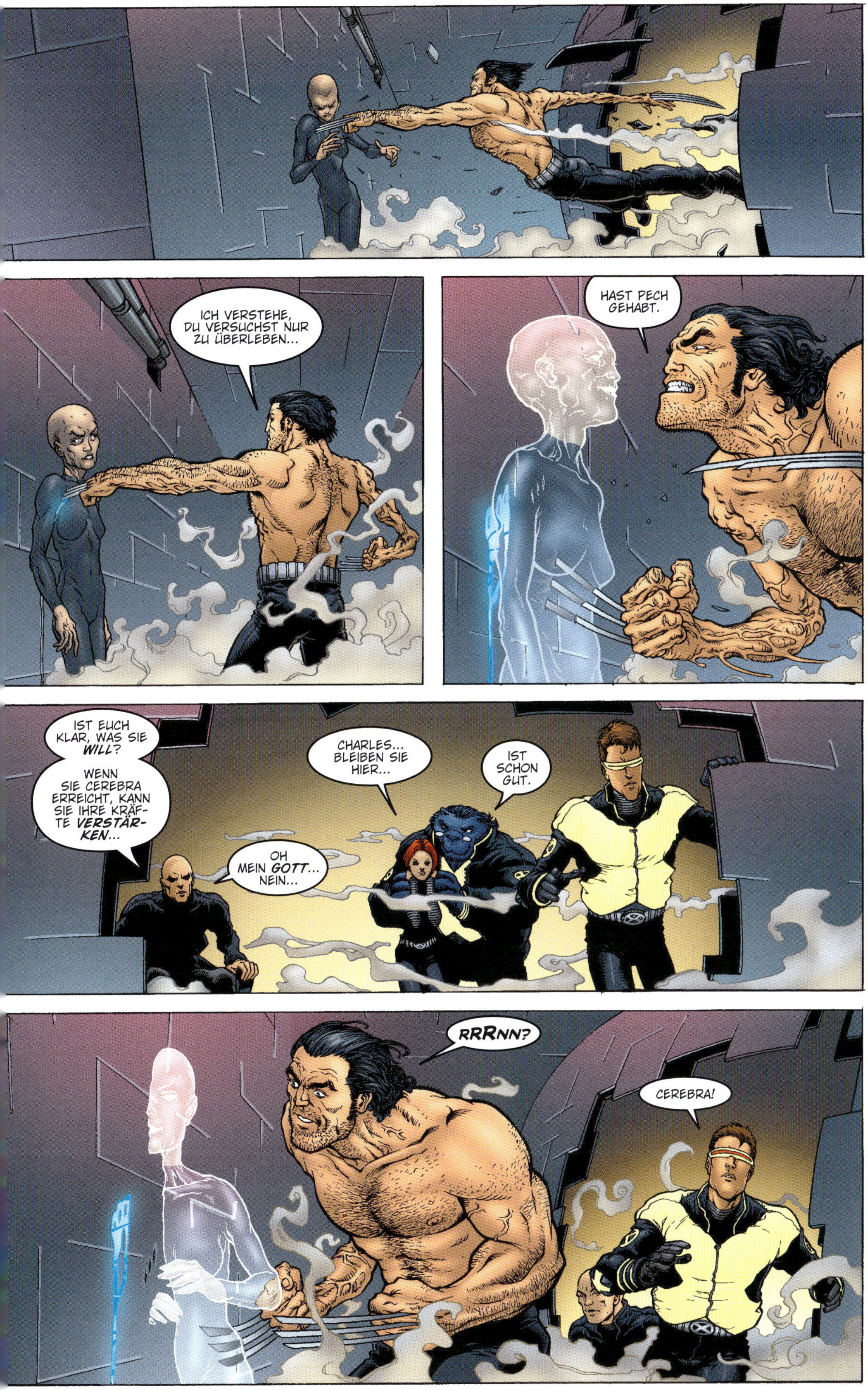
ICH VERSTEHE, DU VERSUCHST NUR ZU ÜBERLEBEN...
HAST PECH GEHABT.
IST EUCH KLAR, WAS SIE WILL?
WENN SIE CEREBRA ERREICHT, KANN SIE IHRE KRÄFTE VERSTÄRKEN...
OH MEIN GOTT... NEIN...
CHARLES... BLEIBEN SIE HIER...
IST SCHON GUT.
RRRNN?
CEREBRA!

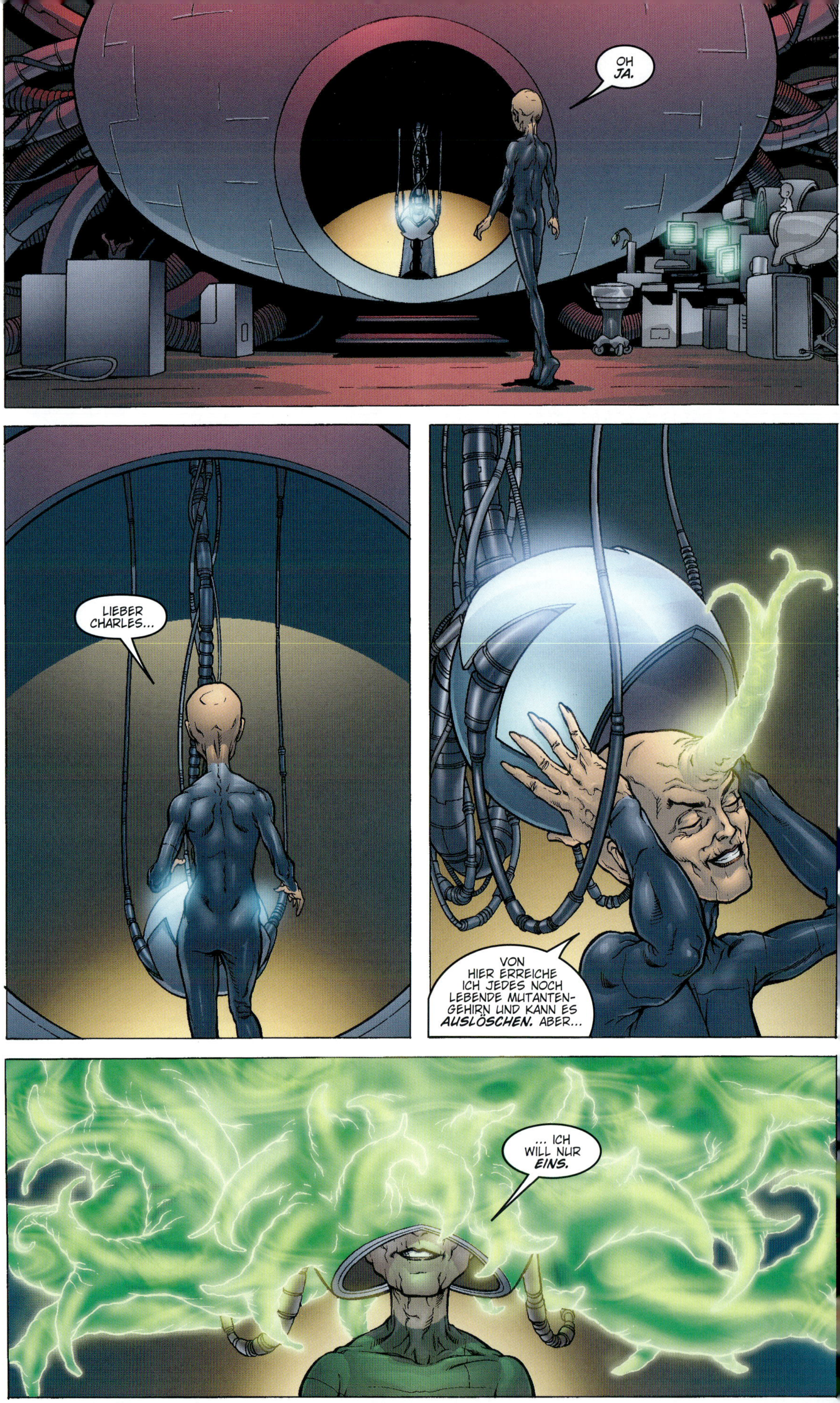
OH JA.
LIEBER CHARLES...
VON HIER ERREICHE ICH JEDES NOCH LEBENDE MUTANTEN-GEHIRN UND KANN ES AUSLÖSCHEN. ABER...
... ICH WILL NUR EINS.

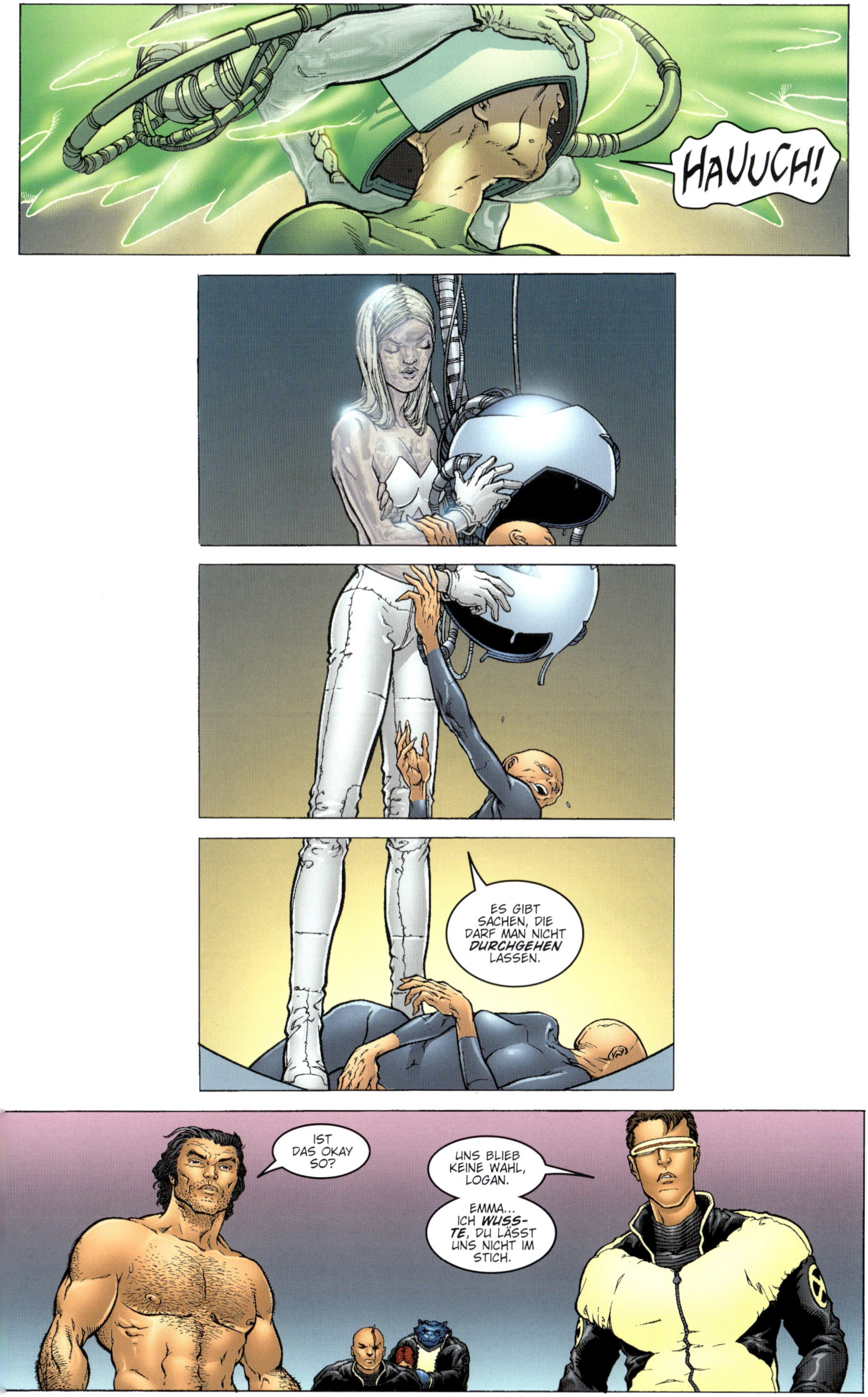
HAUUCH!
ES GIBT SACHEN, DIE DARF MAN NICHT **DURCHGEHEN** LASSEN.
IST DAS OKAY SO?
UNS BLIEB KEINE WAHL, LOGAN.
EMMA... ICH **WUSS-TE**, DU LÄSST UNS NICHT IM STICH.

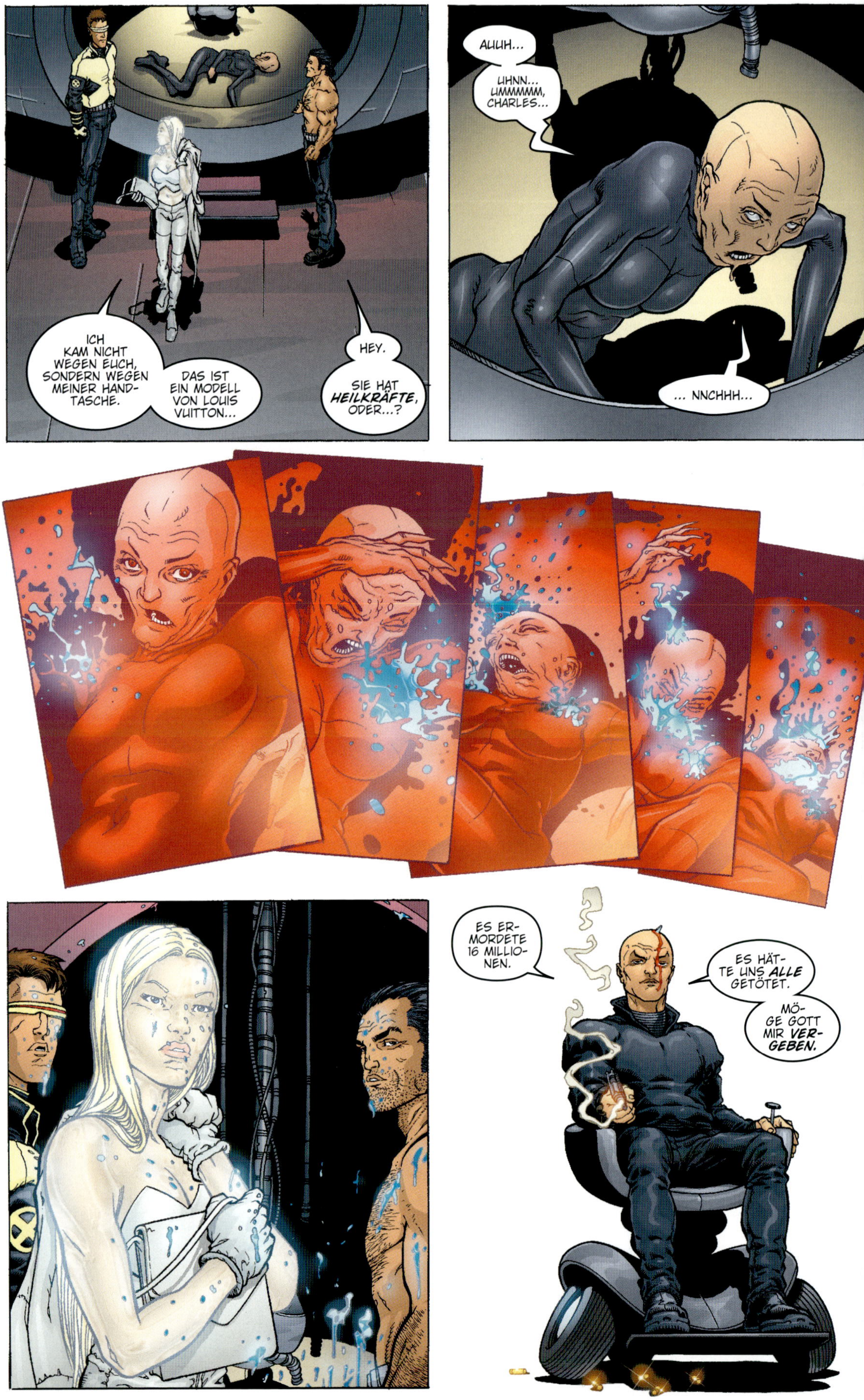
ICH KAM NICHT WEGEN EUCH, SONDERN WEGEN MEINER HAND-TASCHE.
DAS IST EIN MODELL VON LOUIS VUITTON...
HEY.
SIE HAT *HEILKRÄFTE*, ODER...?
AUUH...
UHNN... UMMMMM, CHARLES...
... NNCHHH...
ES ER-MORDETE 16 MILLIO-NEN.
ES HÄT-TE UNS *ALLE* GETÖTET.
MÖ-GE GOTT MIR *VER-GEBEN.*

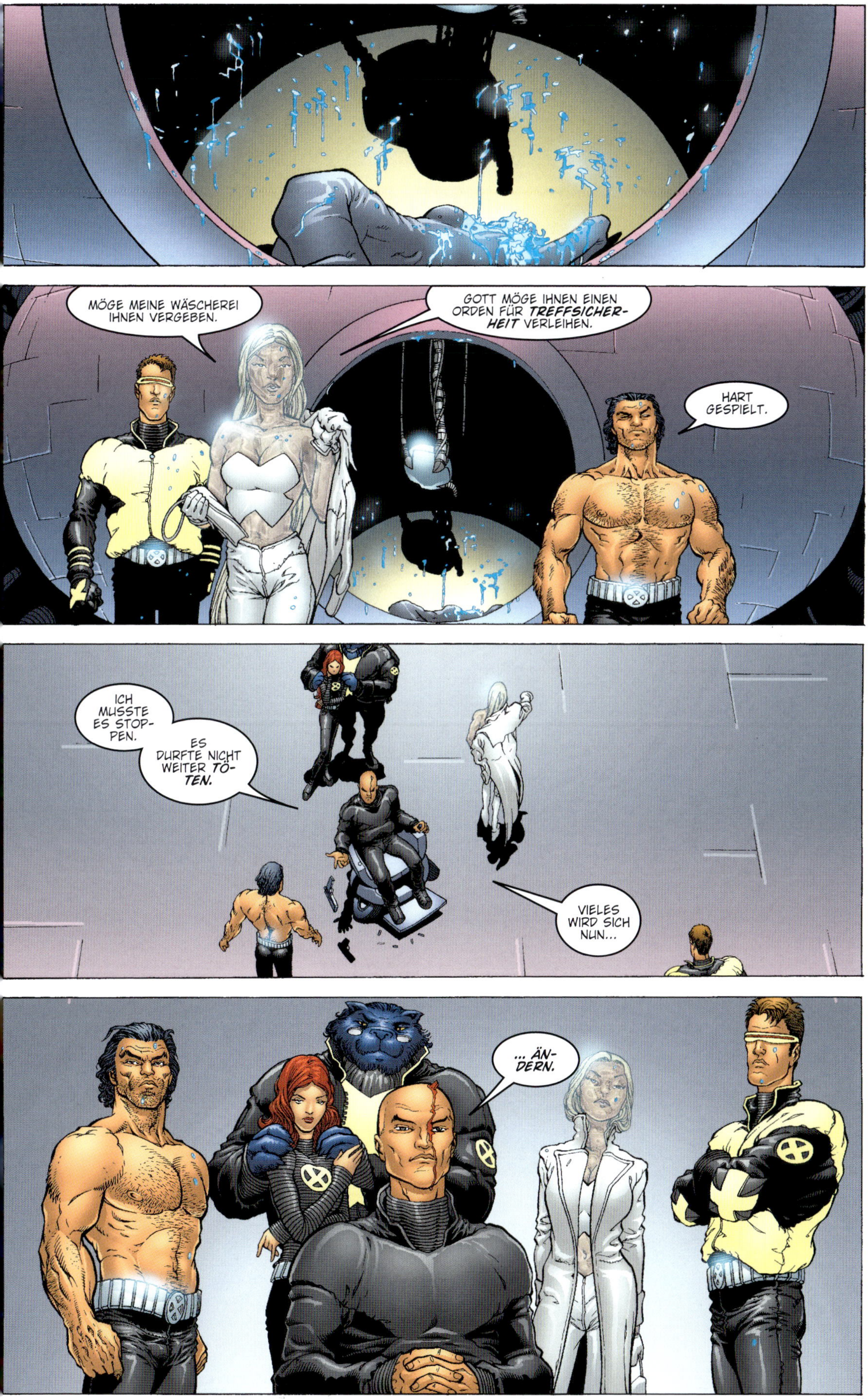
MÖGE MEINE WÄSCHEREI IHNEN VERGEBEN.
GOTT MÖGE IHNEN EINEN ORDEN FÜR **TREFFSICHER-HEIT** VERLEIHEN.
HART GESPIELT.
ICH MUSSTE ES STOP-PEN.
ES DURFTE NICHT WEITER **TÖ-TEN.**
VIELES WIRD SICH NUN...
... ÄN-DERN.

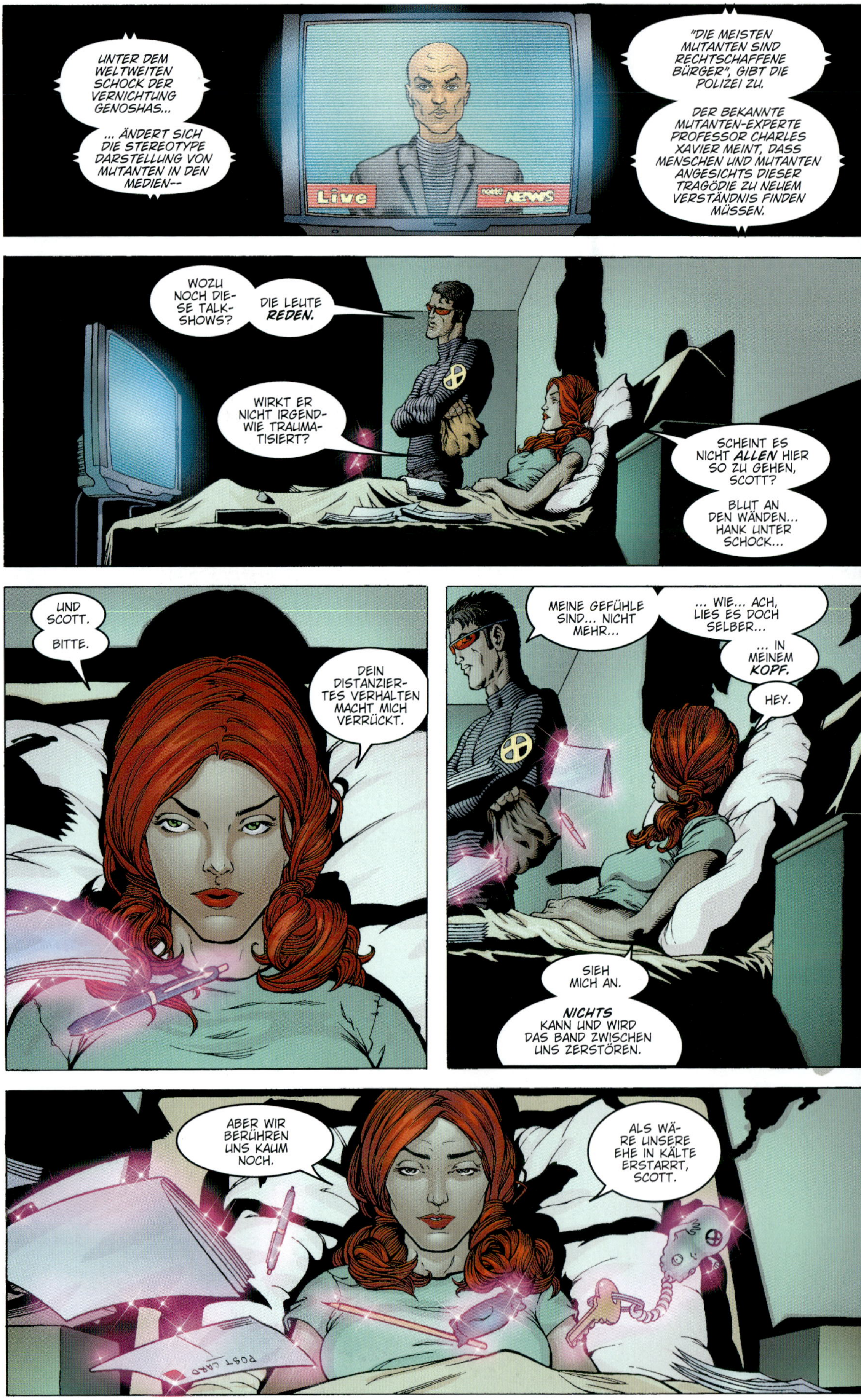
UNTER DEM WELTWEITEN SCHOCK DER VERNICHTUNG GENOSHAS...
... ÄNDERT SICH DIE STEREOTYPE DARSTELLUNG VON MUTANTEN IN DEN MEDIEN--
Live
NEWS
"DIE MEISTEN MUTANTEN SIND RECHTSCHAFFENE BÜRGER", GIBT DIE POLIZEI ZU.
DER BEKANNTE MUTANTEN-EXPERTE PROFESSOR CHARLES XAVIER MEINT, DASS MENSCHEN UND MUTANTEN ANGESICHTS DIESER TRAGÖDIE ZU NEUEM VERSTÄNDNIS FINDEN MÜSSEN.
WOZU NOCH DIESE TALKSHOWS?
DIE LEUTE **REDEN.**
WIRKT ER NICHT IRGENDWIE TRAUMATISIERT?
SCHEINT ES NICHT **ALLEN** HIER SO ZU GEHEN, SCOTT?
BLUT AN DEN WÄNDEN... HANK UNTER SCHOCK...
UND SCOTT.
BITTE.
DEIN DISTANZIERTES VERHALTEN MACHT MICH VERRÜCKT.
MEINE GEFÜHLE SIND... NICHT MEHR...
... WIE... ACH, LIES ES DOCH SELBER...
... IN MEINEM **KOPF.**
HEY.
SIEH MICH AN.
NICHTS KANN UND WIRD DAS BAND ZWISCHEN UNS ZERSTÖREN.
ABER WIR BERÜHREN UNS KAUM NOCH.
ALS WÄRE UNSERE EHE IN KÄLTE ERSTARRT, SCOTT.
POST CARD

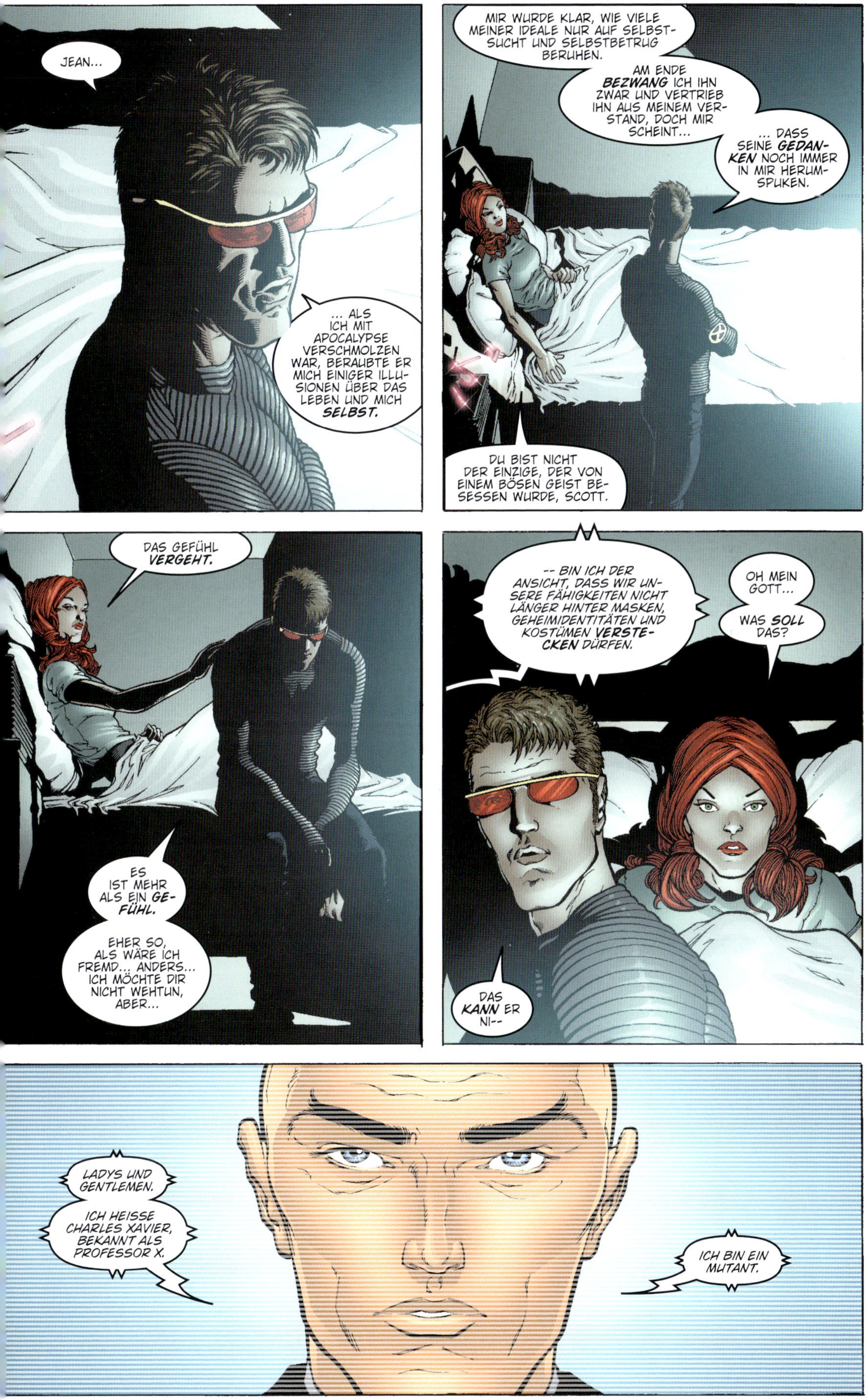

JEAN...
... ALS ICH MIT APOCALYPSE VERSCHMOLZEN WAR, BERAUBTE ER MICH EINIGER ILLUSIONEN ÜBER DAS LEBEN UND MICH **SELBST.**
MIR WURDE KLAR, WIE VIELE MEINER IDEALE NUR AUF SELBSTSUCHT UND SELBSTBETRUG BERUHEN.
AM ENDE **BEZWANG** ICH IHN ZWAR UND VERTRIEB IHN AUS MEINEM VERSTAND, DOCH MIR SCHEINT...
... DASS SEINE **GEDANKEN** NOCH IMMER IN MIR HERUMSPUKEN.
DU BIST NICHT DER EINZIGE, DER VON EINEM BÖSEN GEIST BESESSEN WURDE, SCOTT.
DAS GEFÜHL **VERGEHT.**
ES IST MEHR ALS EIN **GEFÜHL.**
EHER SO, ALS WÄRE ICH FREMD... ANDERS... ICH MÖCHTE DIR NICHT WEHTUN, ABER...
-- BIN ICH DER ANSICHT, DASS WIR UNSERE FÄHIGKEITEN NICHT LÄNGER HINTER MASKEN, GEHEIMIDENTITÄTEN UND KOSTÜMEN **VERSTECKEN** DÜRFEN.
OH MEIN GOTT...
WAS **SOLL** DAS?
DAS **KANN** ER NI--
LADYS UND GENTLEMEN.
ICH HEISSE CHARLES XAVIER, BEKANNT ALS PROFESSOR X.
ICH BIN EIN MUTANT.

DER MANN AUS RAUM X

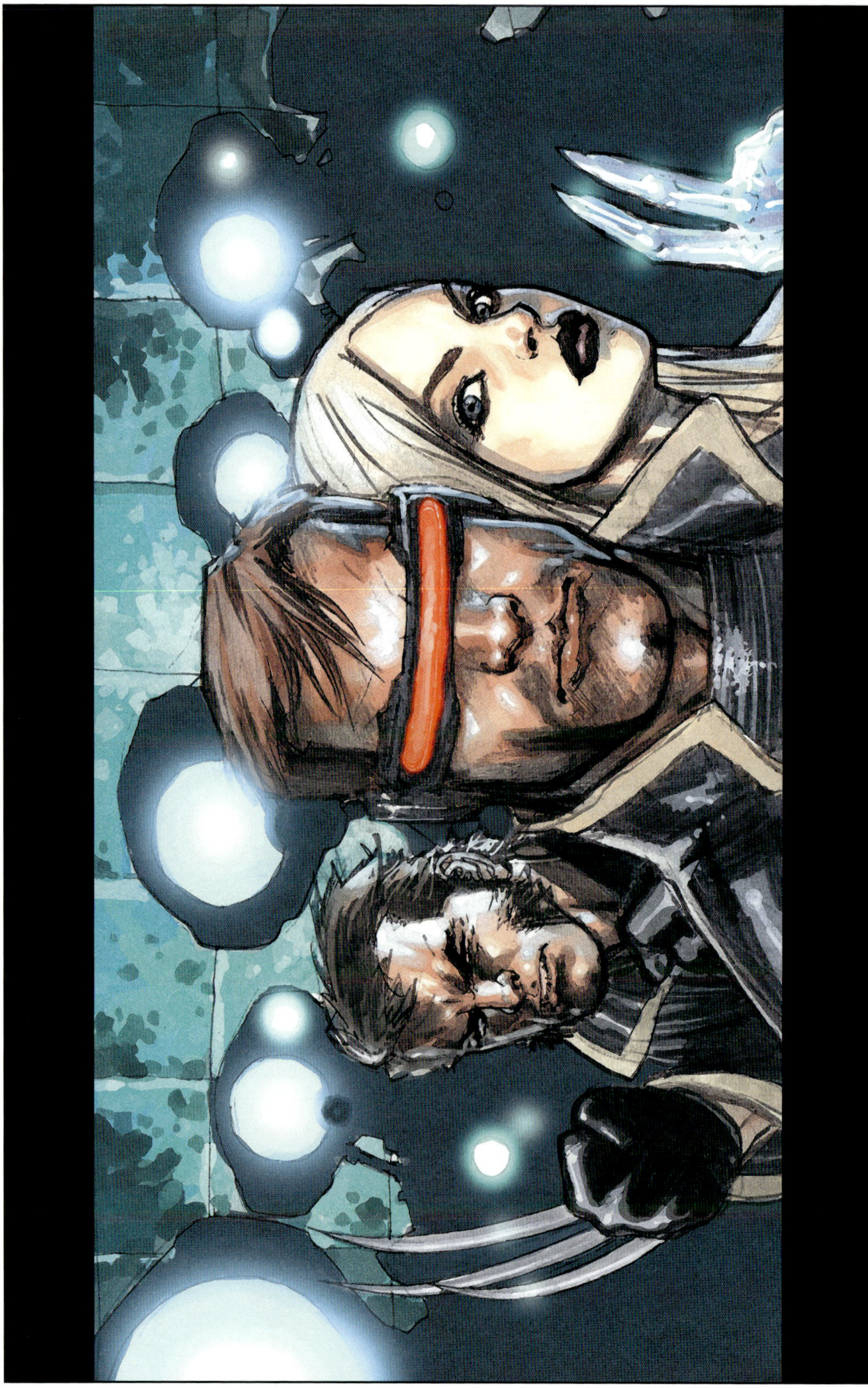

New X-Men Annual (2001) 1
Cover von **LEINIL FRANCIS YU**

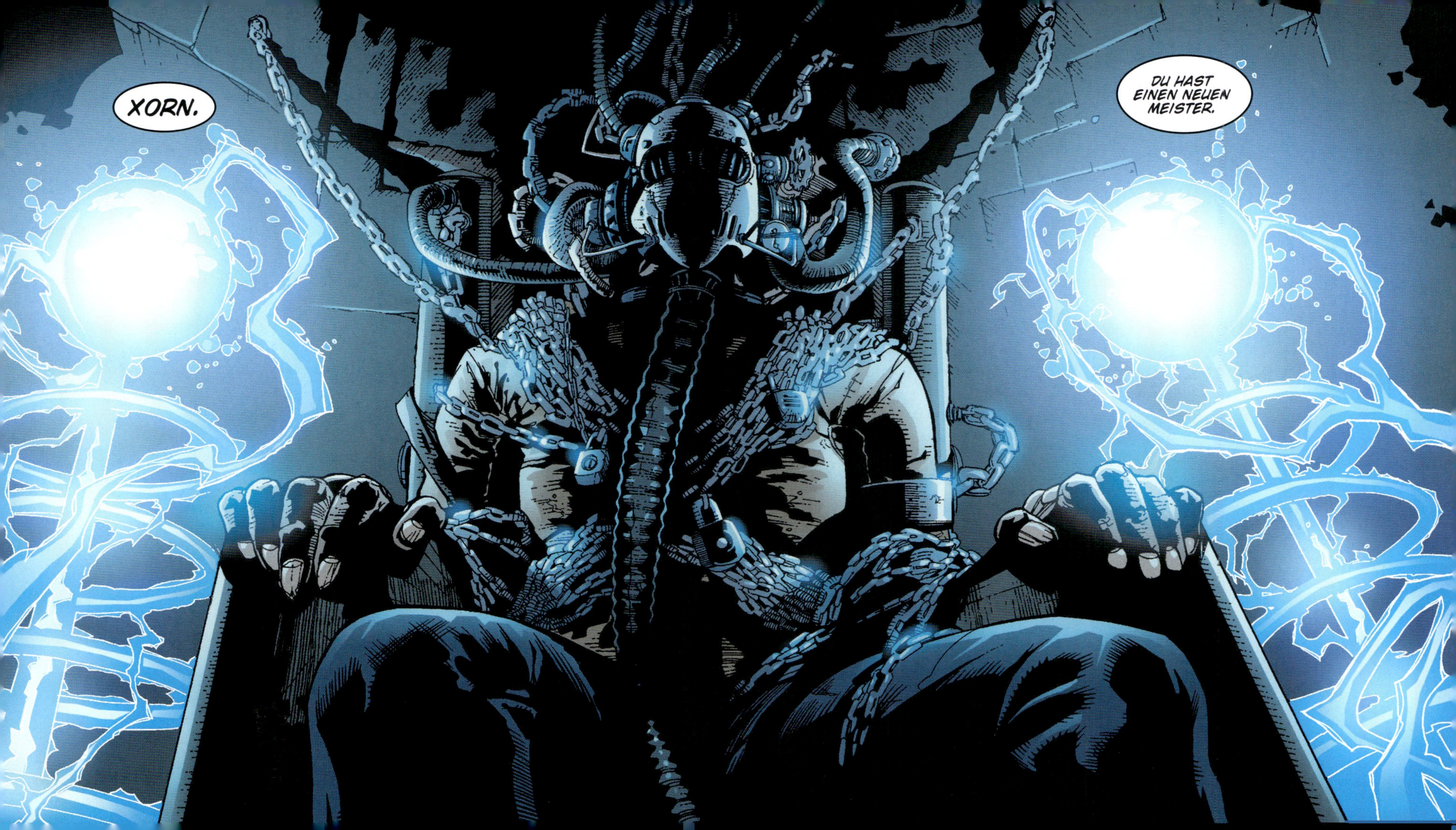
XORN.
DU HAST EINEN NEUEN MEISTER.

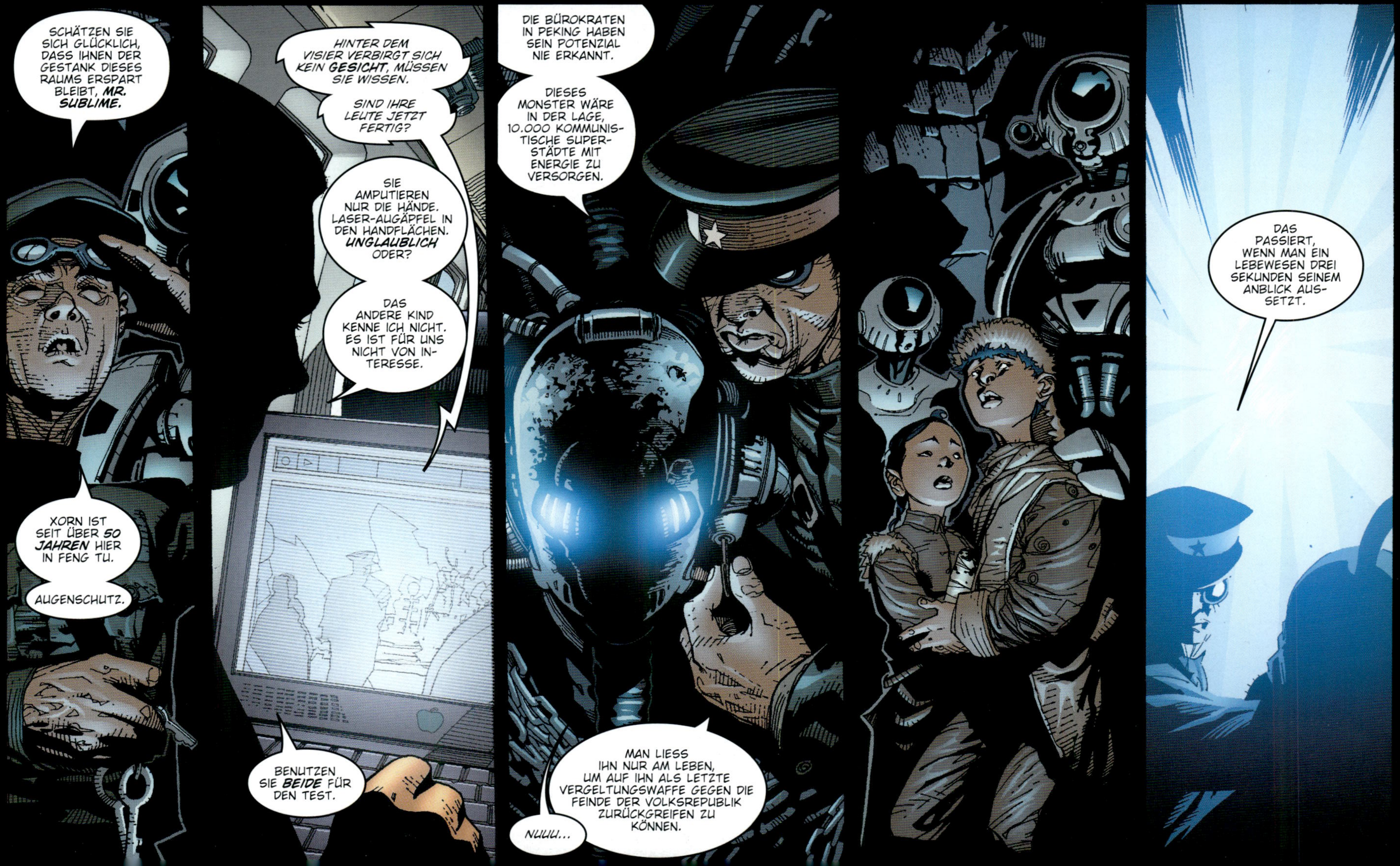
SCHÄTZEN SIE SICH GLÜCKLICH, DASS IHNEN DER GESTANK DIESES RAUMS ERSPART BLEIBT, **MR. SUBLIME.**
XORN IST SEIT ÜBER **50 JAHREN** HIER IN FENG TU.
AUGENSCHUTZ.
*HINTER DEM VISIER VERBIRGT SICH KEIN **GESICHT**, MÜSSEN SIE WISSEN.*
SIND IHRE LEUTE JETZT FERTIG?
SIE AMPUTIEREN NUR DIE HÄNDE. LASER-AUGÄPFEL IN DEN HANDFLÄCHEN. **UNGLAUBLICH** ODER?
DAS ANDERE KIND KENNE ICH NICHT. ES IST FÜR UNS NICHT VON INTERESSE.
BENUTZEN SIE **BEIDE** FÜR DEN TEST.
DIE BÜROKRATEN IN PEKING HABEN SEIN POTENZIAL NIE ERKANNT.
DIESES MONSTER WÄRE IN DER LAGE, 10.000 KOMMUNISTISCHE SUPERSTÄDTE MIT ENERGIE ZU VERSORGEN.
MAN LIESS IHN NUR AM LEBEN, UM AUF IHN ALS LETZTE VERGELTUNGSWAFFE GEGEN DIE FEINDE DER VOLKSREPUBLIK ZURÜCKGREIFEN ZU KÖNNEN.
NUUU...
DAS PASSIERT, WENN MAN EIN LEBEWESEN DREI SEKUNDEN SEINEM ANBLICK AUSSETZT.

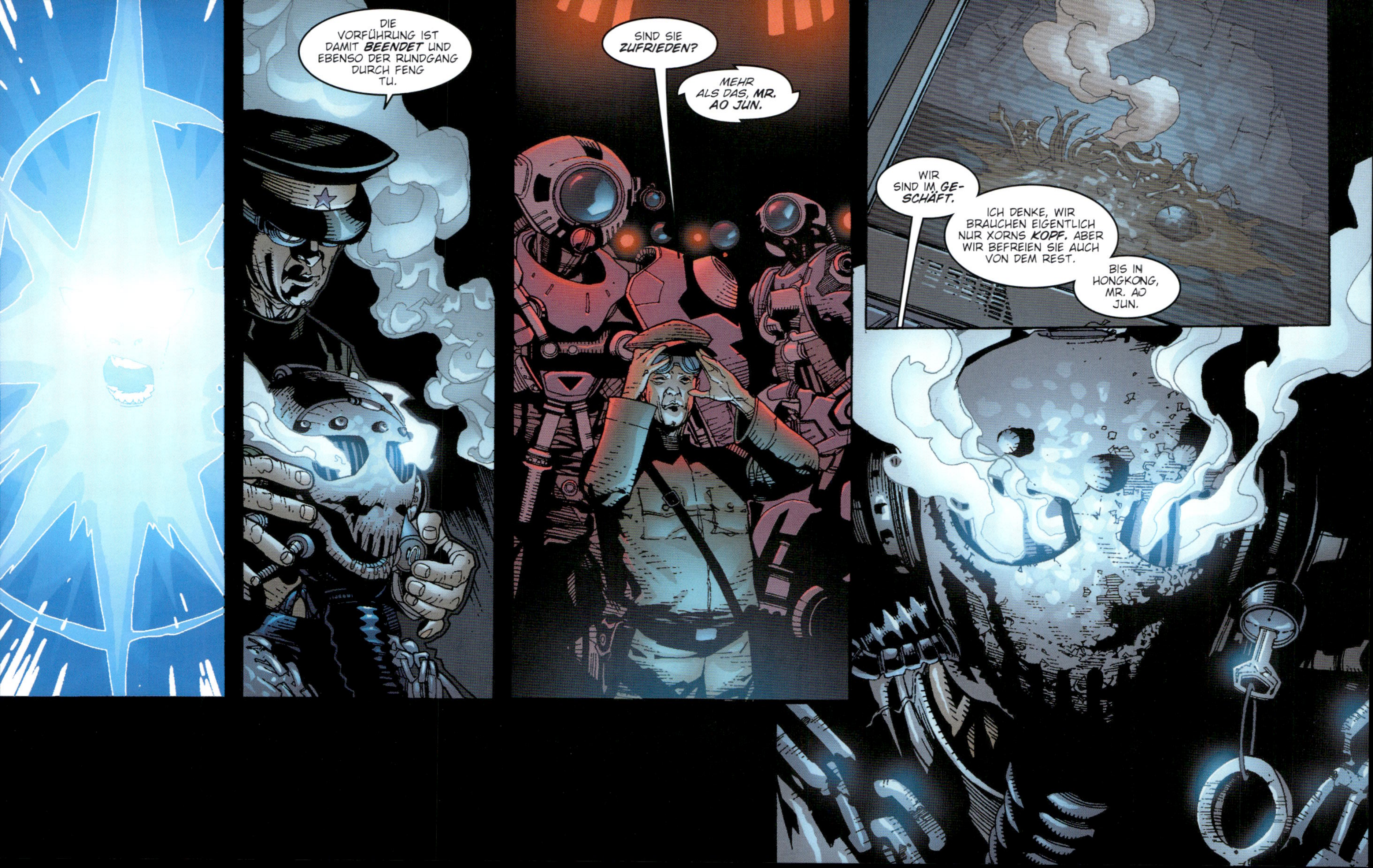
DIE VORFÜHRUNG IST DAMIT **BEENDET** UND EBENSO DER RUNDGANG DURCH FENG TU.
SIND SIE **ZUFRIEDEN?**
MEHR ALS DAS, **MR. AO JUN.**
WIR SIND IM **GE-SCHÄFT.**
ICH DENKE, WIR BRAUCHEN EIGENTLICH NUR XORNS **KOPF.** ABER WIR BEFREIEN SIE AUCH VON DEM REST.
BIS IN HONGKONG, MR. AO JUN.

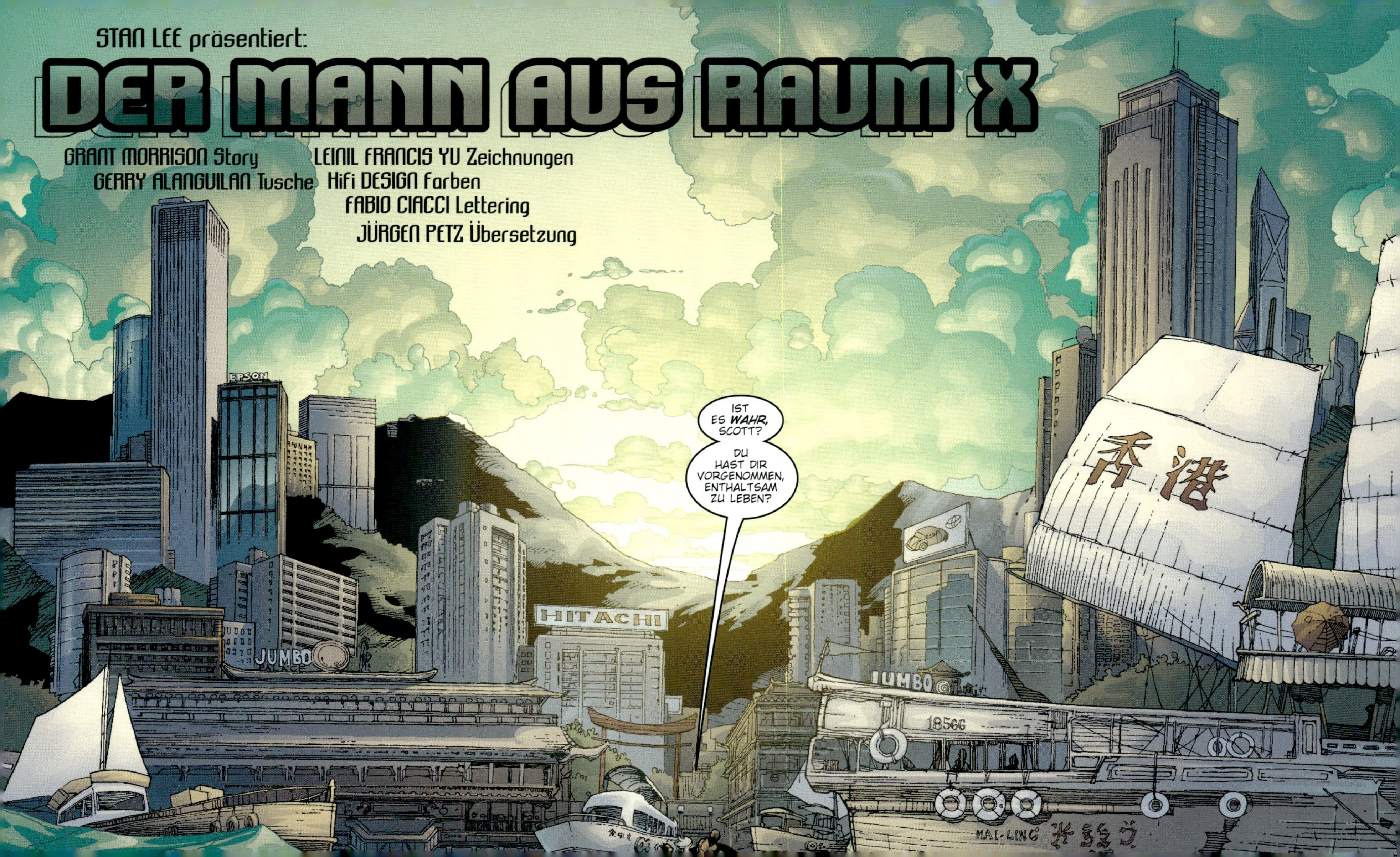
STAN LEE präsentiert:
DER MANN AUS RAUM X
GRANT MORRISON Story
GERRY ALANGUILAN Tusche
LEINIL FRANCIS YU Zeichnungen
Hifi DESIGN Farben
FABIO CIACCI Lettering
JÜRGEN PETZ Übersetzung
IST ES WAHR, SCOTT?
DU HAST DIR VORGENOMMEN, ENTHALTSAM ZU LEBEN?
EPSON
HITACHI
JUMBO
JUMBO
香港
18566
MAI-LING

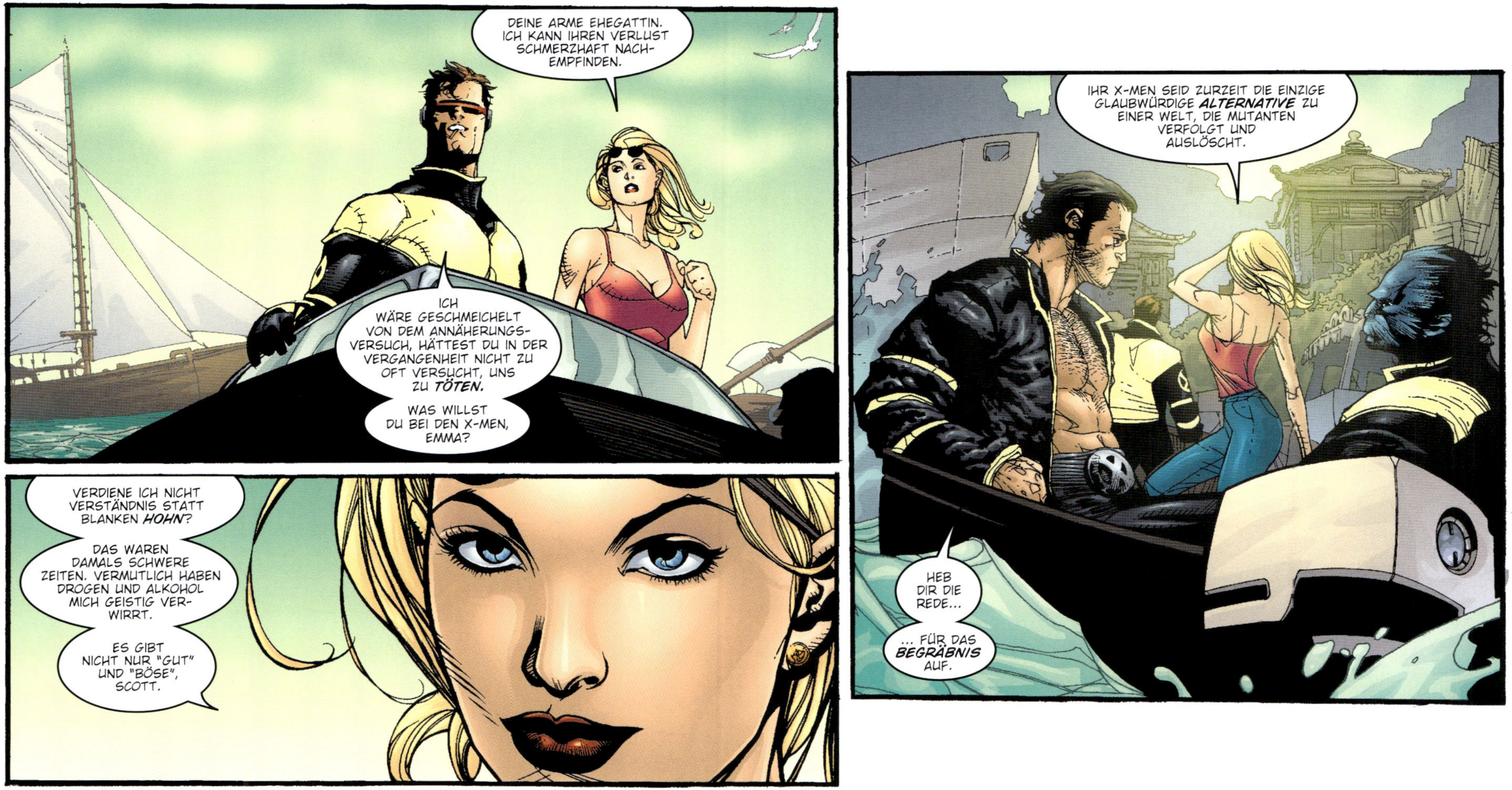
DEINE ARME EHEGATTIN. ICH KANN IHREN VERLUST SCHMERZHAFT NACHEMPFINDEN.
ICH WÄRE GESCHMEICHELT VON DEM ANNÄHERUNGSVERSUCH, HÄTTEST DU IN DER VERGANGENHEIT NICHT ZU OFT VERSUCHT, UNS ZU *TÖTEN.*
WAS WILLST DU BEI DEN X-MEN, EMMA?
VERDIENE ICH NICHT VERSTÄNDNIS STATT BLANKEN *HOHN*?
DAS WAREN DAMALS SCHWERE ZEITEN. VERMUTLICH HABEN DROGEN UND ALKOHOL MICH GEISTIG VERWIRRT.
ES GIBT NICHT NUR "GUT" UND "BÖSE", SCOTT.
IHR X-MEN SEID ZURZEIT DIE EINZIGE GLAUBWÜRDIGE *ALTERNATIVE* ZU EINER WELT, DIE MUTANTEN VERFOLGT UND AUSLÖSCHT.
HEB DIR DIE REDE...
... FÜR DAS *BEGRÄBNIS* AUF.

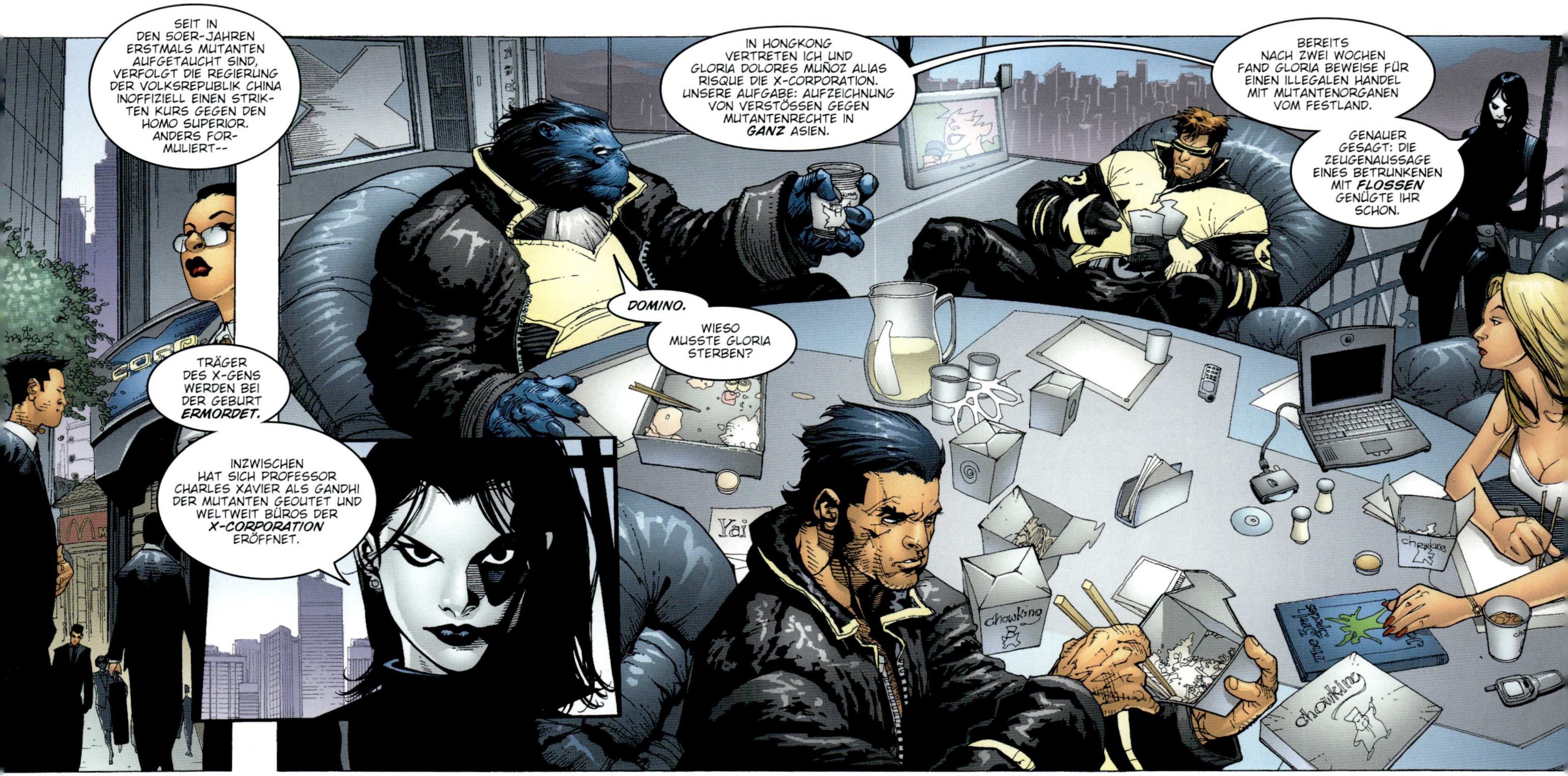
SEIT IN DEN 50ER-JAHREN ERSTMALS MUTANTEN AUFGETAUCHT SIND, VERFOLGT DIE REGIERUNG DER VOLKSREPUBLIK CHINA INOFFIZIELL EINEN STRIKTEN KURS GEGEN DEN HOMO SUPERIOR. ANDERS FORMULIERT--
TRÄGER DES X-GENS WERDEN BEI DER GEBURT ***ERMORDET.***
INZWISCHEN HAT SICH PROFESSOR CHARLES XAVIER ALS GANDHI DER MUTANTEN GEOUTET UND WELTWEIT BÜROS DER ***X-CORPORATION*** ERÖFFNET.
IN HONGKONG VERTRETEN ICH UND GLORIA DOLORES MUÑOZ ALIAS RISQUE DIE X-CORPORATION. UNSERE AUFGABE: AUFZEICHNUNG VON VERSTÖSSEN GEGEN MUTANTENRECHTE IN ***GANZ*** ASIEN.
BEREITS NACH ZWEI WOCHEN FAND GLORIA BEWEISE FÜR EINEN ILLEGALEN HANDEL MIT MUTANTENORGANEN VOM FESTLAND.
GENAUER GESAGT: DIE ZEUGENAUSSAGE EINES BETRUNKENEN MIT ***FLOSSEN*** GENÜGTE IHR SCHON.
DOMINO.
WIESO MUSSTE GLORIA STERBEN?

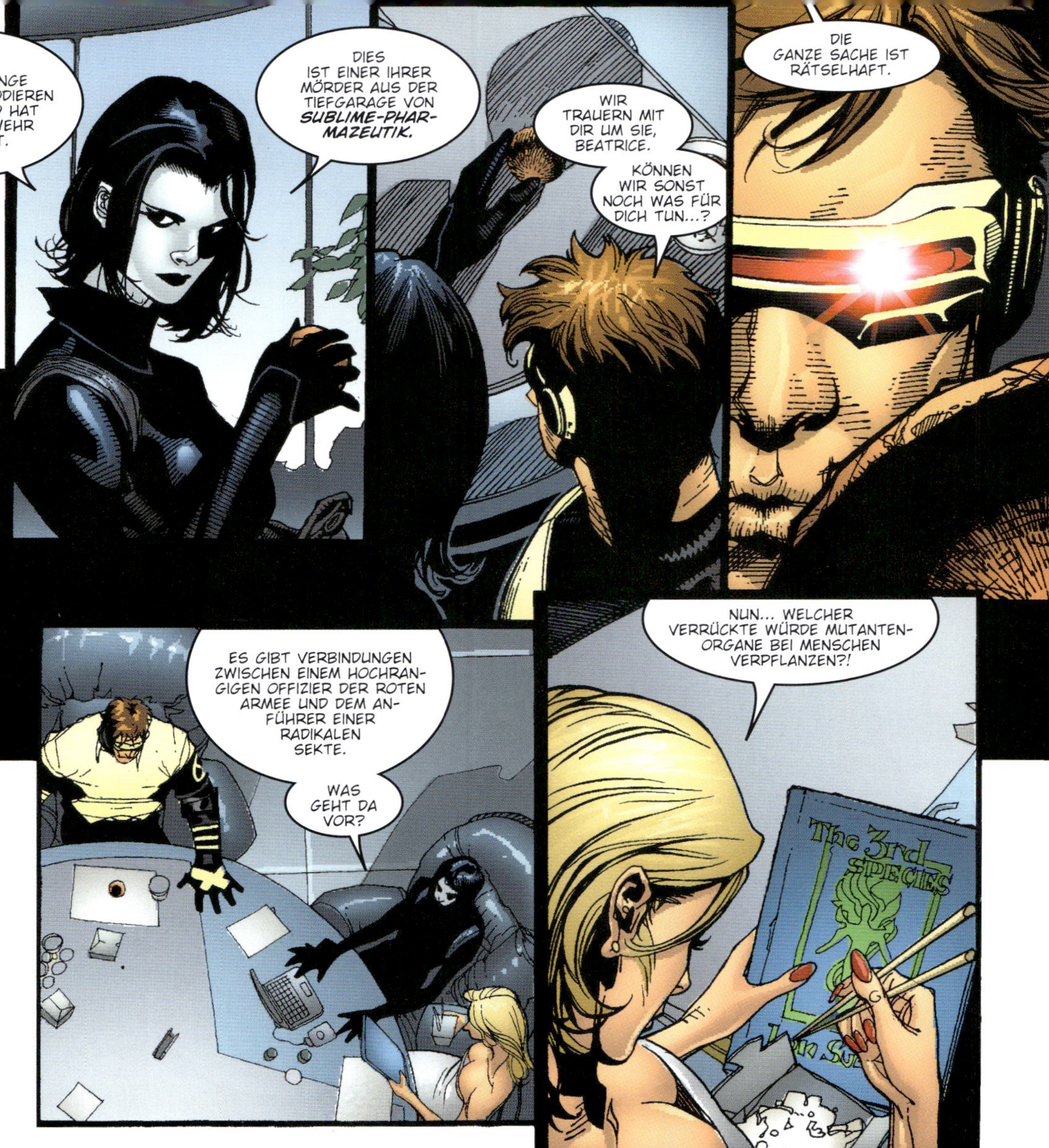
SIE KONNTE DINGE GEISTIG IMPLODIEREN LASSEN UND HAT SICH ZUR WEHR GESETZT.
DIES IST EINER IHRER MÖRDER AUS DER TIEFGARAGE VON ***SUBLIME-PHARMAZEUTIK.***
WIR TRAUERN MIT DIR UM SIE, BEATRICE.
KÖNNEN WIR SONST NOCH WAS FÜR DICH TUN...?
DIE GANZE SACHE IST RÄTSELHAFT.
ES GIBT VERBINDUNGEN ZWISCHEN EINEM HOCHRANGIGEN OFFIZIER DER ROTEN ARMEE UND DEM ANFÜHRER EINER RADIKALEN SEKTE.
WAS GEHT DA VOR?
NUN... WELCHER VERRÜCKTE WÜRDE MUTANTEN-ORGANE BEI MENSCHEN VERPFLANZEN?!
The 3rd SPECIES

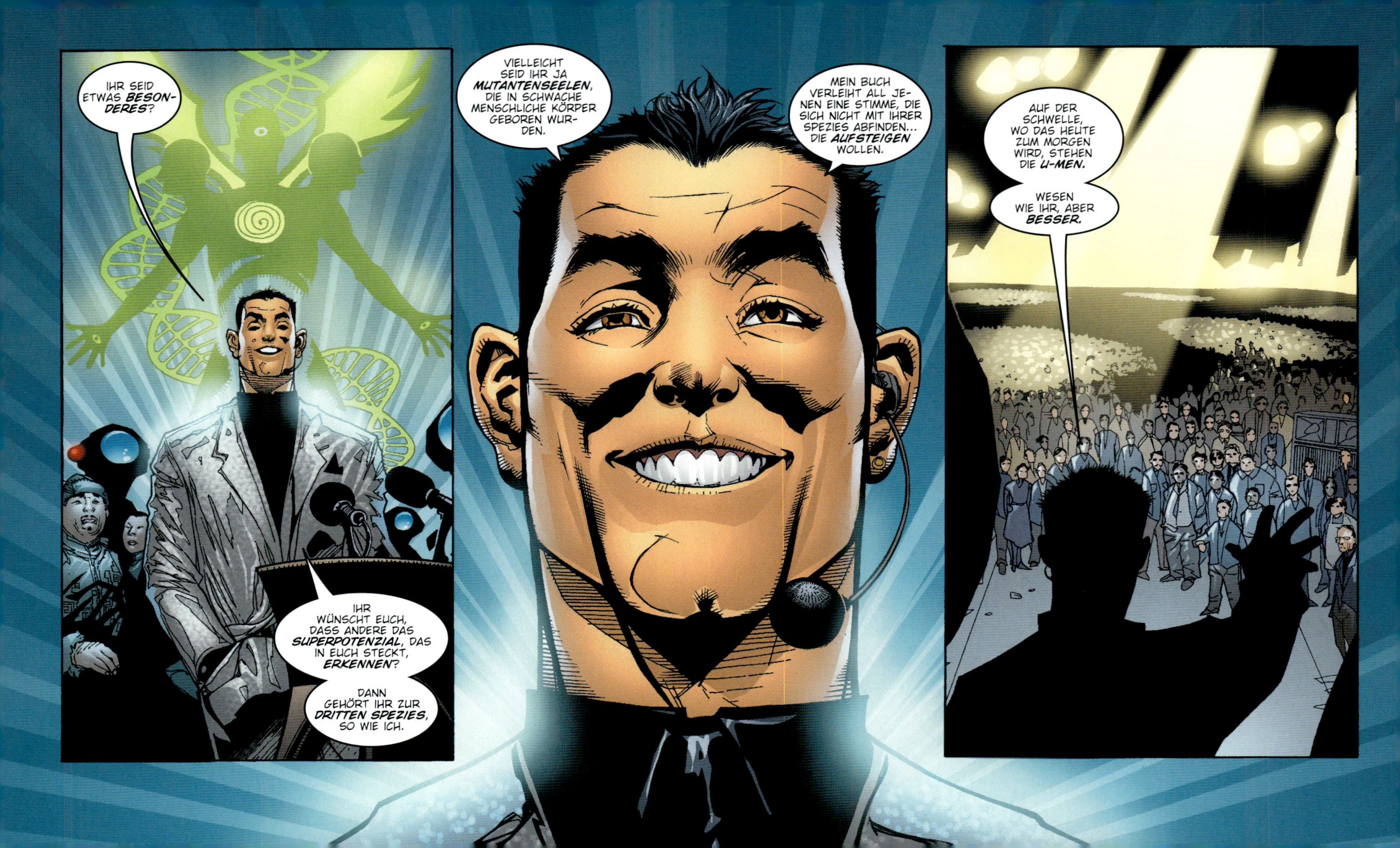
IHR SEID ETWAS BESON-DERES?
IHR WÜNSCHT EUCH, DASS ANDERE DAS SUPERPOTENZIAL, DAS IN EUCH STECKT, ERKENNEN?
DANN GEHÖRT IHR ZUR DRITTEN SPEZIES, SO WIE ICH.
VIELLEICHT SEID IHR JA MUTANTENSEELEN, DIE IN SCHWACHE MENSCHLICHE KÖRPER GEBOREN WUR-DEN.
MEIN BUCH VERLEIHT ALL JE-NEN EINE STIMME, DIE SICH NICHT MIT IHRER SPEZIES ABFINDEN... DIE AUFSTEIGEN WOLLEN.
AUF DER SCHWELLE, WO DAS HEUTE ZUM MORGEN WIRD, STEHEN DIE U-MEN.
WESEN WIE IHR, ABER BESSER.

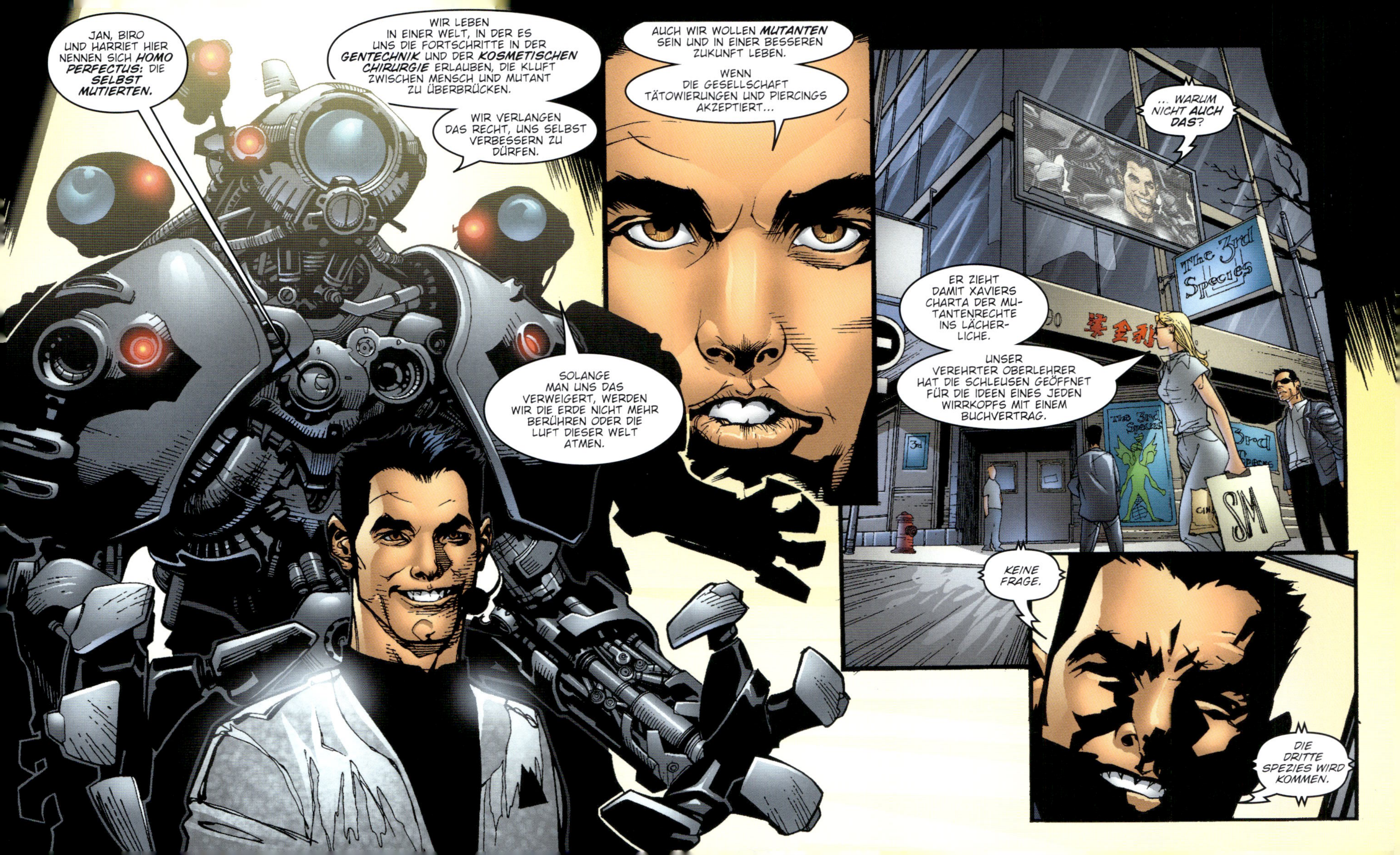
JAN, BIRO UND HARRIET HIER NENNEN SICH **HOMO PERFECTUS:** DIE **SELBST MUTIERTEN.**
WIR LEBEN IN EINER WELT, IN DER ES UNS DIE FORTSCHRITTE IN DER **GENTECHNIK** UND DER **KOSMETISCHEN CHIRURGIE** ERLAUBEN, DIE KLUFT ZWISCHEN MENSCH UND MUTANT ZU ÜBERBRÜCKEN.
WIR VERLANGEN DAS RECHT, UNS SELBST VERBESSERN ZU DÜRFEN.
SOLANGE MAN UNS DAS VERWEIGERT, WERDEN WIR DIE ERDE NICHT MEHR BERÜHREN ODER DIE LUFT DIESER WELT ATMEN.
AUCH WIR WOLLEN **MUTANTEN** SEIN UND IN EINER BESSEREN ZUKUNFT LEBEN.
WENN DIE GESELLSCHAFT TÄTOWIERUNGEN UND PIERCINGS AKZEPTIERT ...
... WARUM NICHT **AUCH** DAS?
The 3rd Species
ER ZIEHT DAMIT XAVIERS CHARTA DER MUTANTENRECHTE INS LÄCHERLICHE.
UNSER VEREHRTER OBERLEHRER HAT DIE SCHLEUSEN GEÖFFNET FÜR DIE IDEEN EINES JEDEN WIRRKOPFS MIT EINEM BUCHVERTRAG.
KEINE FRAGE.
DIE DRITTE SPEZIES WIRD KOMMEN.

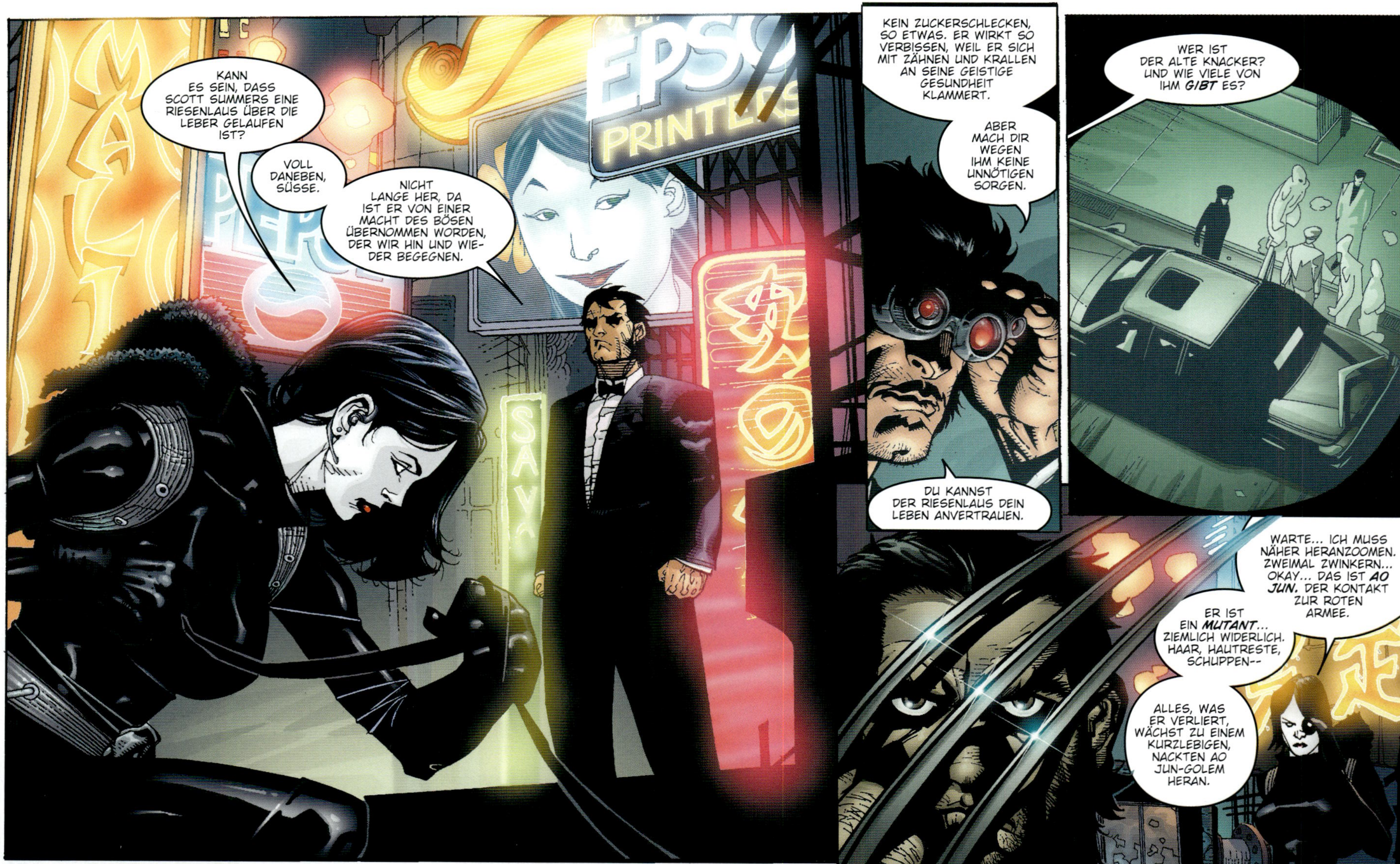
KANN ES SEIN, DASS SCOTT SUMMERS EINE RIESENLAUS ÜBER DIE LEBER GELAUFEN IST?
VOLL DANEBEN, SÜSSE.
NICHT LANGE HER, DA IST ER VON EINER MACHT DES BÖSEN ÜBERNOMMEN WORDEN, DER WIR HIN UND WIEDER BEGEGNEN.
EPSON PRINTERS
KEIN ZUCKERSCHLECKEN, SO ETWAS. ER WIRKT SO VERBISSEN, WEIL ER SICH MIT ZÄHNEN UND KRALLEN AN SEINE GEISTIGE GESUNDHEIT KLAMMERT.
ABER MACH DIR WEGEN IHM KEINE UNNÖTIGEN SORGEN.
DU KANNST DER RIESENLAUS DEIN LEBEN ANVERTRAUEN.
WER IST DER ALTE KNACKER? UND WIE VIELE VON IHM GIBT ES?
WARTE... ICH MUSS NÄHER HERANZOOMEN. ZWEIMAL ZWINKERN... OKAY... DAS IST AO JUN. DER KONTAKT ZUR ROTEN ARMEE.
ER IST EIN MUTANT... ZIEMLICH WIDERLICH. HAAR, HAUTRESTE, SCHUPPEN--
ALLES, WAS ER VERLIERT, WÄCHST ZU EINEM KURZLEBIGEN, NACKTEN AO JUN-GOLEM HERAN.

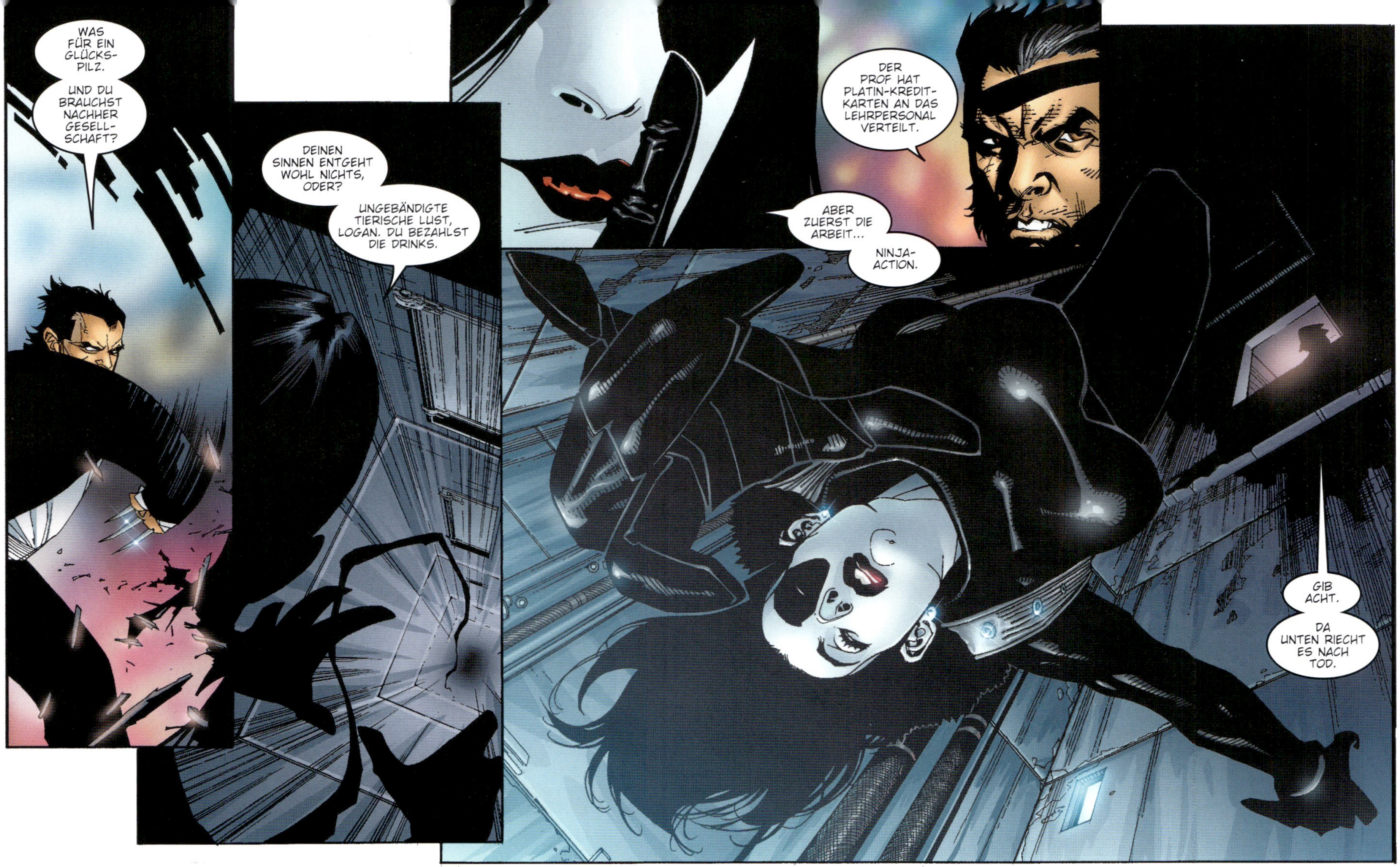
WAS FÜR EIN GLÜCKS-PILZ.
UND DU BRAUCHST NACHHER GESELL-SCHAFT?
DEINEN SINNEN ENTGEHT WOHL NICHTS, ODER?
UNGEBÄNDIGTE TIERISCHE LUST, LOGAN. DU BEZAHLST DIE DRINKS.
DER PROF HAT PLATIN-KREDIT-KARTEN AN DAS LEHRPERSONAL VERTEILT.
ABER ZUERST DIE ARBEIT...
NINJA-ACTION.
GIB ACHT.
DA UNTEN RIECHT ES NACH TOD.

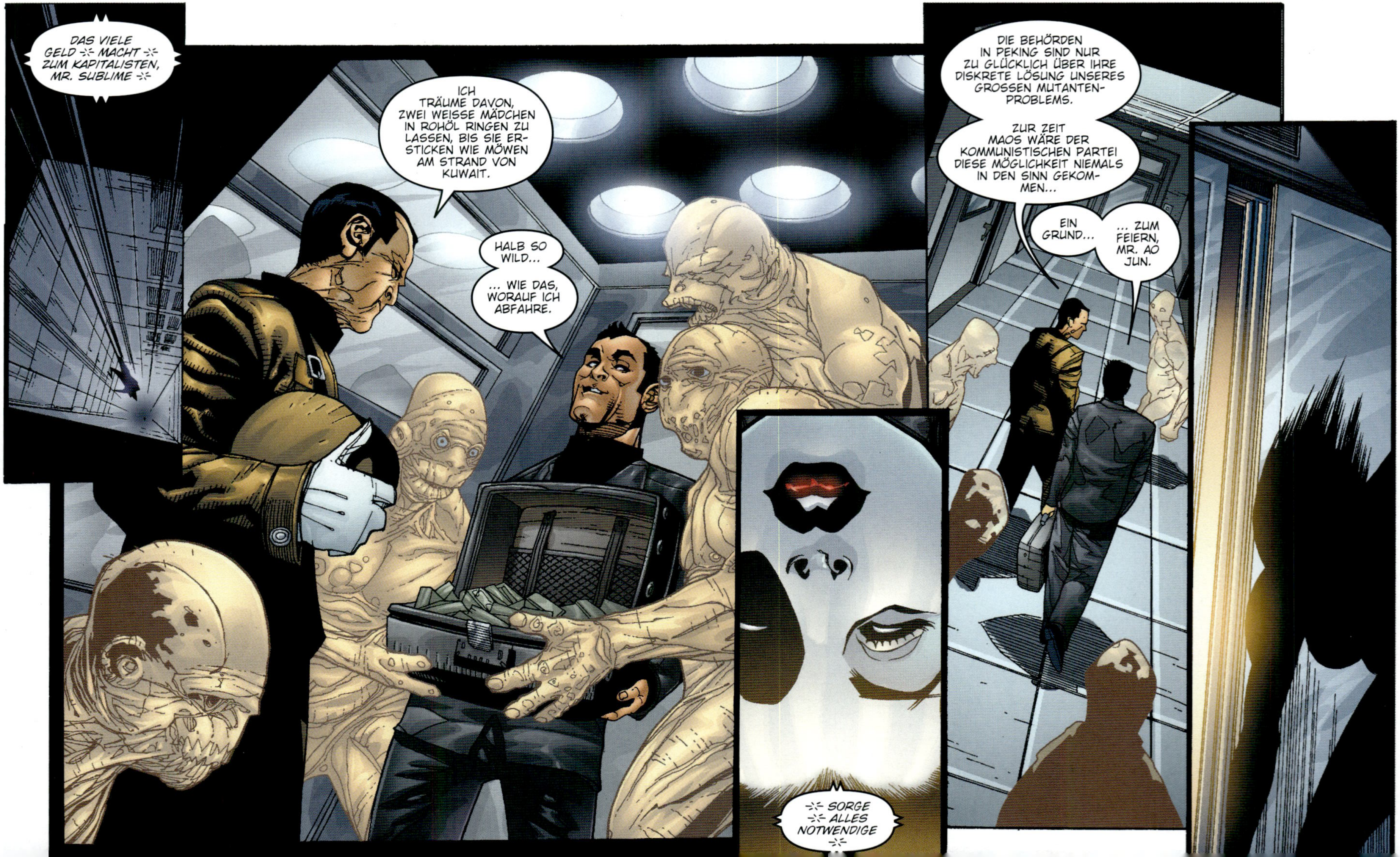
DAS VIELE GELD ⁂ MACHT ⁂ ZUM KAPITALISTEN, MR. SUBLIME ⁂
ICH TRÄUME DAVON, ZWEI WEISSE MÄDCHEN IN ROHÖL RINGEN ZU LASSEN, BIS SIE ER-STICKEN WIE MÖWEN AM STRAND VON KUWAIT.
HALB SO WILD...
... WIE DAS, WORAUF ICH ABFAHRE.
⁂ SORGE ⁂ ALLES NOTWENDIGE ⁂
DIE BEHÖRDEN IN PEKING SIND NUR ZU GLÜCKLICH ÜBER IHRE DISKRETE LÖSUNG UNSERES GROSSEN MUTANTEN-PROBLEMS.
ZUR ZEIT MAOS WÄRE DER KOMMUNISTISCHEN PARTEI DIESE MÖGLICHKEIT NIEMALS IN DEN SINN GEKOM-MEN...
EIN GRUND...
... ZUM FEIERN, MR. AO JUN.

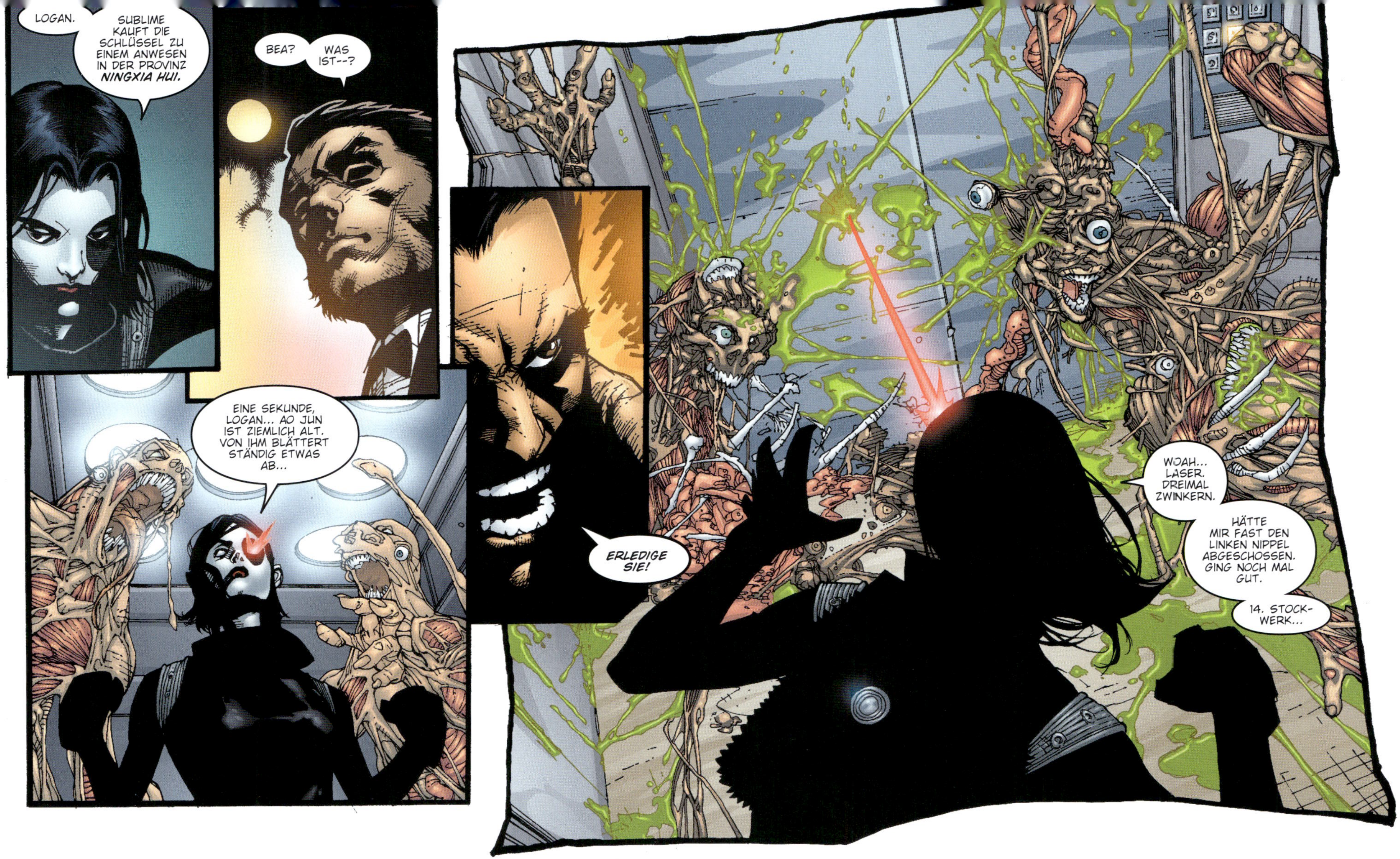
LOGAN.
SUBLIME KAUFT DIE SCHLÜSSEL ZU EINEM ANWESEN IN DER PROVINZ ***NINGXIA HUI.***
BEA?
WAS IST--?
EINE SEKUNDE, LOGAN... AO JUN IST ZIEMLICH ALT. VON IHM BLÄTTERT STÄNDIG ETWAS AB...
ERLEDIGE SIE!
WOAH... LASER. DREIMAL ZWINKERN.
HÄTTE MIR FAST DEN LINKEN NIPPEL ABGESCHOSSEN. GING NOCH MAL GUT.
14. STOCK-WERK...

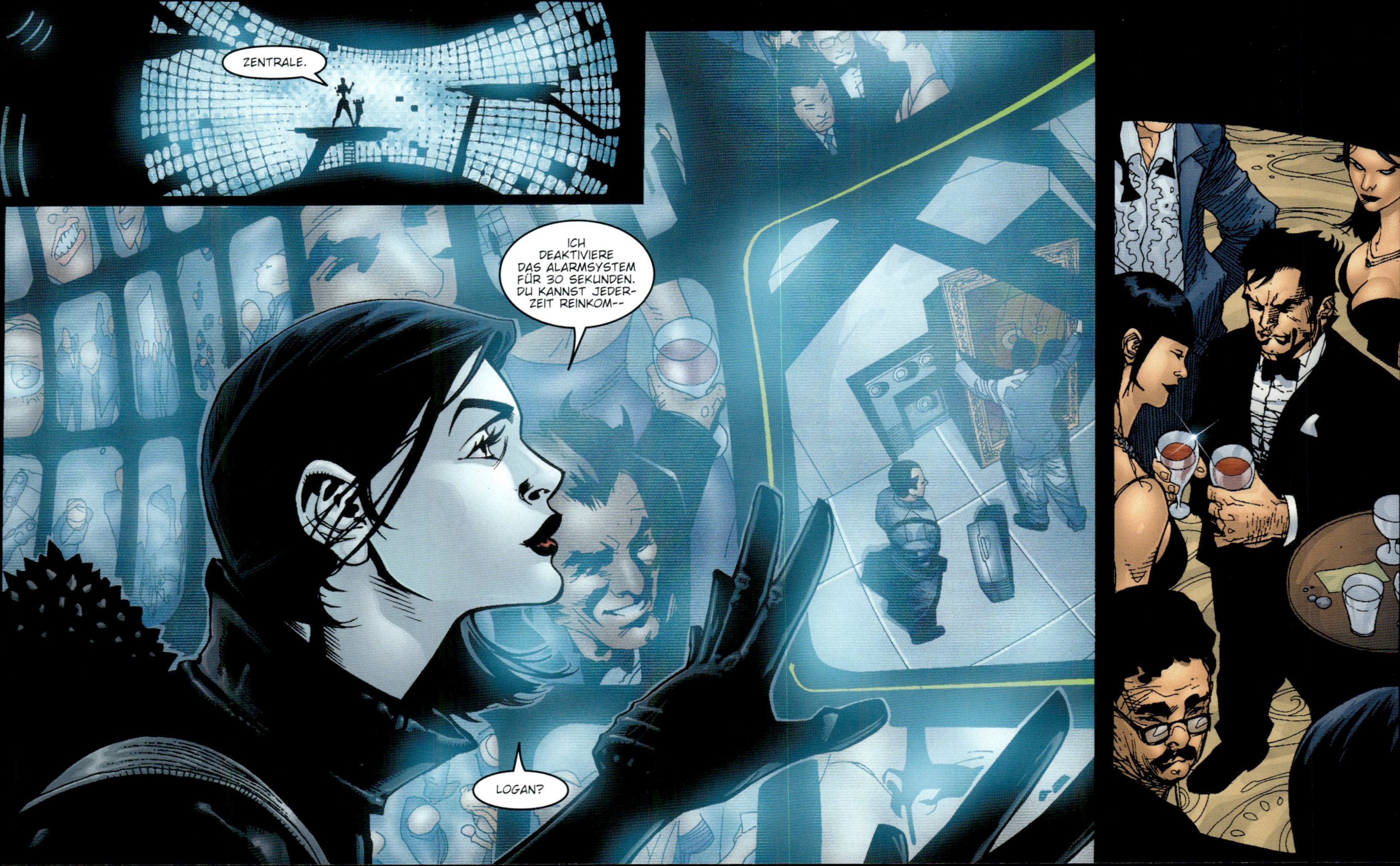
ZENTRALE.
ICH DEAKTIVIERE DAS ALARMSYSTEM FÜR 30 SEKUNDEN. DU KANNST JEDERZEIT REINKOM--
LOGAN?

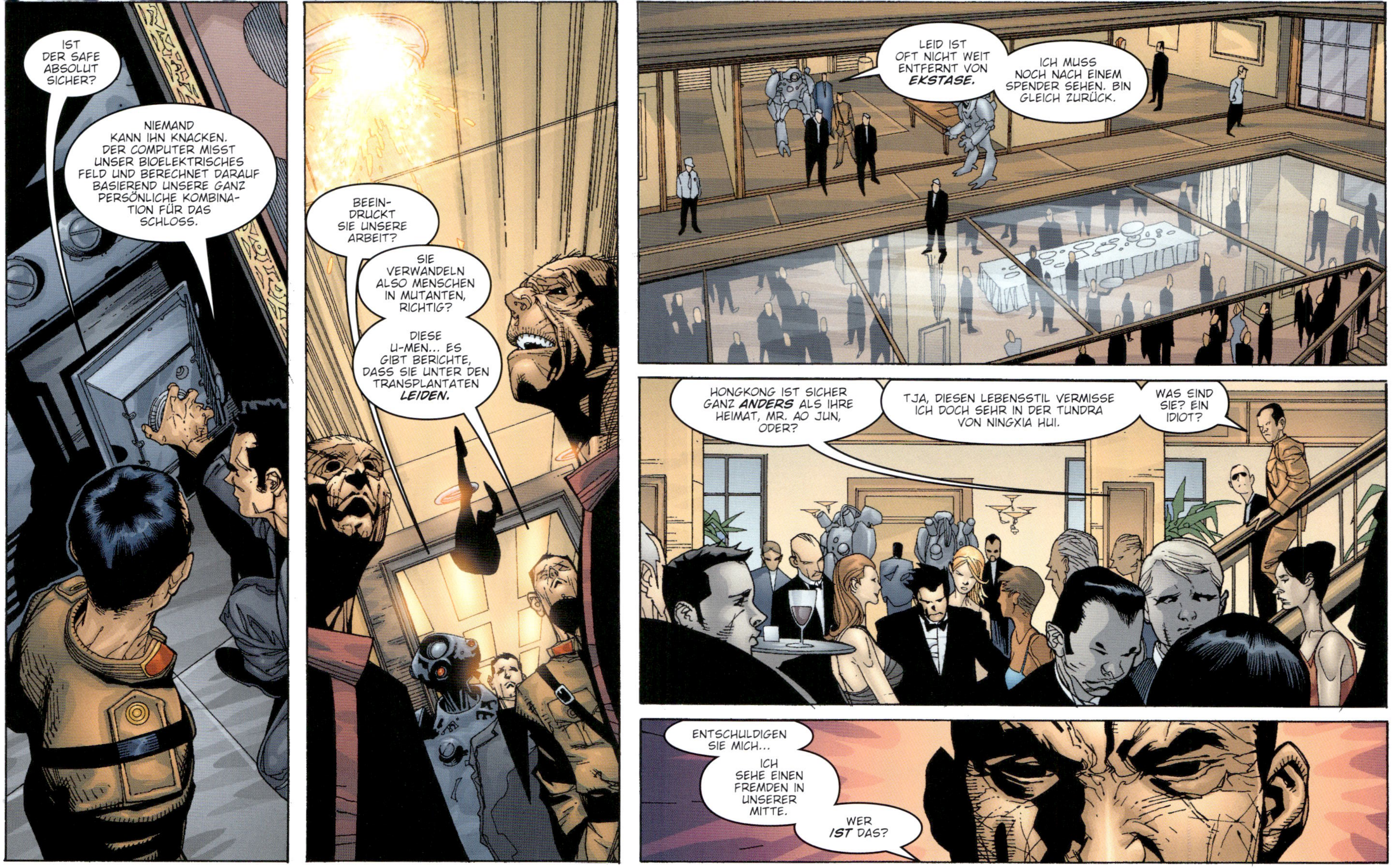
IST DER SAFE ABSOLUT SICHER?
NIEMAND KANN IHN KNACKEN. DER COMPUTER MISST UNSER BIOELEKTRISCHES FELD UND BERECHNET DARAUF BASIEREND UNSERE GANZ PERSÖNLICHE KOMBINA-TION FÜR DAS SCHLOSS.
BEEIN-DRUCKT SIE UNSERE ARBEIT?
SIE VERWANDELN ALSO MENSCHEN IN MUTANTEN, RICHTIG?
DIESE U-MEN... ES GIBT BERICHTE, DASS SIE UNTER DEN TRANSPLANTATEN *LEIDEN.*
LEID IST OFT NICHT WEIT ENTFERNT VON *EKSTASE.*
ICH MUSS NOCH NACH EINEM SPENDER SEHEN. BIN GLEICH ZURÜCK.
HONGKONG IST SICHER GANZ *ANDERS* ALS IHRE HEIMAT, MR. AO JUN, ODER?
TJA, DIESEN LEBENSSTIL VERMISSE ICH DOCH SEHR IN DER TUNDRA VON NINGXIA HUI.
WAS SIND SIE? EIN IDIOT?
ENTSCHULDIGEN SIE MICH...
ICH SEHE EINEN FREMDEN IN UNSERER MITTE.
WER *IST* DAS?

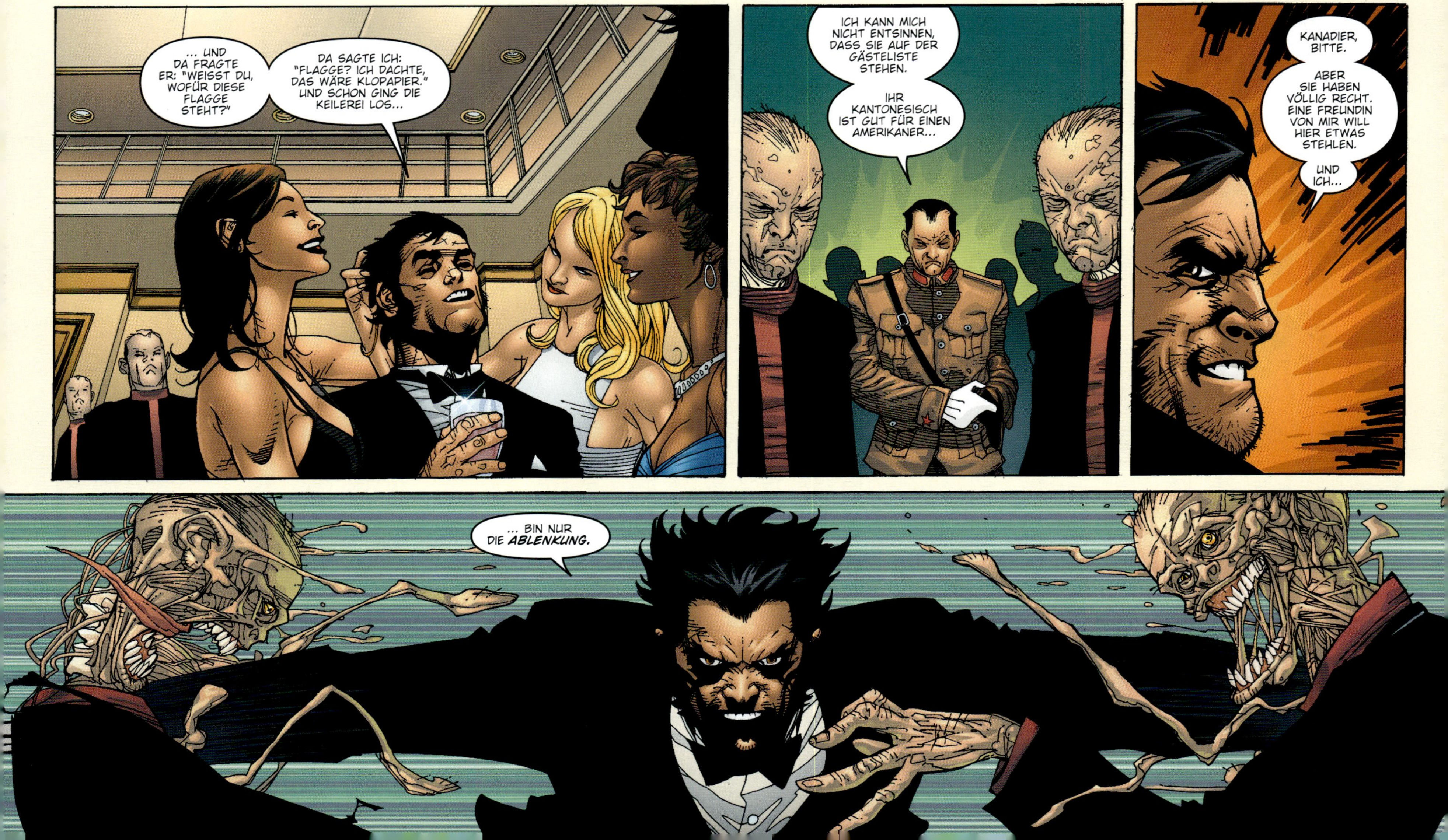
... UND DA FRAGTE ER: "WEISST DU, WOFÜR DIESE FLAGGE STEHT?"
DA SAGTE ICH: "FLAGGE? ICH DACHTE, DAS WÄRE KLOPAPIER." UND SCHON GING DIE KEILEREI LOS...
ICH KANN MICH NICHT ENTSINNEN, DASS SIE AUF DER GÄSTELISTE STEHEN.
IHR KANTONESISCH IST GUT FÜR EINEN AMERIKANER...
KANADIER, BITTE.
ABER SIE HABEN VÖLLIG RECHT. EINE FREUNDIN VON MIR WILL HIER ETWAS STEHLEN.
UND ICH...
... BIN NUR DIE ABLENKUNG.

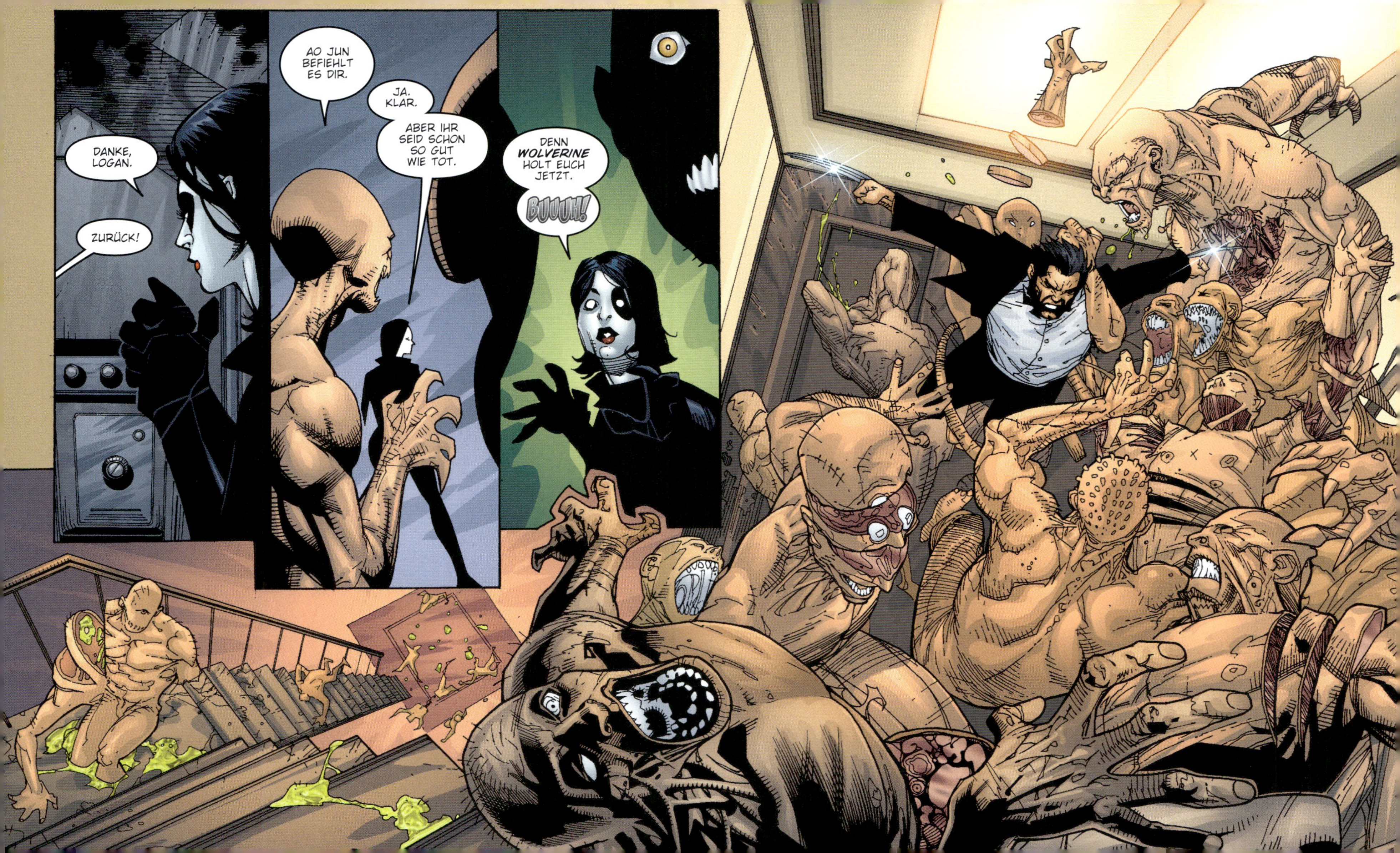
DANKE, LOGAN.
ZURÜCK!
AO JUN BEFIEHLT ES DIR.
JA. KLAR.
ABER IHR SEID SCHON SO GUT WIE TOT.
DENN *WOLVERINE* HOLT EUCH JETZT.
BUUUH!

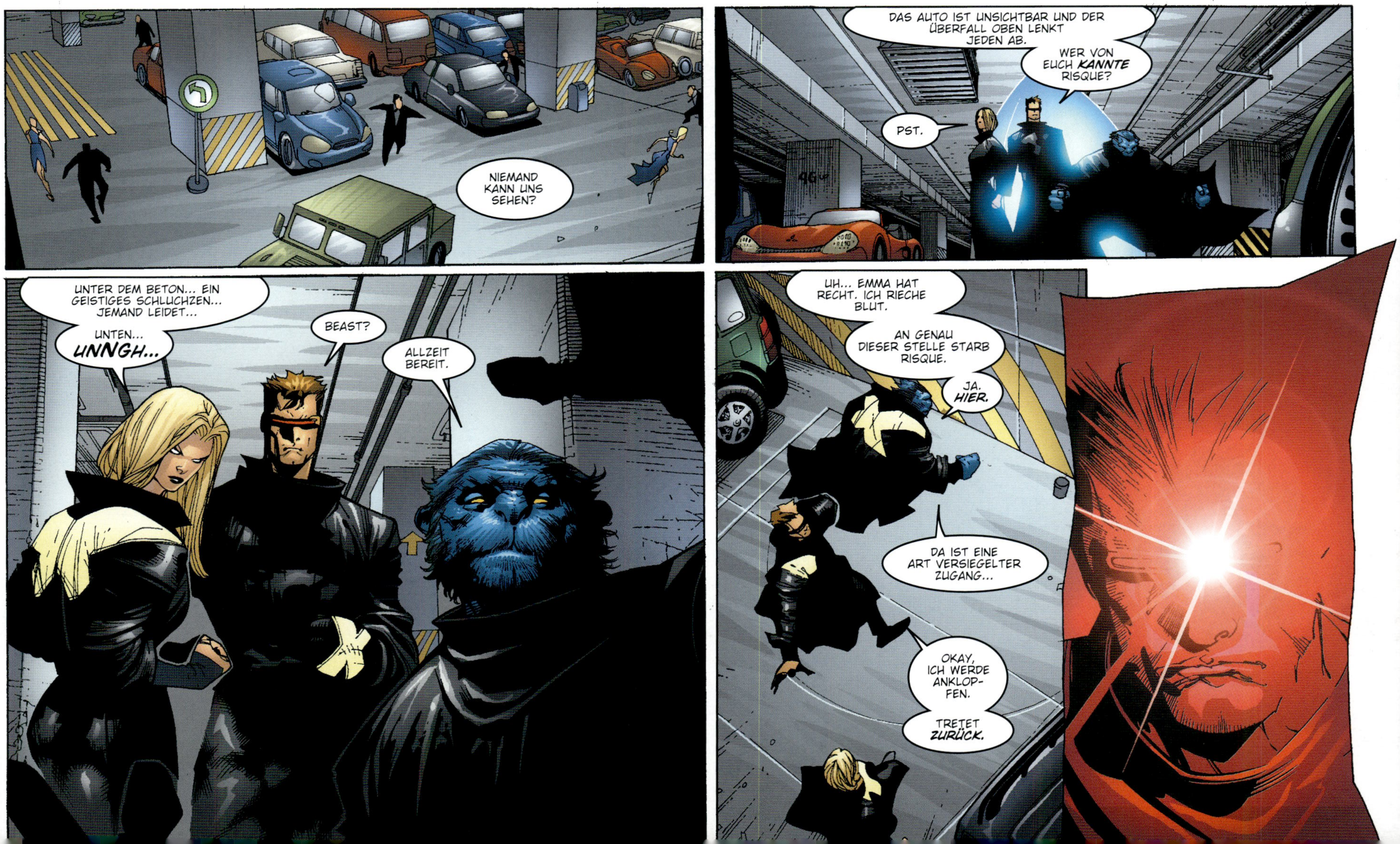
NIEMAND KANN UNS SEHEN?
UNTER DEM BETON... EIN GEISTIGES SCHLUCHZEN... JEMAND LEIDET...
UNTEN... UNNGH...
BEAST?
ALLZEIT BEREIT.
DAS AUTO IST UNSICHTBAR UND DER ÜBERFALL OBEN LENKT JEDEN AB.
WER VON EUCH KANNTE RISQUE?
PST.
UH... EMMA HAT RECHT. ICH RIECHE BLUT.
AN GENAU DIESER STELLE STARB RISQUE.
JA. HIER.
DA IST EINE ART VERSIEGELTER ZUGANG...
OKAY, ICH WERDE ANKLOP-FEN.
TRETET ZURÜCK.

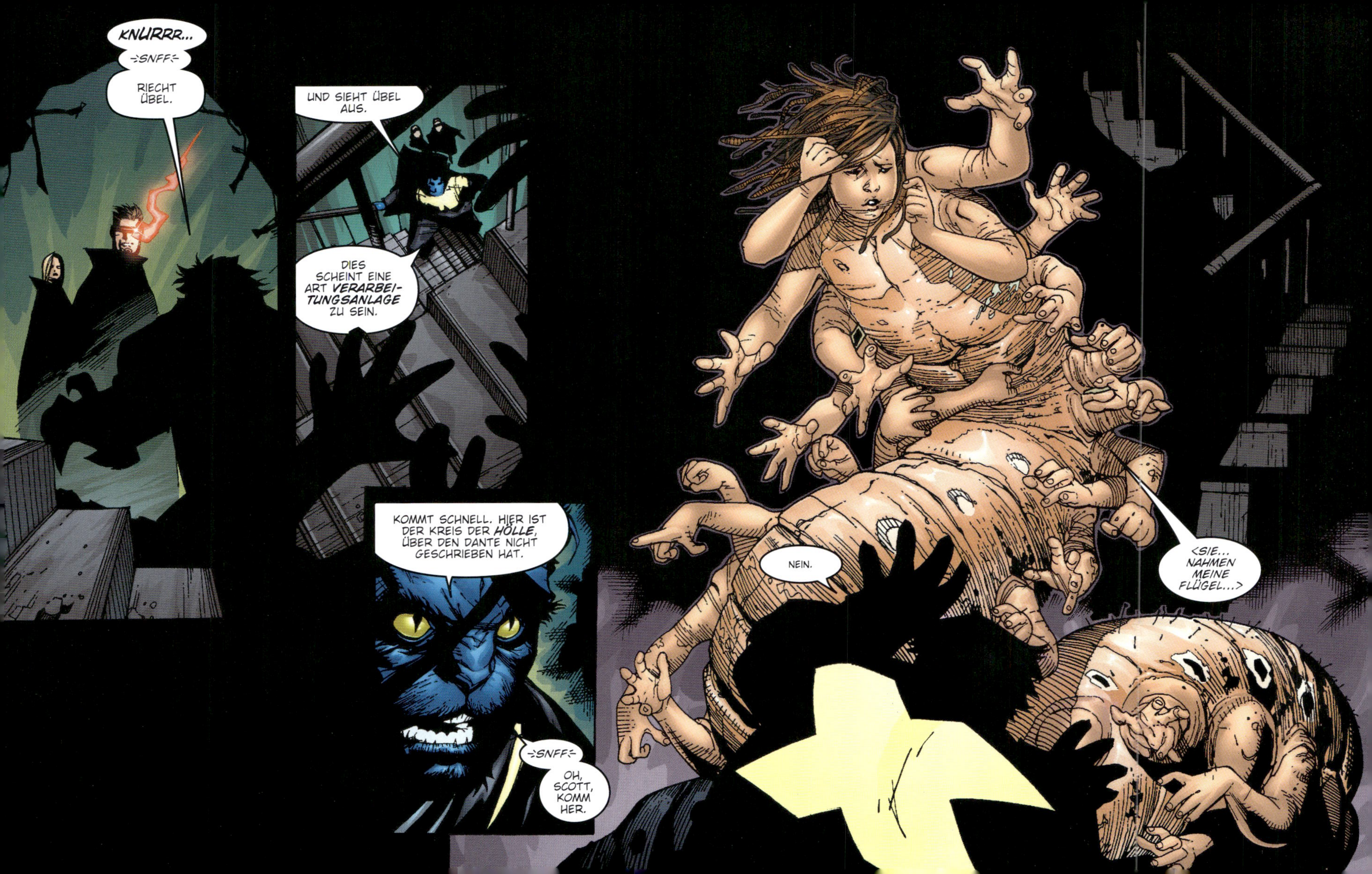
KNURRR...
-SNFF-
RIECHT ÜBEL.
UND SIEHT ÜBEL AUS.
DIES SCHEINT EINE ART **VERARBEITUNGSANLAGE** ZU SEIN.
KOMMT SCHNELL. HIER IST DER KREIS DER ***HÖLLE***, ÜBER DEN DANTE NICHT GESCHRIEBEN HAT.
-SNFF-
OH, SCOTT, KOMM HER.
NEIN.
<SIE... NAHMEN MEINE FLÜGEL...>

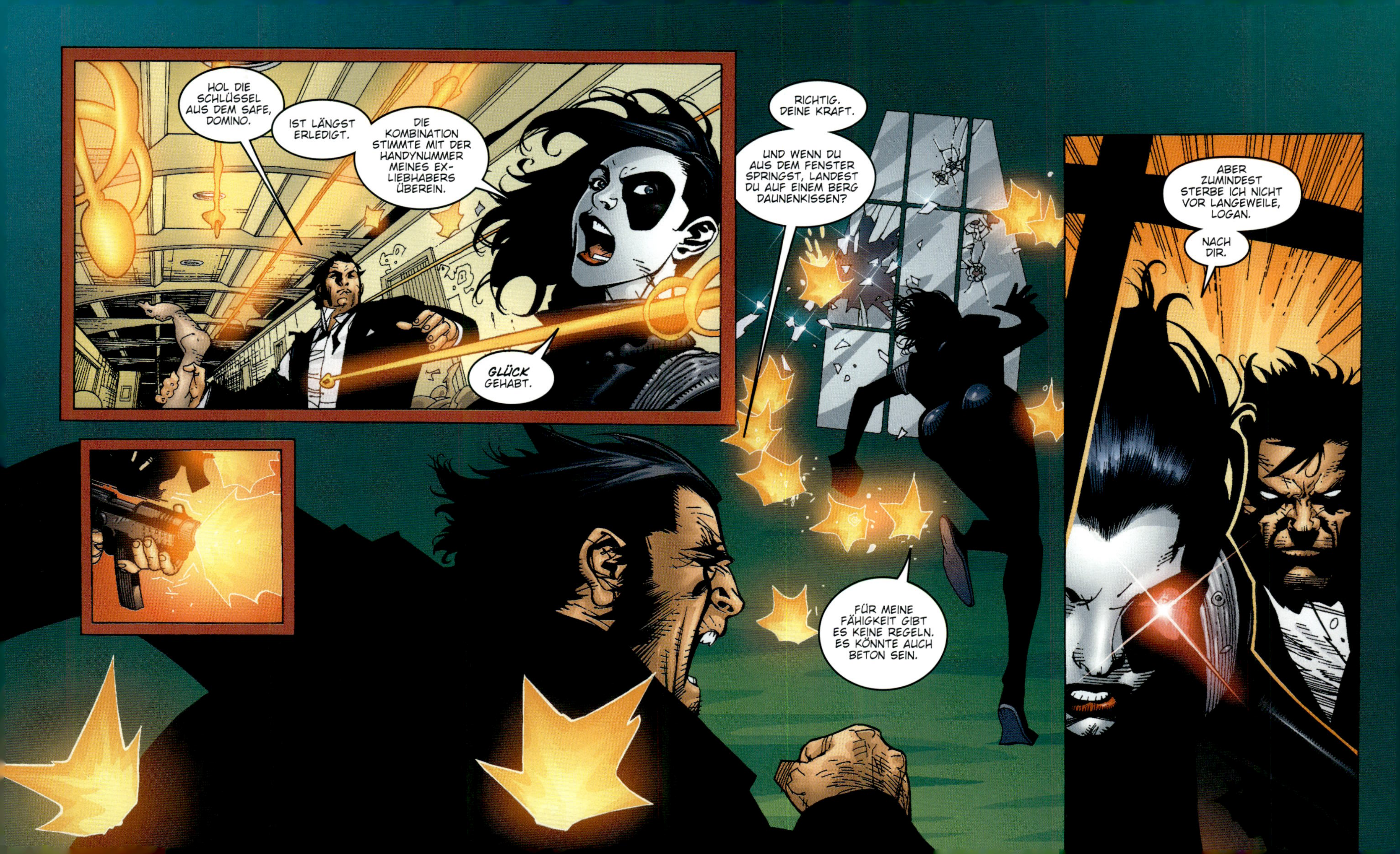
HOL DIE SCHLÜSSEL AUS DEM SAFE, DOMINO.
IST LÄNGST ERLEDIGT.
DIE KOMBINATION STIMMTE MIT DER HANDYNUMMER MEINES EX-LIEBHABERS ÜBEREIN.
GLÜCK GEHABT.
RICHTIG. DEINE KRAFT.
UND WENN DU AUS DEM FENSTER SPRINGST, LANDEST DU AUF EINEM BERG DAUNENKISSEN?
FÜR MEINE FÄHIGKEIT GIBT ES KEINE REGELN. ES KÖNNTE AUCH BETON SEIN.
ABER ZUMINDEST STERBE ICH NICHT VOR LANGEWEILE, LOGAN.
NACH DIR.

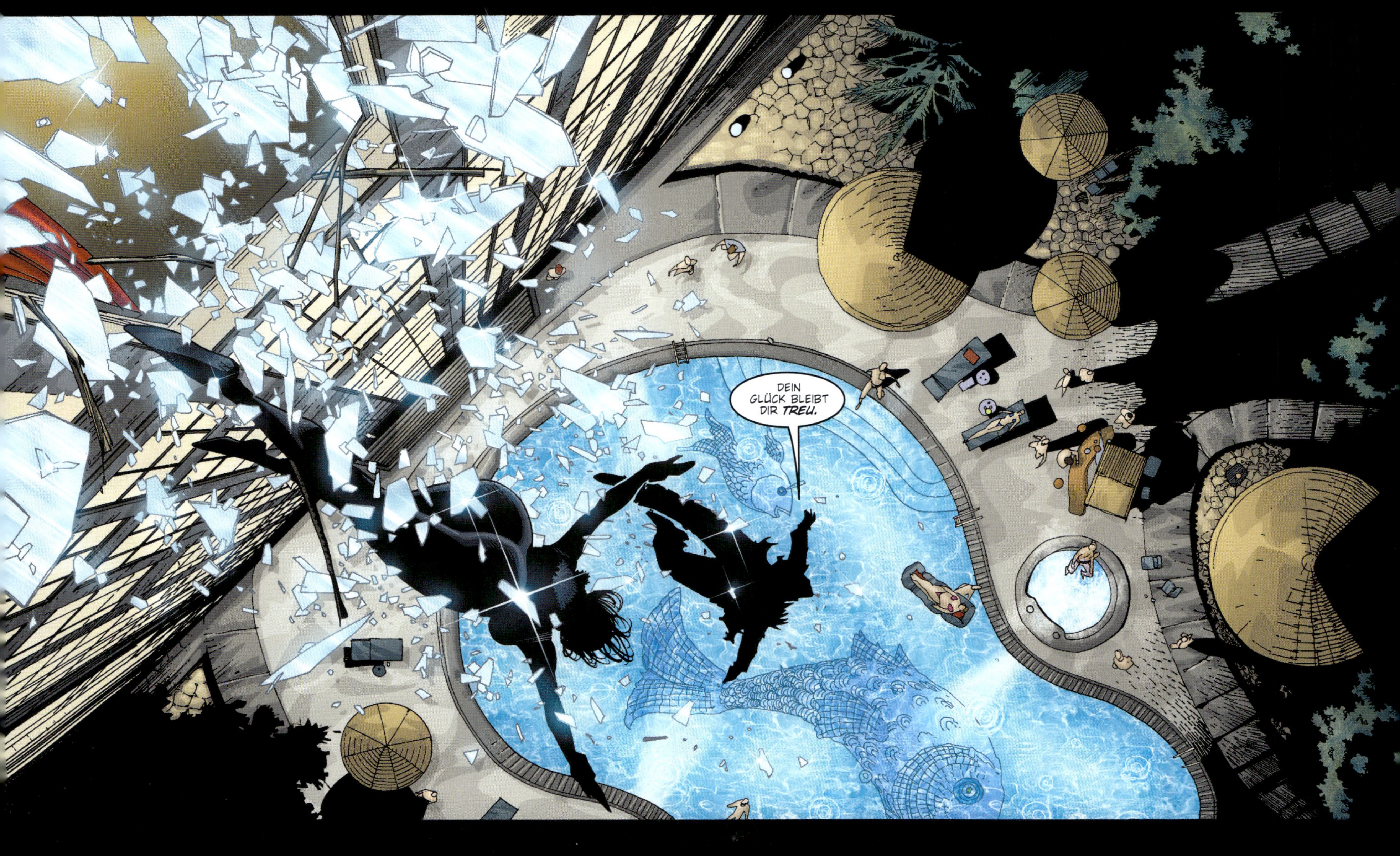
DEIN GLÜCK BLEIBT DIR TREU.

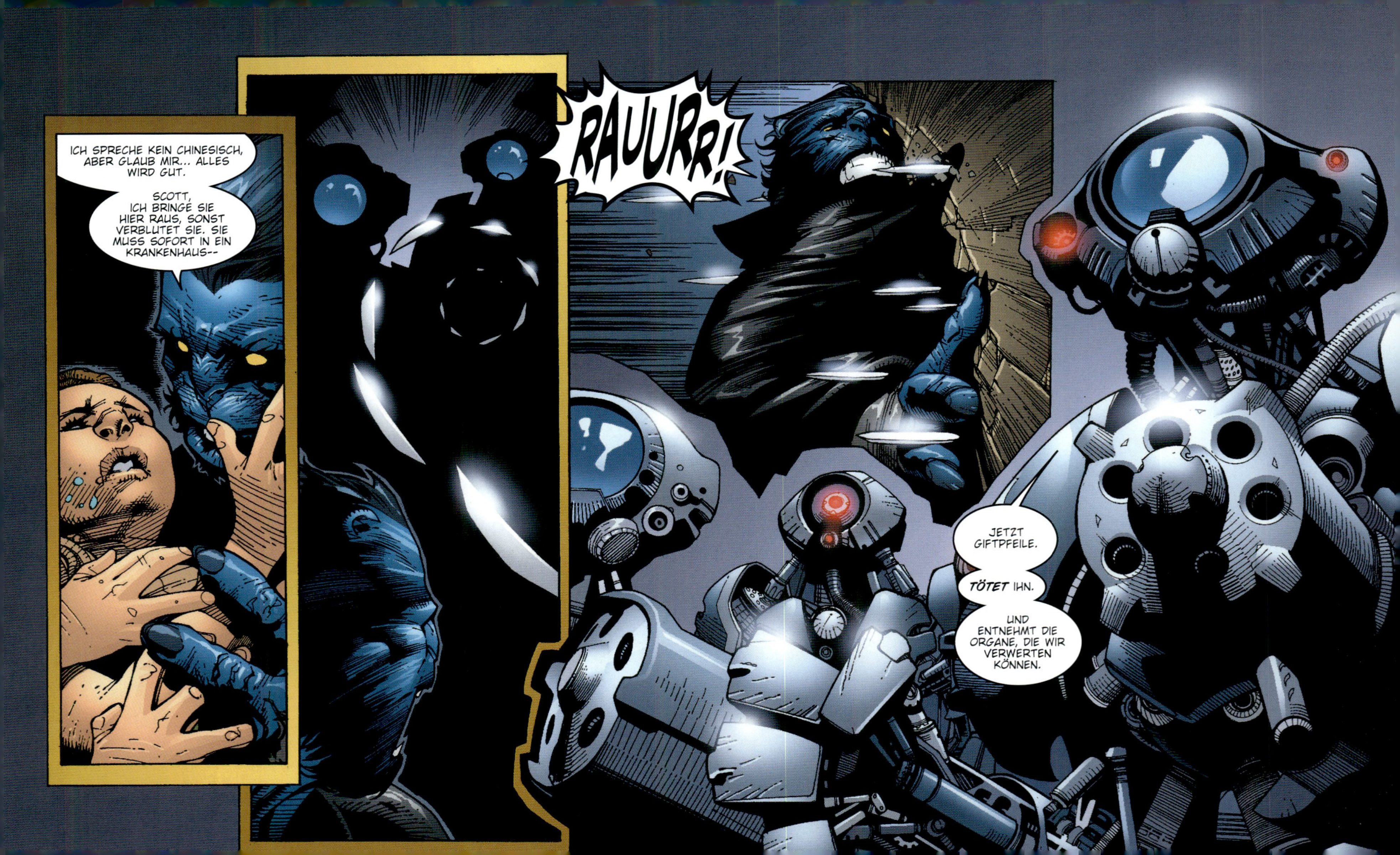
ICH SPRECHE KEIN CHINESISCH, ABER GLAUB MIR... ALLES WIRD GUT.
SCOTT, ICH BRINGE SIE HIER RAUS, SONST VERBLUTET SIE. SIE MUSS SOFORT IN EIN KRANKENHAUS--
RAUUURR!
JETZT GIFTPFEILE.
TÖTET IHN.
UND ENTNEHMT DIE ORGANE, DIE WIR VERWERTEN KÖNNEN.

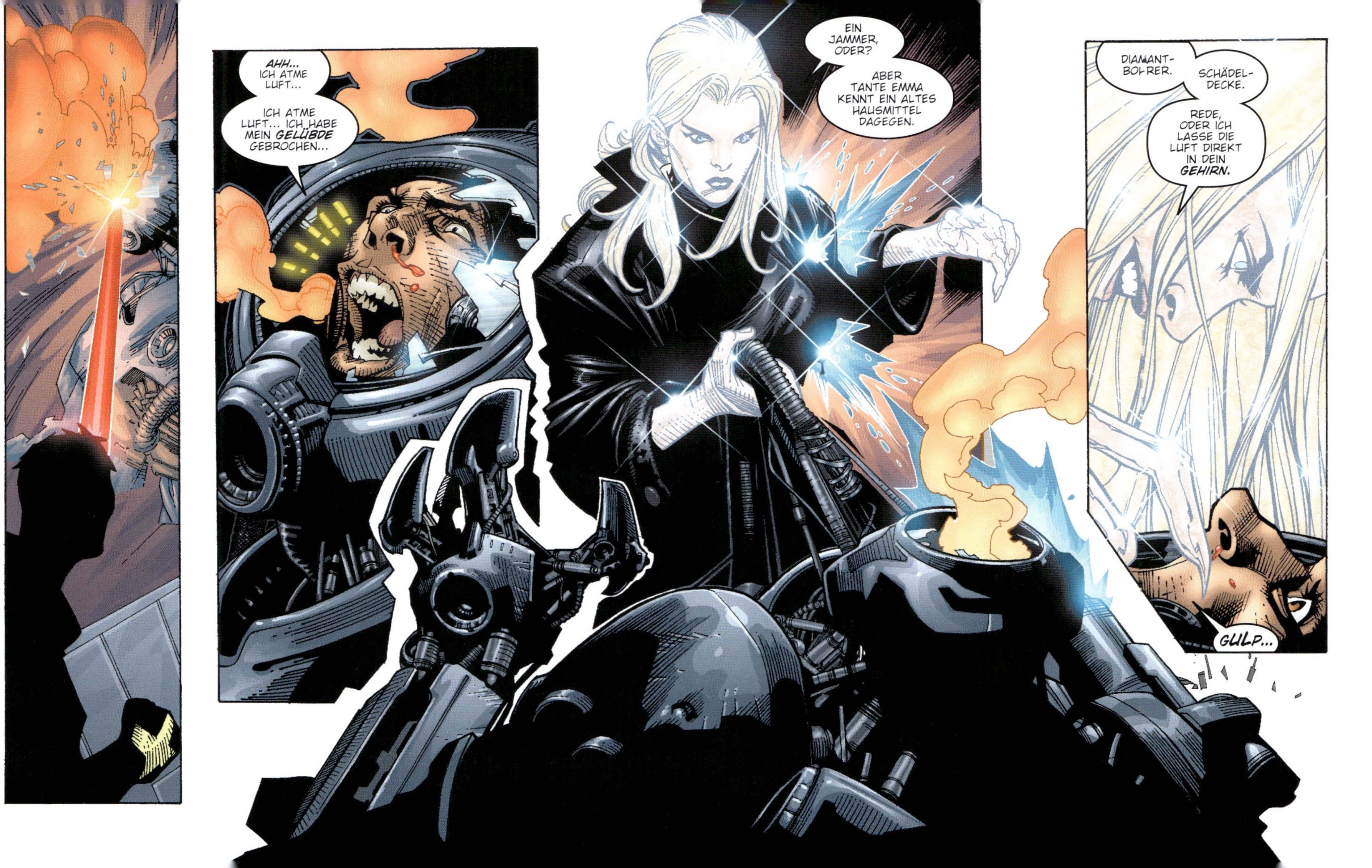
AHH... ICH ATME LUFT...
ICH ATME LUFT... ICH HABE MEIN GELÜBDE GEBROCHEN...
EIN JAMMER, ODER?
ABER TANTE EMMA KENNT EIN ALTES HAUSMITTEL DAGEGEN.
DIAMANT-BOHRER.
SCHÄDEL-DECKE.
REDE, ODER ICH LASSE DIE LUFT DIREKT IN DEIN GEHIRN.
GULP...

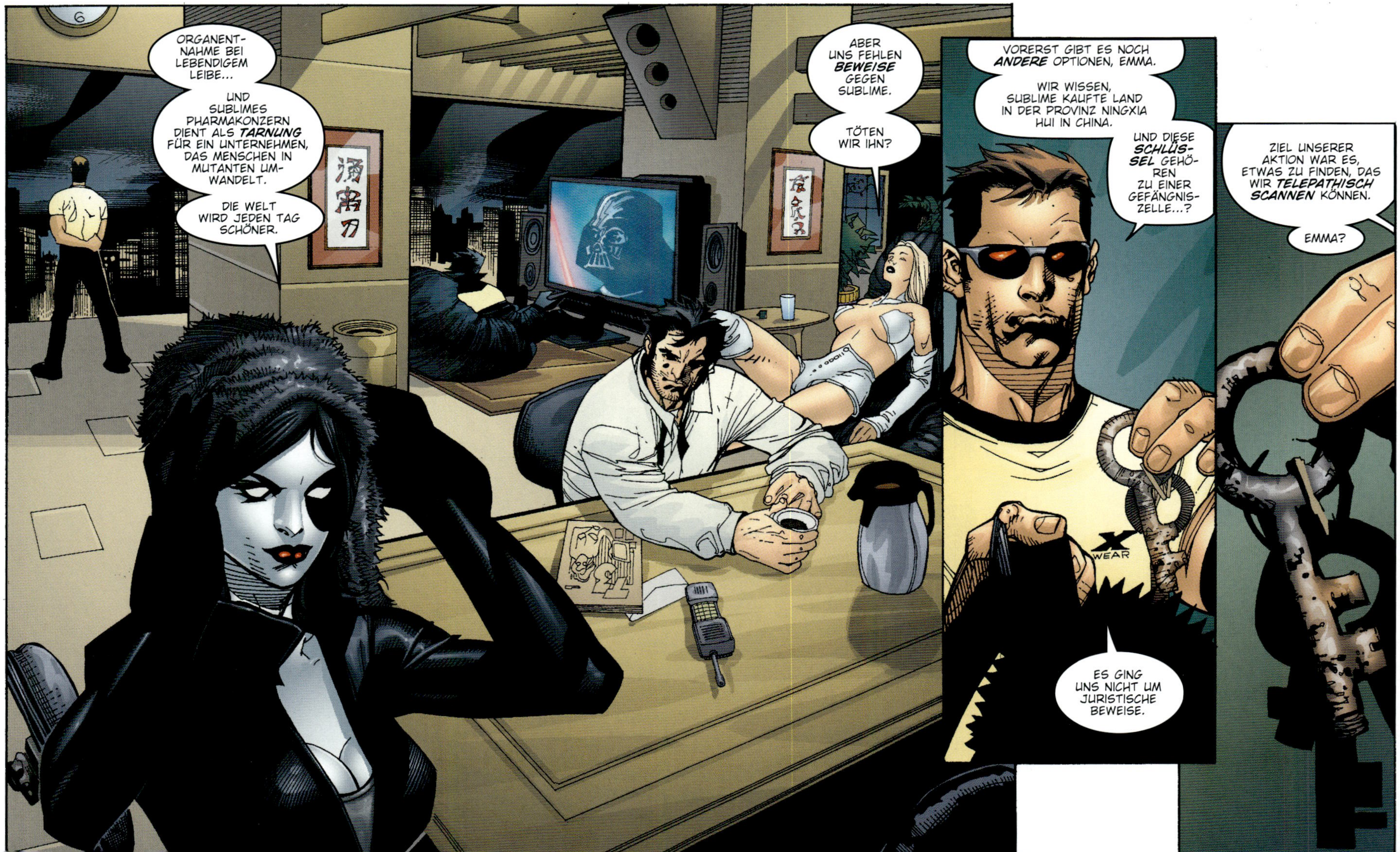
ORGANENTNAHME BEI LEBENDIGEM LEIBE...
UND SUBLIMES PHARMAKONZERN DIENT ALS *TARNUNG* FÜR EIN UNTERNEHMEN, DAS MENSCHEN IN MUTANTEN UMWANDELT.
DIE WELT WIRD JEDEN TAG SCHÖNER.
ABER UNS FEHLEN *BEWEISE* GEGEN SUBLIME.
TÖTEN WIR IHN?
VORERST GIBT ES NOCH *ANDERE* OPTIONEN, EMMA.
WIR WISSEN, SUBLIME KAUFTE LAND IN DER PROVINZ NINGXIA HUI IN CHINA.
UND DIESE *SCHLÜSSEL* GEHÖREN ZU EINER GEFÄNGNISZELLE...?
ES GING UNS NICHT UM JURISTISCHE BEWEISE.
ZIEL UNSERER AKTION WAR ES, ETWAS ZU FINDEN, DAS WIR *TELEPATHISCH SCANNEN* KÖNNEN.
EMMA?

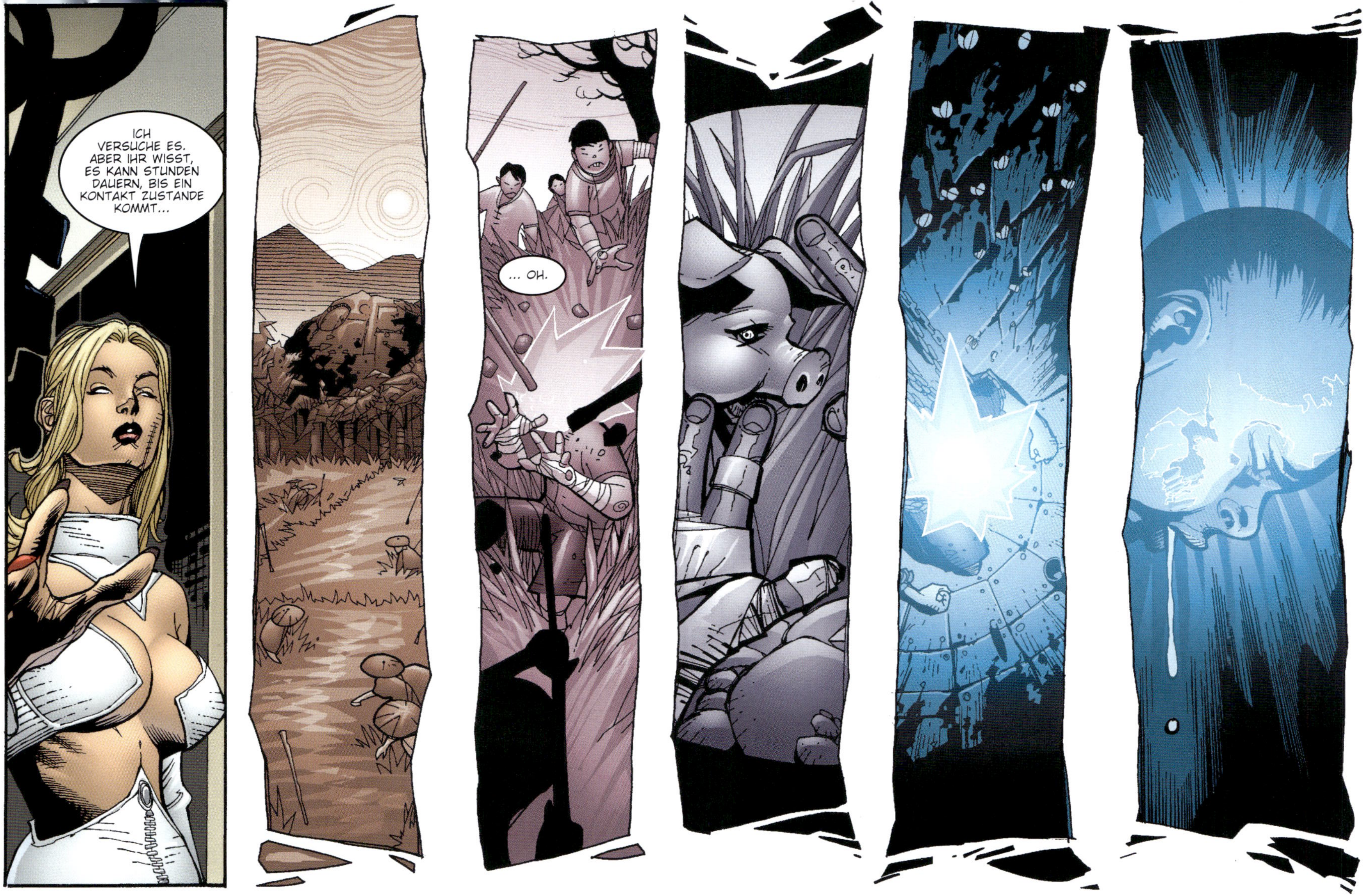
ICH VERSUCHE ES. ABER IHR WISST, ES KANN STUNDEN DAUERN, BIS EIN KONTAKT ZUSTANDE KOMMT...
... OH.

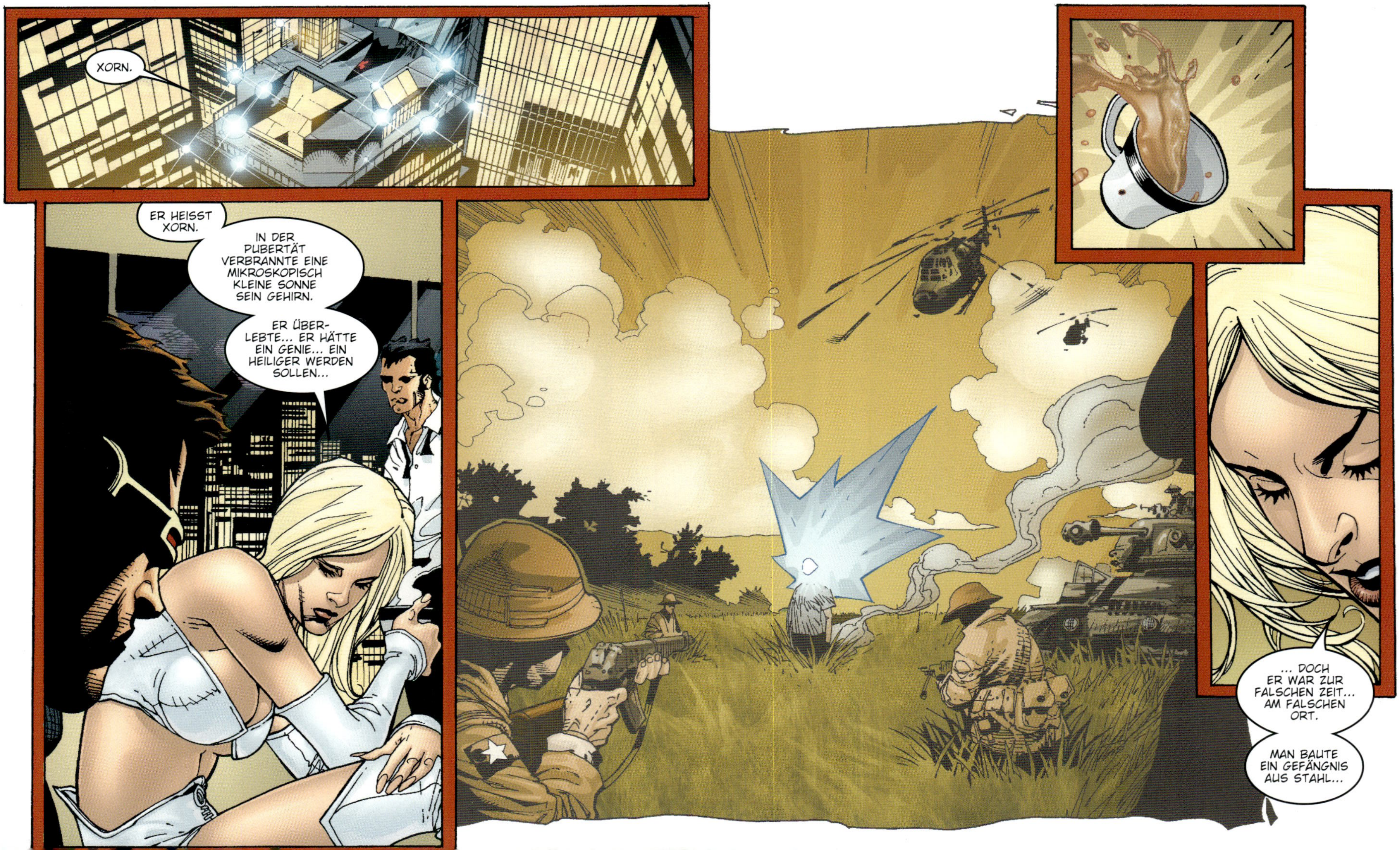
XORN.
ER HEISST XORN.
IN DER PUBERTÄT VERBRANNTE EINE MIKROSKOPISCH KLEINE SONNE SEIN GEHIRN.
ER ÜBER-LEBTE... ER HÄTTE EIN GENIE... EIN HEILIGER WERDEN SOLLEN...
... DOCH ER WAR ZUR FALSCHEN ZEIT... AM FALSCHEN ORT.
MAN BAUTE EIN GEFÄNGNIS AUS STAHL...

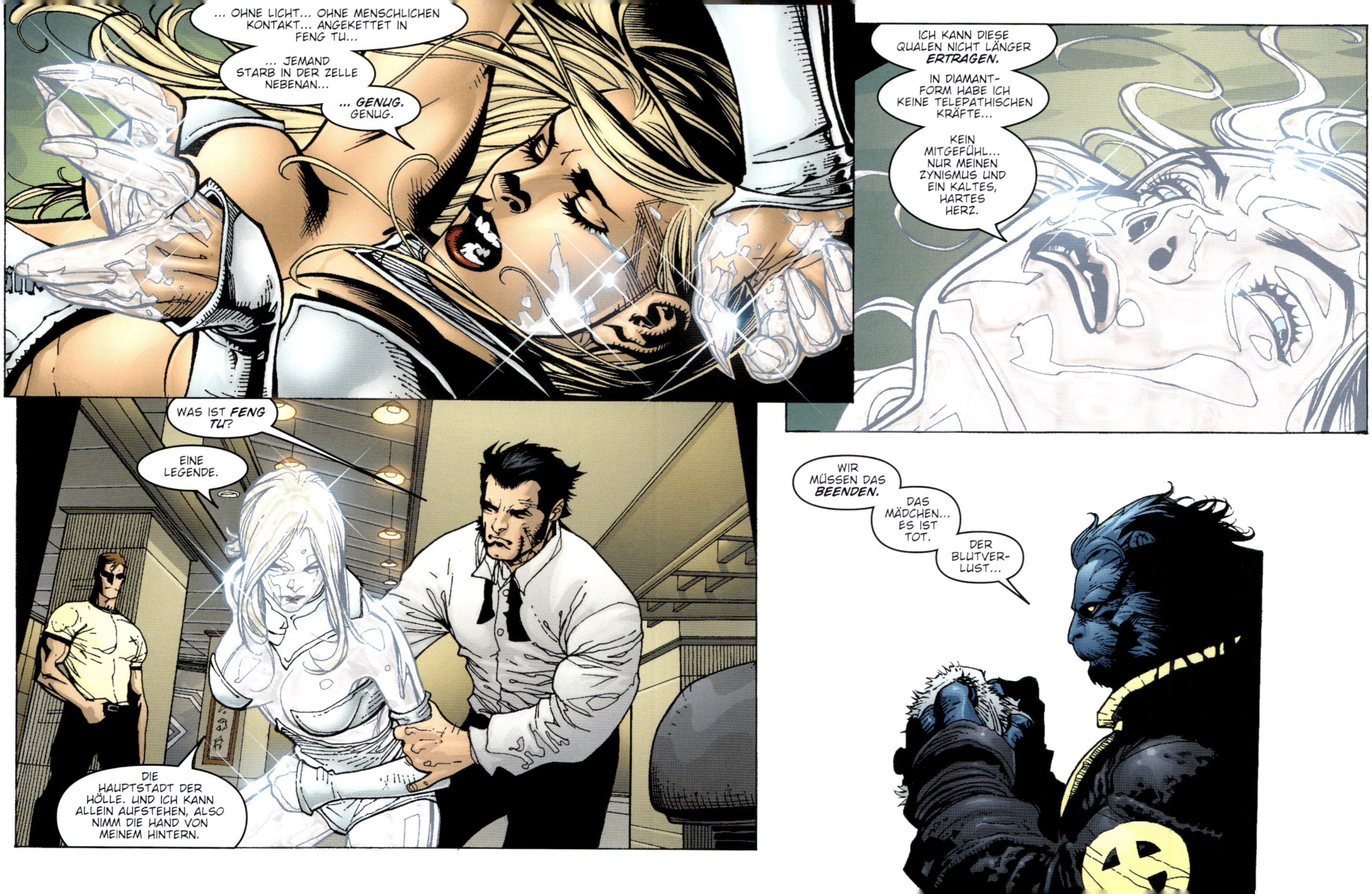

... OHNE LICHT... OHNE MENSCHLICHEN KONTAKT... ANGEKETTET IN FENG TU...
... JEMAND STARB IN DER ZELLE NEBENAN...
... GENUG. GENUG.
ICH KANN DIESE QUALEN NICHT LÄNGER ERTRAGEN.
IN DIAMANTFORM HABE ICH KEINE TELEPATHISCHEN KRÄFTE...
KEIN MITGEFÜHL... NUR MEINEN ZYNISMUS UND EIN KALTES, HARTES HERZ.
WAS IST FENG TU?
EINE LEGENDE.
DIE HAUPTSTADT DER HÖLLE. UND ICH KANN ALLEIN AUFSTEHEN, ALSO NIMM DIE HAND VON MEINEM HINTERN.
WIR MÜSSEN DAS BEENDEN.
DAS MÄDCHEN... ES IST TOT.
DER BLUTVERLUST...

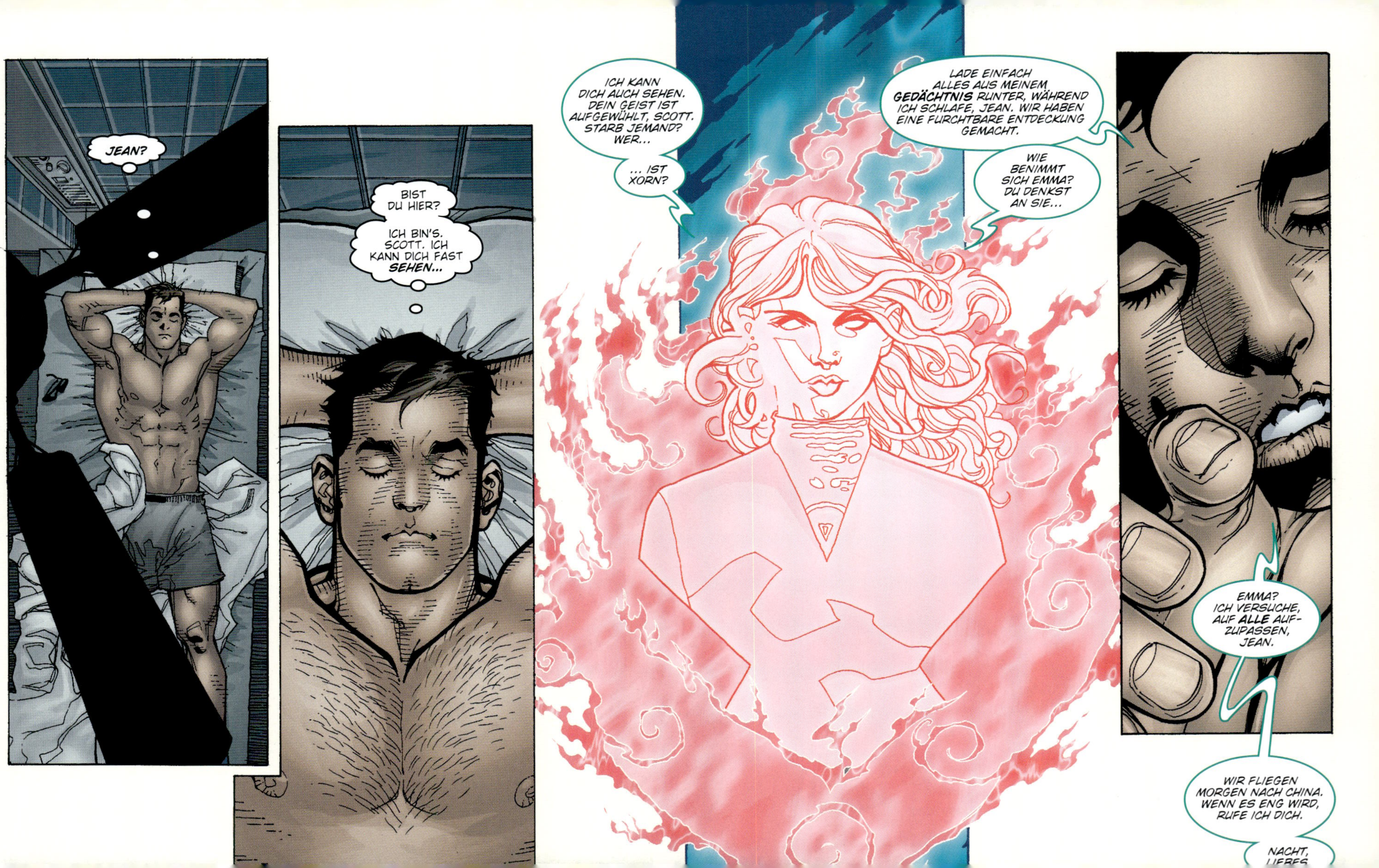
JEAN?
BIST DU HIER?
ICH BIN'S. SCOTT. ICH KANN DICH FAST **SEHEN...**
ICH KANN DICH AUCH SEHEN. DEIN GEIST IST AUFGEWÜHLT, SCOTT. STARB JEMAND? WER...
... IST XORN?
LADE EINFACH ALLES AUS MEINEM **GEDÄCHTNIS** RUNTER, WÄHREND ICH SCHLAFE, JEAN. WIR HABEN EINE FURCHTBARE ENTDECKUNG GEMACHT.
WIE BENIMMT SICH EMMA? DU DENKST AN SIE...
EMMA? ICH VERSUCHE, AUF **ALLE** AUFZUPASSEN, JEAN.
WIR FLIEGEN MORGEN NACH CHINA. WENN ES ENG WIRD, RUFE ICH DICH.
NACHT,

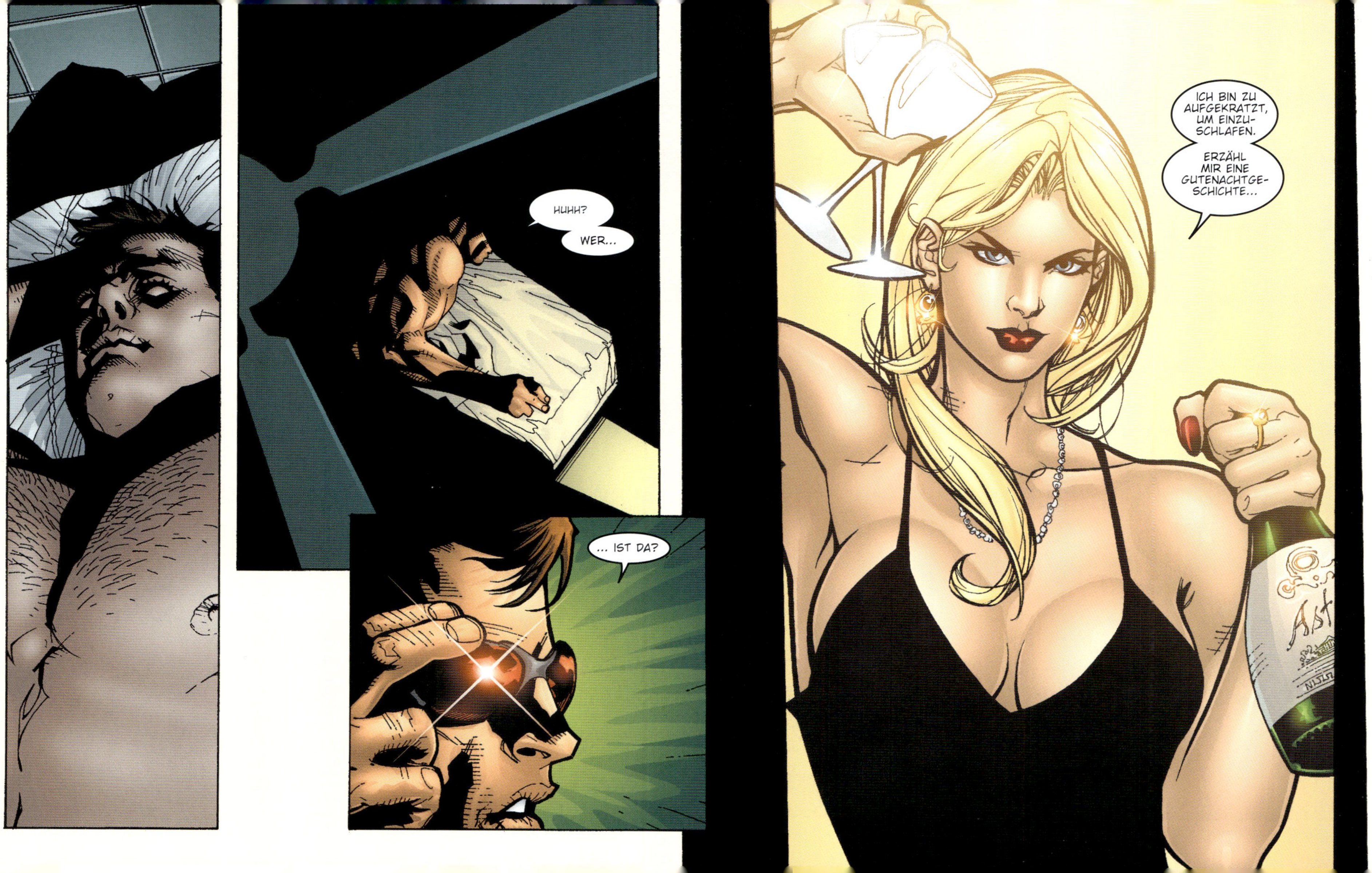
HUHH?
WER...
... IST DA?
ICH BIN ZU AUFGEKRATZT, UM EINZU-SCHLAFEN.
ERZÄHL MIR EINE GUTENACHTGE-SCHICHTE...

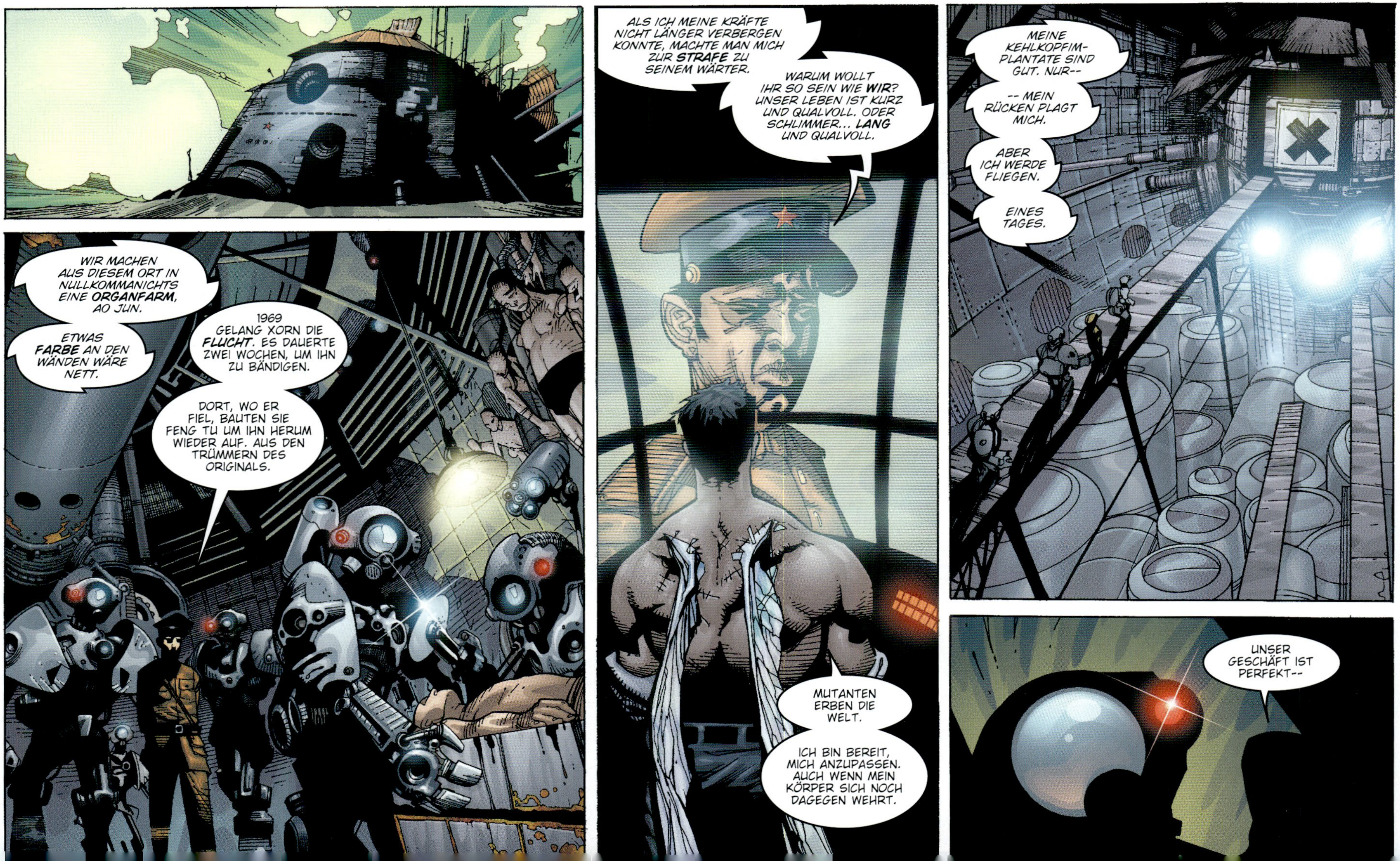
WIR MACHEN AUS DIESEM ORT IN NULLKOMMANICHTS EINE **ORGANFARM**, AO JUN.
ETWAS **FARBE** AN DEN WÄNDEN WÄRE NETT.
1969 GELANG XORN DIE **FLUCHT**. ES DAUERTE ZWEI WOCHEN, UM IHN ZU BÄNDIGEN.
DORT, WO ER FIEL, BAUTEN SIE FENG TU UM IHN HERUM WIEDER AUF. AUS DEN TRÜMMERN DES ORIGINALS.
ALS ICH MEINE KRÄFTE NICHT LÄNGER VERBERGEN KONNTE, MACHTE MAN MICH ZUR **STRAFE** ZU SEINEM WÄRTER.
WARUM WOLLT IHR SO SEIN WIE **WIR**? UNSER LEBEN IST KURZ UND QUALVOLL. ODER SCHLIMMER... **LANG** UND QUALVOLL.
MUTANTEN ERBEN DIE WELT.
ICH BIN BEREIT, MICH ANZUPASSEN. AUCH WENN MEIN KÖRPER SICH NOCH DAGEGEN WEHRT.
MEINE KEHLKOPFIM-PLANTATE SIND GUT. NUR--
-- MEIN RÜCKEN PLAGT MICH.
ABER ICH WERDE FLIEGEN.
EINES TAGES.
UNSER GESCHÄFT IST PERFEKT--

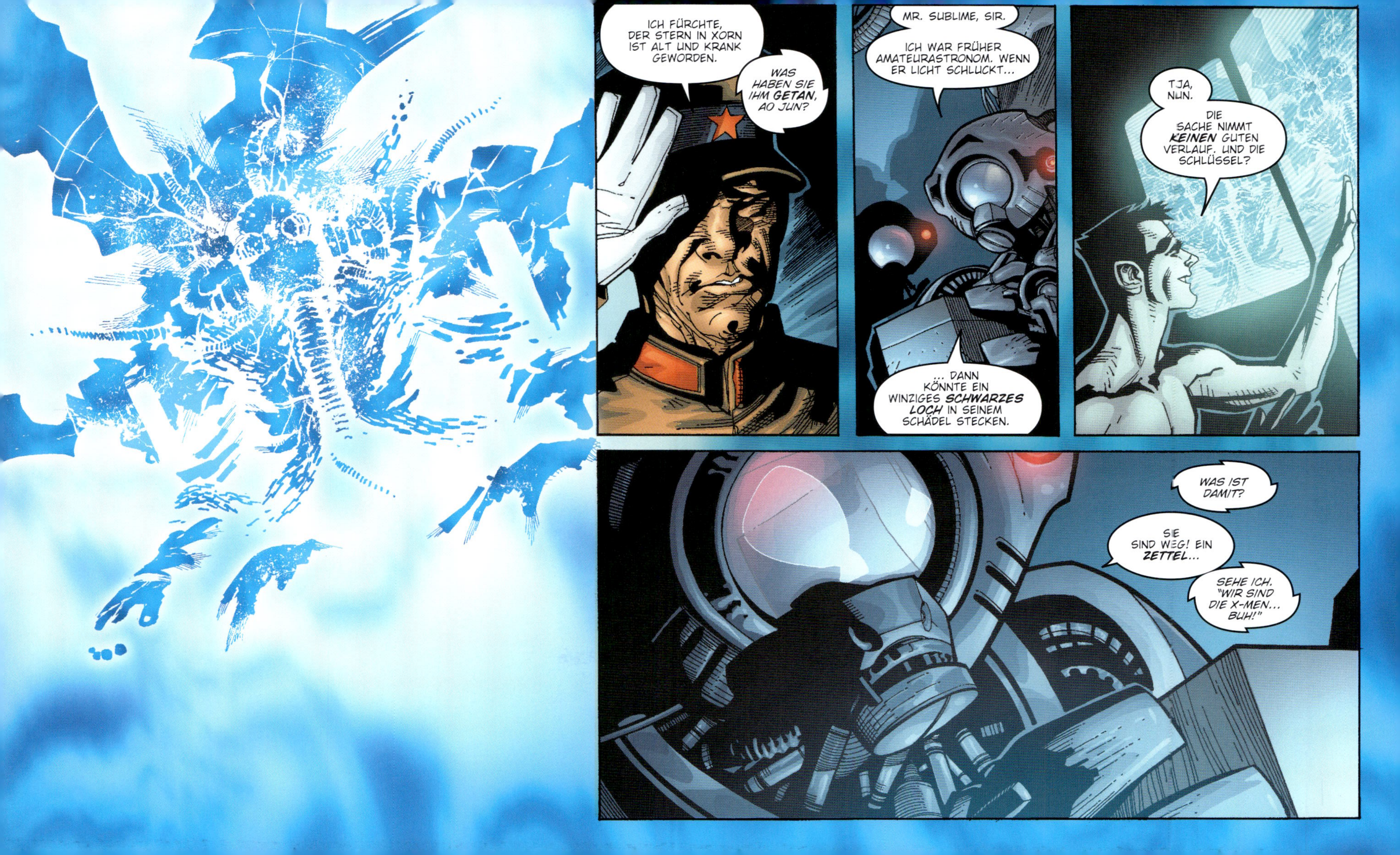

ICH FÜRCHTE, DER STERN IN XORN IST ALT UND KRANK GEWORDEN.
WAS HABEN SIE IHM **GETAN**, AO JUN?
MR. SUBLIME, SIR.
ICH WAR FRÜHER AMATEURASTRONOM. WENN ER LICHT SCHLUCKT...
... DANN KÖNNTE EIN WINZIGES **SCHWARZES LOCH** IN SEINEM SCHÄDEL STECKEN.
TJA, NUN.
DIE SACHE NIMMT **KEINEN** GUTEN VERLAUF. UND DIE SCHLÜSSEL?
WAS IST DAMIT?
SIE SIND WEG! EIN **ZETTEL**...
SEHE ICH. "WIR SIND DIE X-MEN... BUH!"

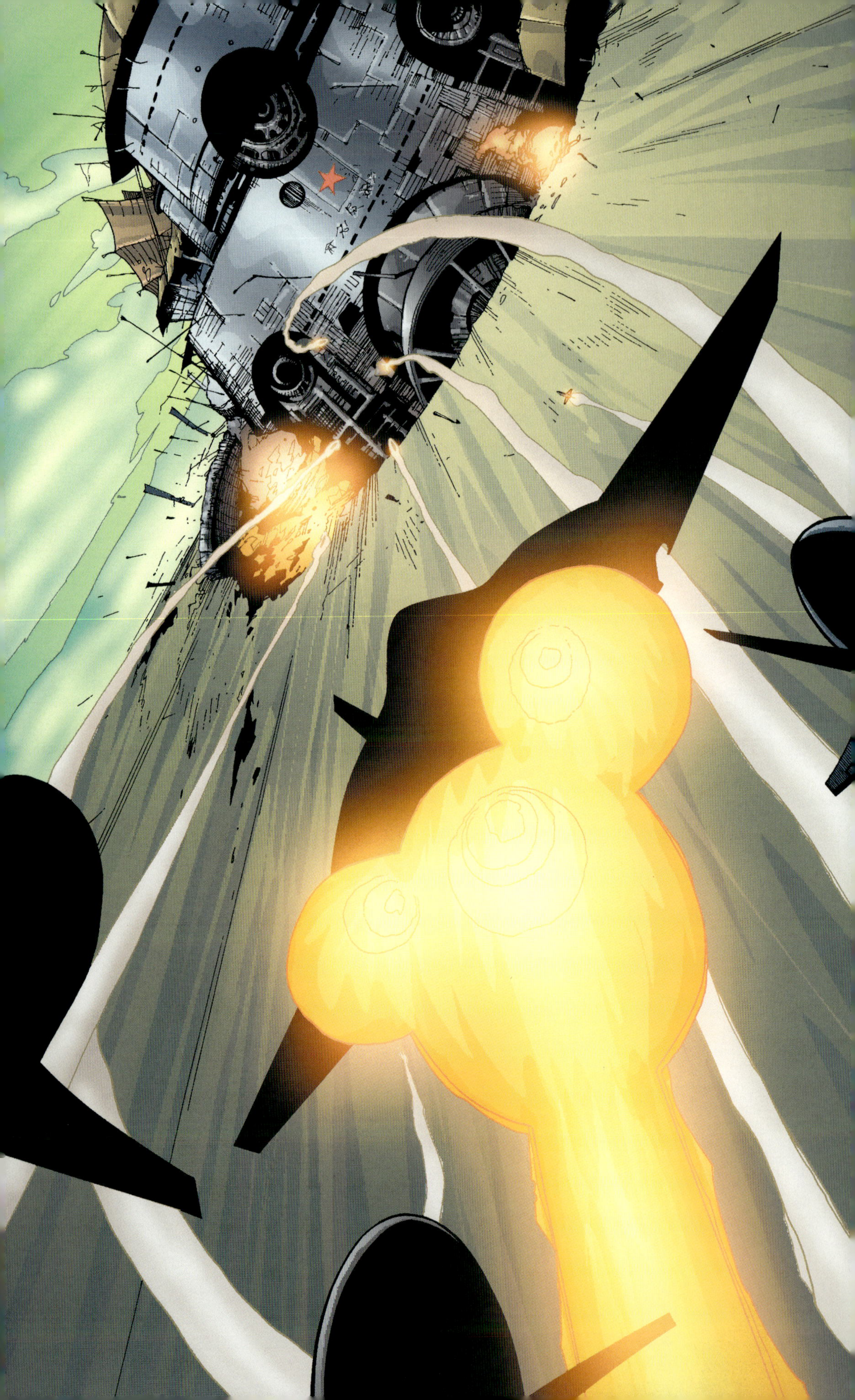

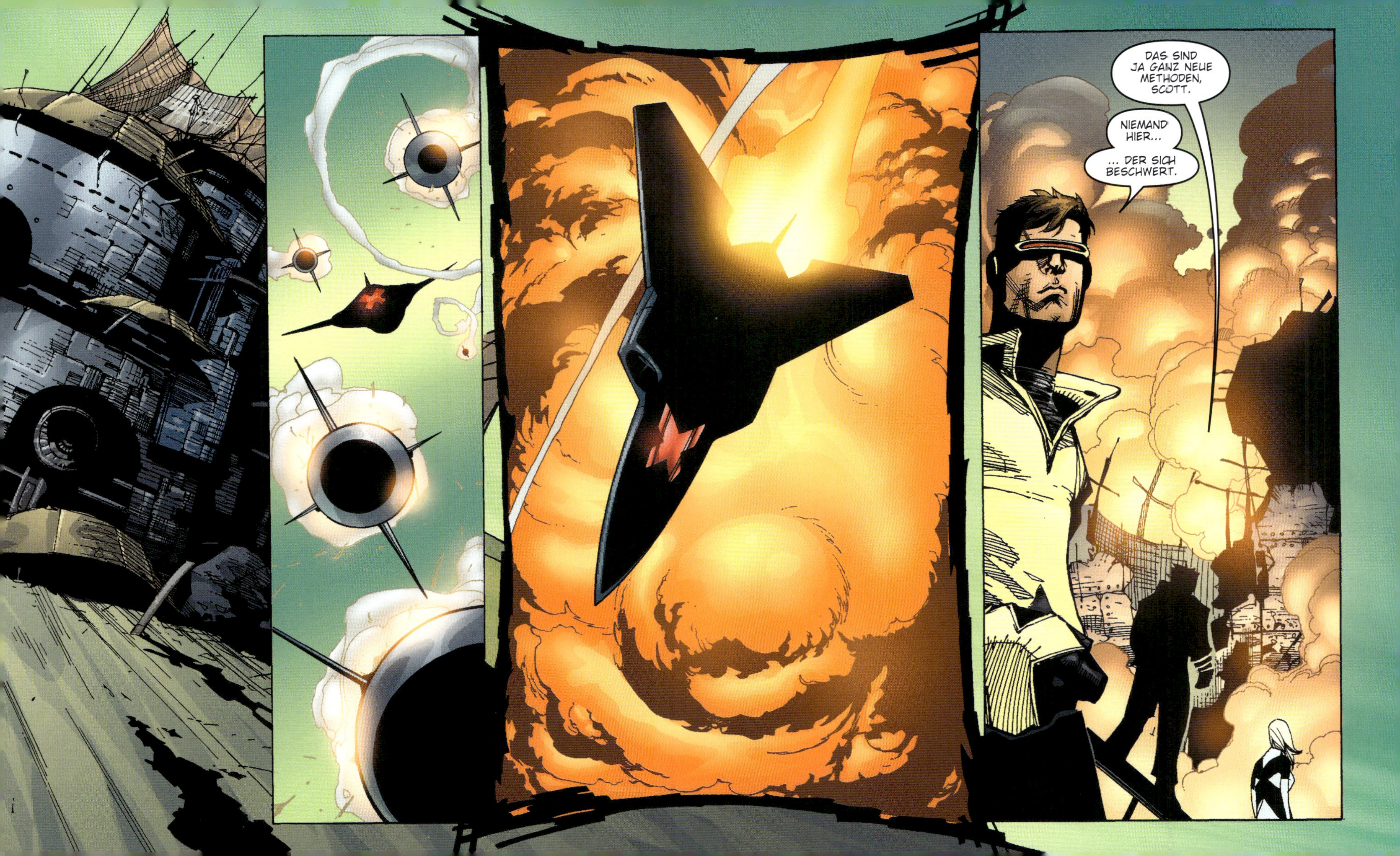
DAS SIND JA GANZ NEUE METHODEN, SCOTT.
NIEMAND HIER...
... DER SICH BESCHWERT.

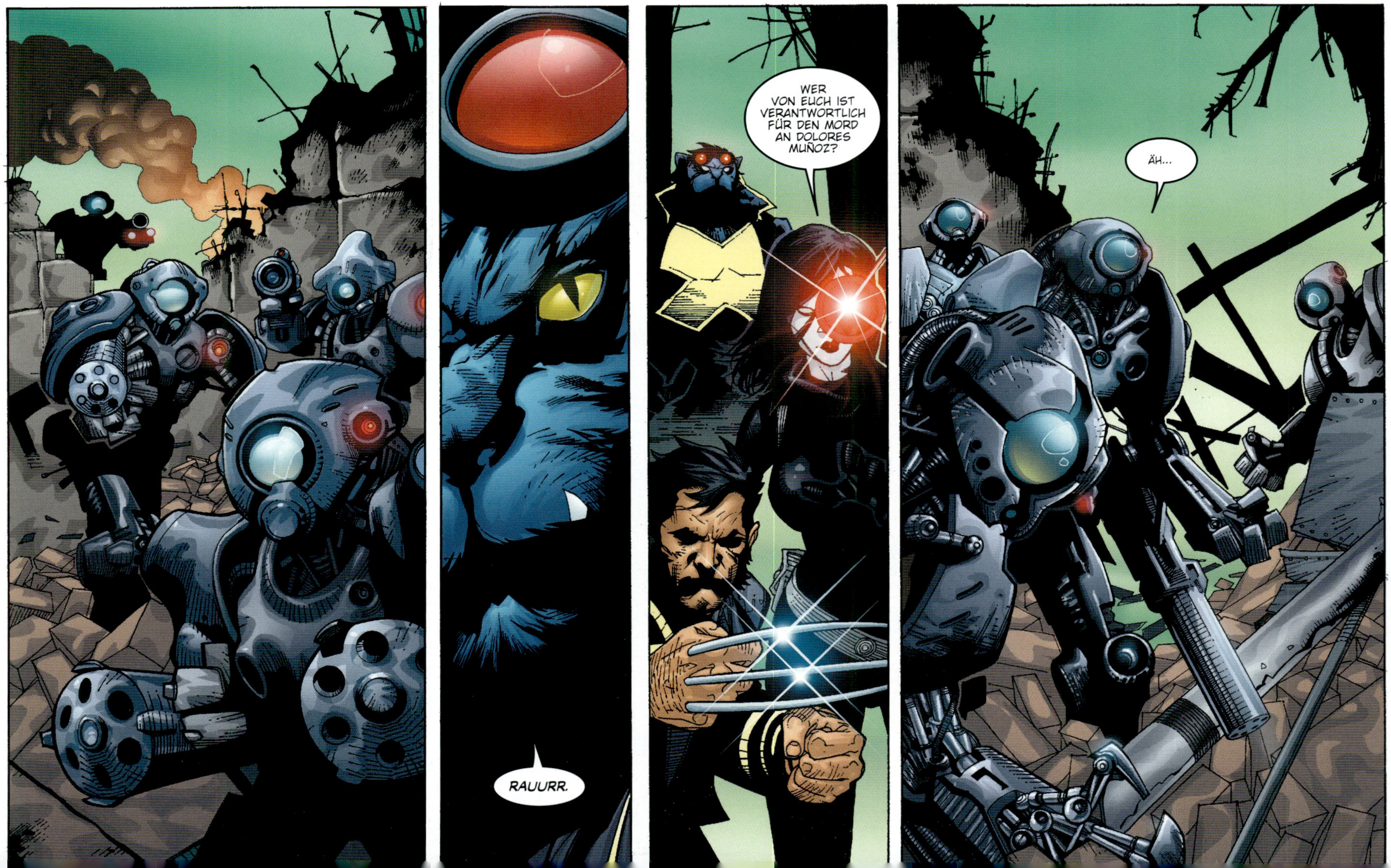
RAUURR.
WER VON EUCH IST VERANTWORTLICH FÜR DEN MORD AN DOLORES MUÑOZ?
ÄH...

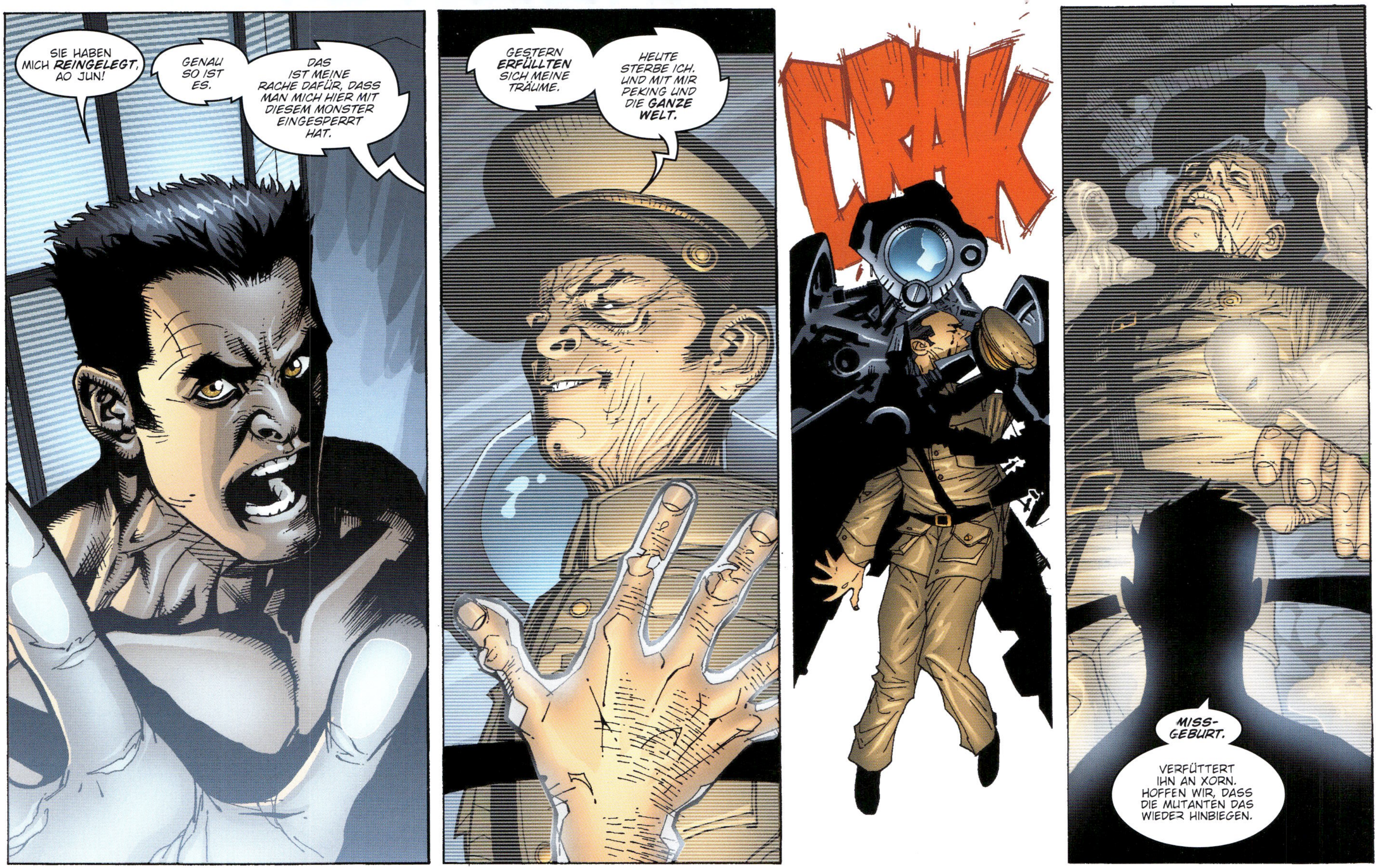

SIE HABEN MICH **REINGELEGT**, AO JUN!
GENAU SO IST ES.
DAS IST MEINE RACHE DAFÜR, DASS MAN MICH HIER MIT DIESEM MONSTER EINGESPERRT HAT.
GESTERN **ERFÜLLTEN** SICH MEINE TRÄUME.
HEUTE STERBE ICH. UND MIT MIR PEKING UND DIE **GANZE WELT.**
CRAK
MISS-GEBURT.
VERFÜTTERT IHN AN XORN. HOFFEN WIR, DASS DIE MUTANTEN DAS WIEDER HINBIEGEN.

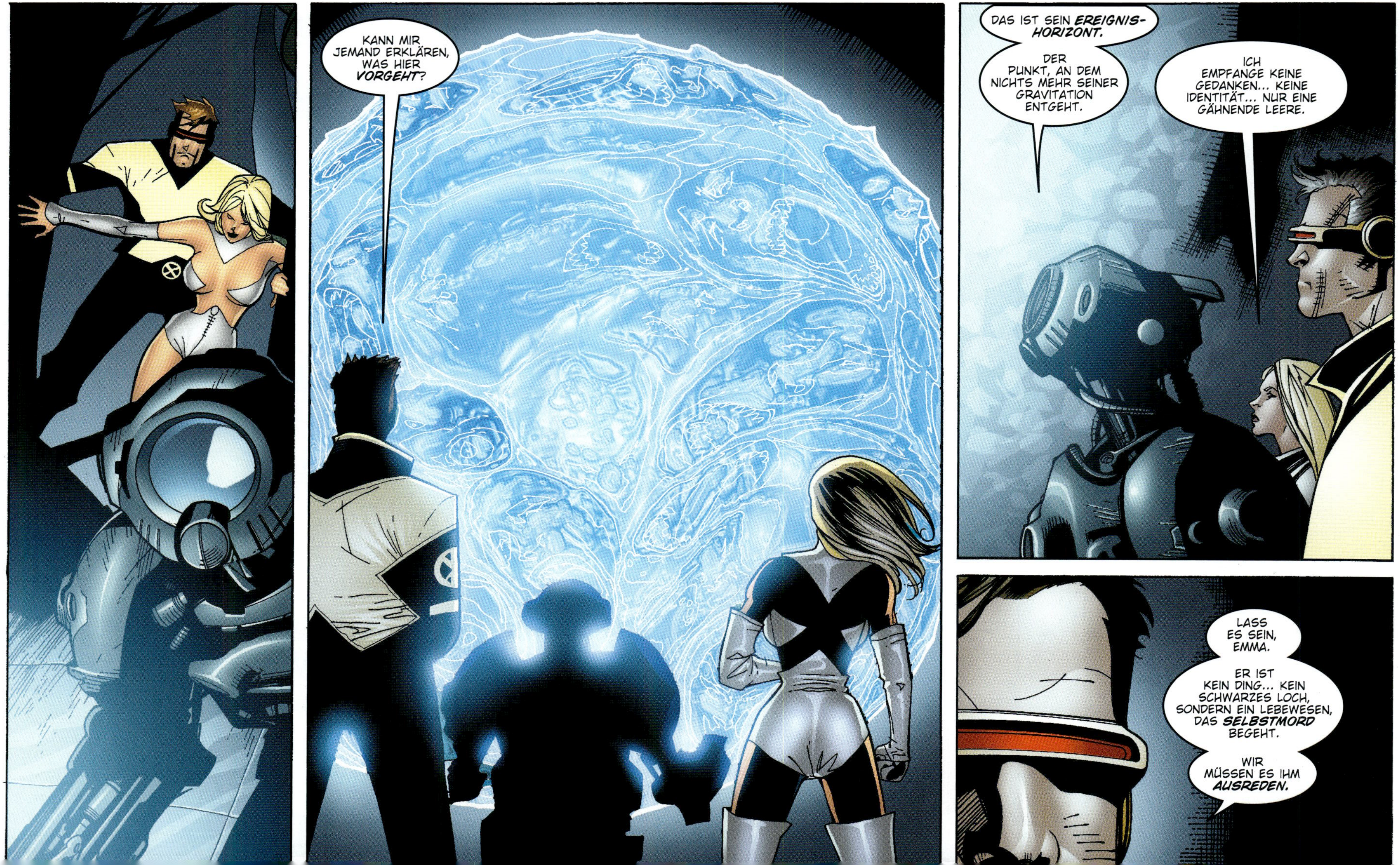
KANN MIR JEMAND ERKLÄREN, WAS HIER ***VORGEHT?***
DAS IST SEIN ***EREIGNIS-HORIZONT.***
DER PUNKT, AN DEM NICHTS MEHR SEINER GRAVITATION ENTGEHT.
ICH EMPFANGE KEINE GEDANKEN... KEINE IDENTITÄT... NUR EINE GÄHNENDE LEERE.
LASS ES SEIN, EMMA.
ER IST KEIN DING... KEIN SCHWARZES LOCH, SONDERN EIN LEBEWESEN, DAS **SELBSTMORD** BEGEHT.
WIR MÜSSEN ES IHM ***AUSREDEN.***

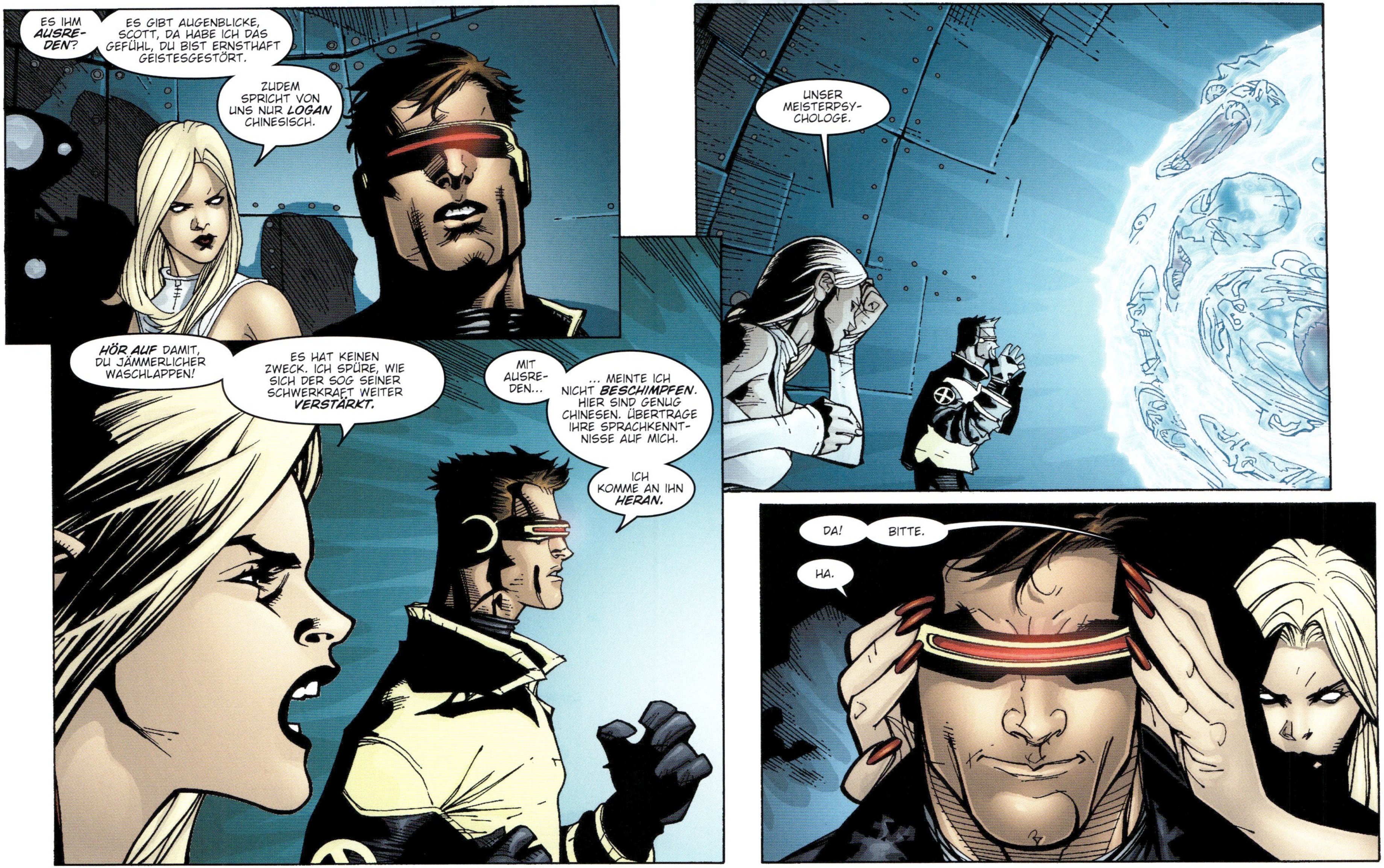
ES IHM AUSREDEN?
ES GIBT AUGENBLICKE, SCOTT, DA HABE ICH DAS GEFÜHL, DU BIST ERNSTHAFT GEISTESGESTÖRT.
ZUDEM SPRICHT VON UNS NUR LOGAN CHINESISCH.
HÖR AUF DAMIT, DU JÄMMERLICHER WASCHLAPPEN!
ES HAT KEINEN ZWECK. ICH SPÜRE, WIE SICH DER SOG SEINER SCHWERKRAFT WEITER VERSTÄRKT.
MIT AUSREDEN...
... MEINTE ICH NICHT BESCHIMPFEN. HIER SIND GENUG CHINESEN. ÜBERTRAGE IHRE SPRACHKENNTNISSE AUF MICH.
ICH KOMME AN IHN HERAN.
UNSER MEISTERPSYCHOLOGE.
DA!
BITTE.
HA.

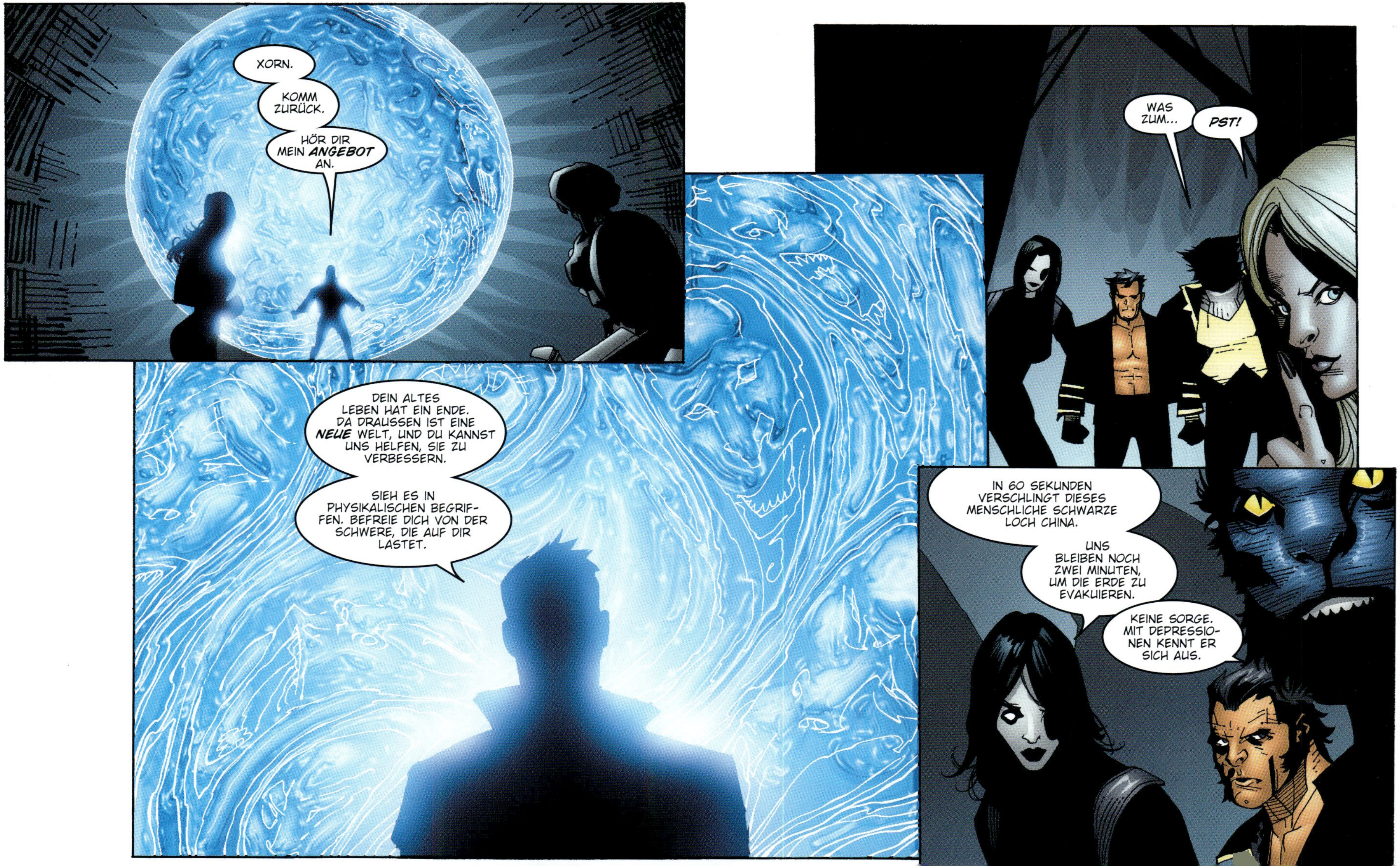
XORN.
KOMM ZURÜCK.
HÖR DIR MEIN **ANGEBOT** AN.
DEIN ALTES LEBEN HAT EIN ENDE. DA DRAUSSEN IST EINE **NEUE** WELT, UND DU KANNST UNS HELFEN, SIE ZU VERBESSERN.
SIEH ES IN PHYSIKALISCHEN BEGRIFFEN. BEFREIE DICH VON DER SCHWERE, DIE AUF DIR LASTET.
WAS ZUM...
PST!
IN 60 SEKUNDEN VERSCHLINGT DIESES MENSCHLICHE SCHWARZE LOCH CHINA.
UNS BLEIBEN NOCH ZWEI MINUTEN, UM DIE ERDE ZU EVAKUIEREN.
KEINE SORGE. MIT DEPRESSIONEN KENNT ER SICH AUS.

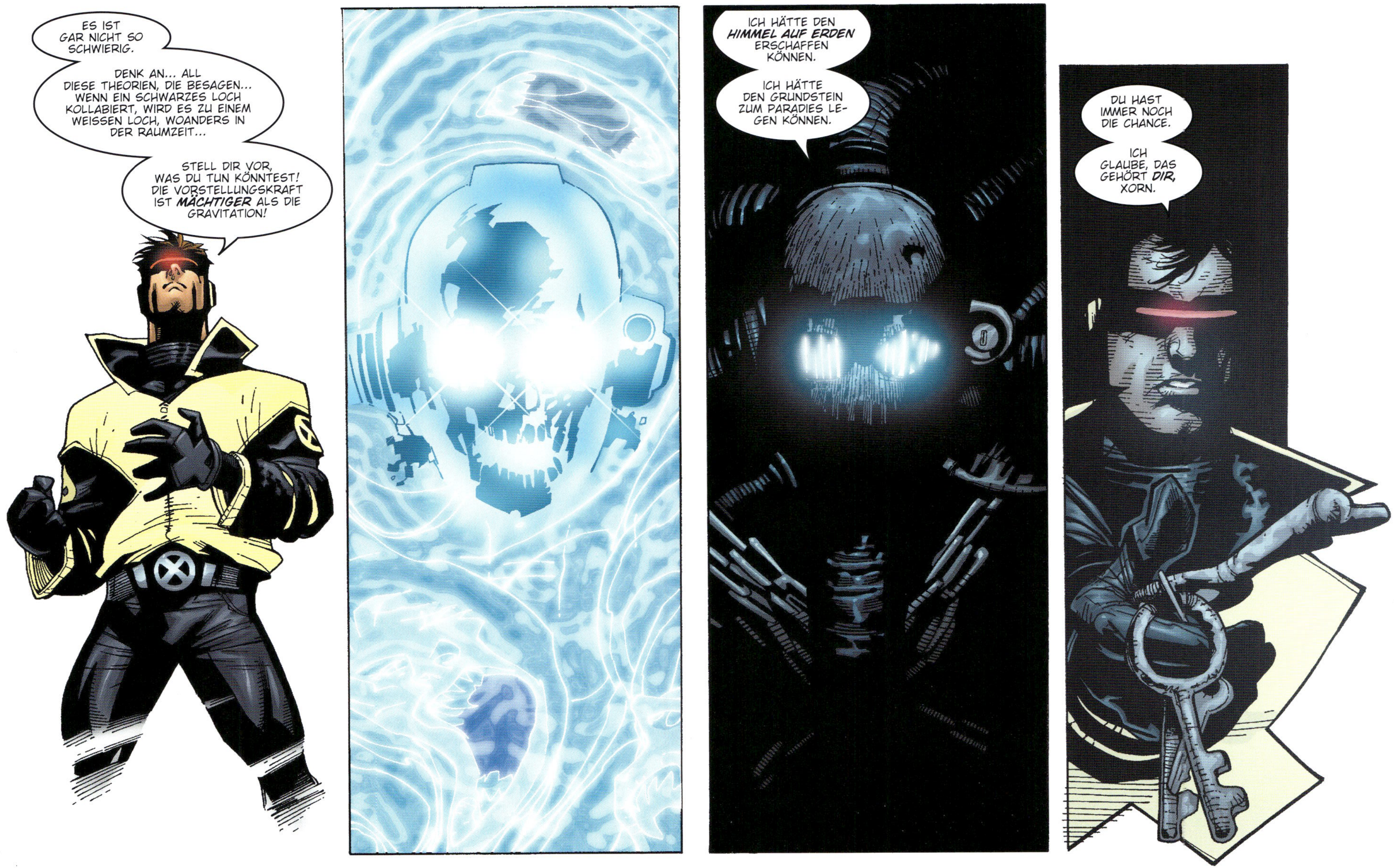
ES IST GAR NICHT SO SCHWIERIG.
DENK AN... ALL DIESE THEORIEN, DIE BESAGEN... WENN EIN SCHWARZES LOCH KOLLABIERT, WIRD ES ZU EINEM WEISSEN LOCH, WOANDERS IN DER RAUMZEIT...
STELL DIR VOR, WAS DU TUN KÖNNTEST! DIE VORSTELLUNGSKRAFT IST **MÄCHTIGER** ALS DIE GRAVITATION!
ICH HÄTTE DEN **HIMMEL AUF ERDEN** ERSCHAFFEN KÖNNEN.
ICH HÄTTE DEN GRUNDSTEIN ZUM PARADIES LEGEN KÖNNEN.
DU HAST IMMER NOCH DIE CHANCE.
ICH GLAUBE, DAS GEHÖRT **DIR**, XORN.

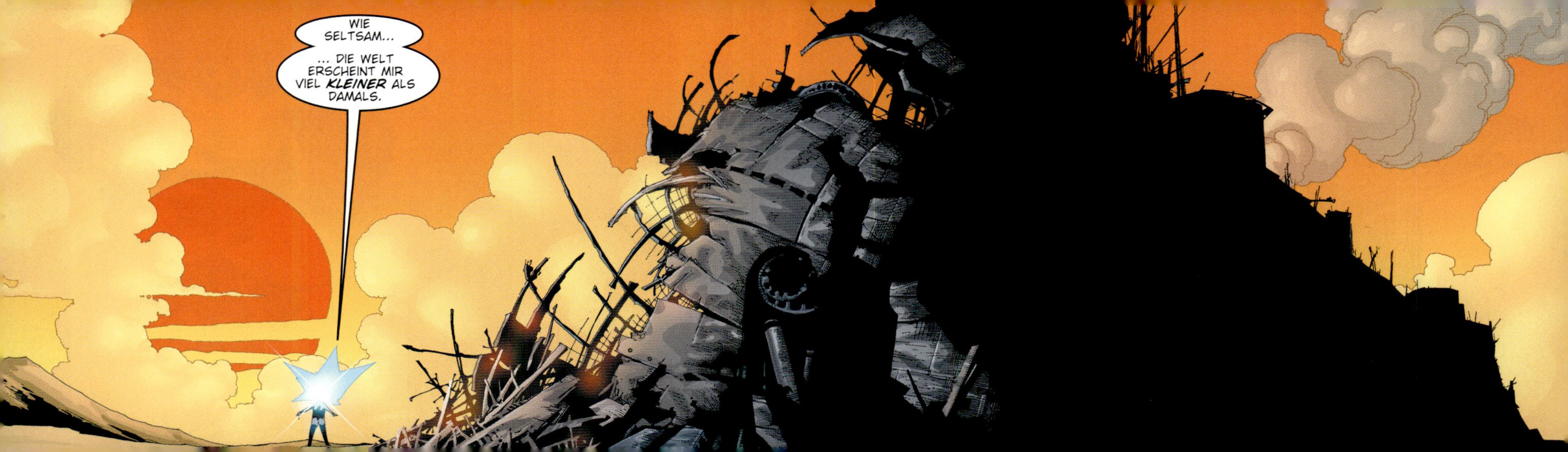
WIE SELTSAM...
... DIE WELT ERSCHEINT MIR VIEL KLEINER ALS DAMALS.

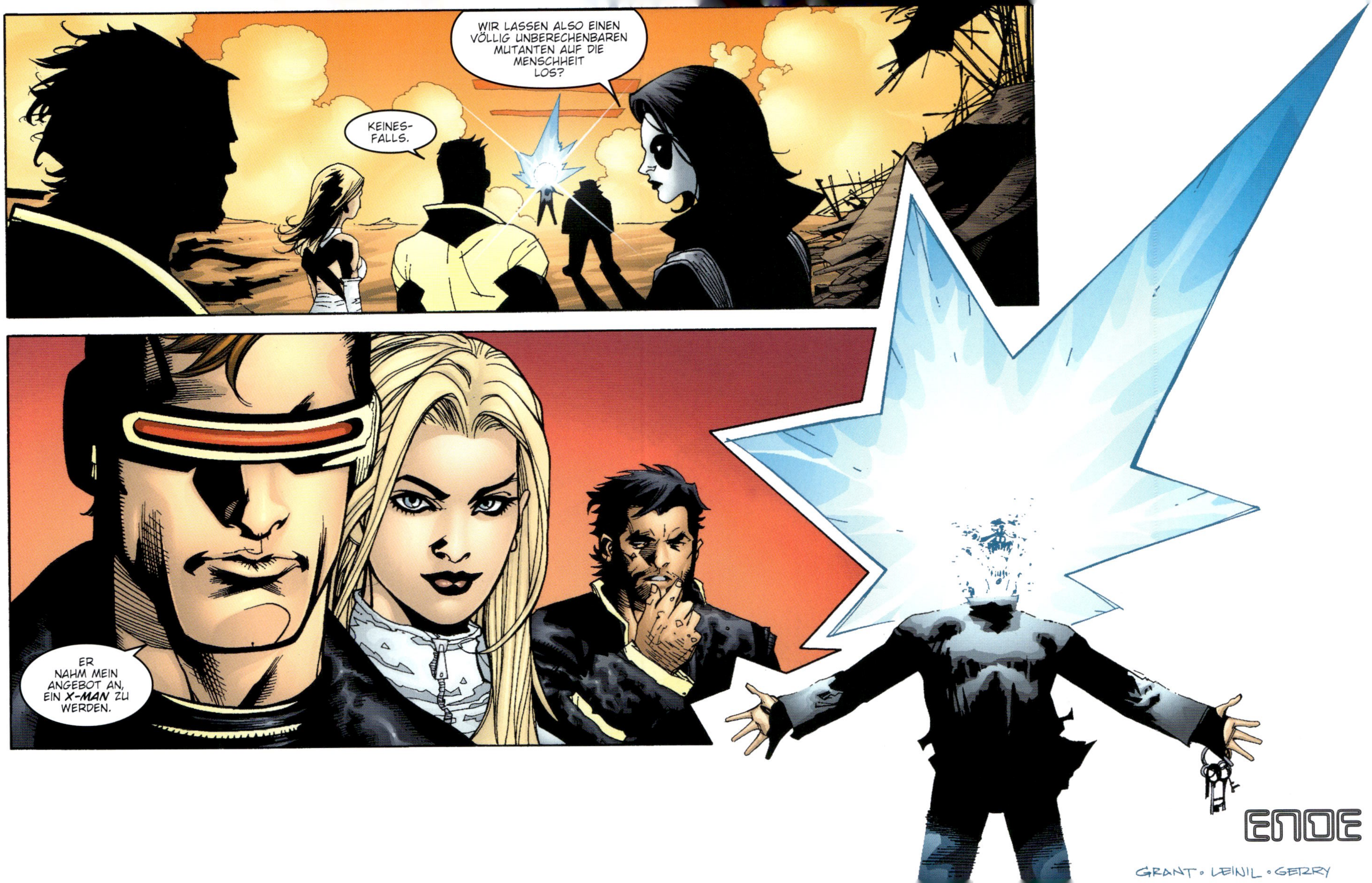
WIR LASSEN ALSO EINEN VÖLLIG UNBERECHENBAREN MUTANTEN AUF DIE MENSCHHEIT LOS?
KEINES-FALLS.
ER NAHM MEIN ANGEBOT AN, EIN ***X-MAN*** ZU WERDEN.
ENDE
GRANT • LEINIL • GERRY

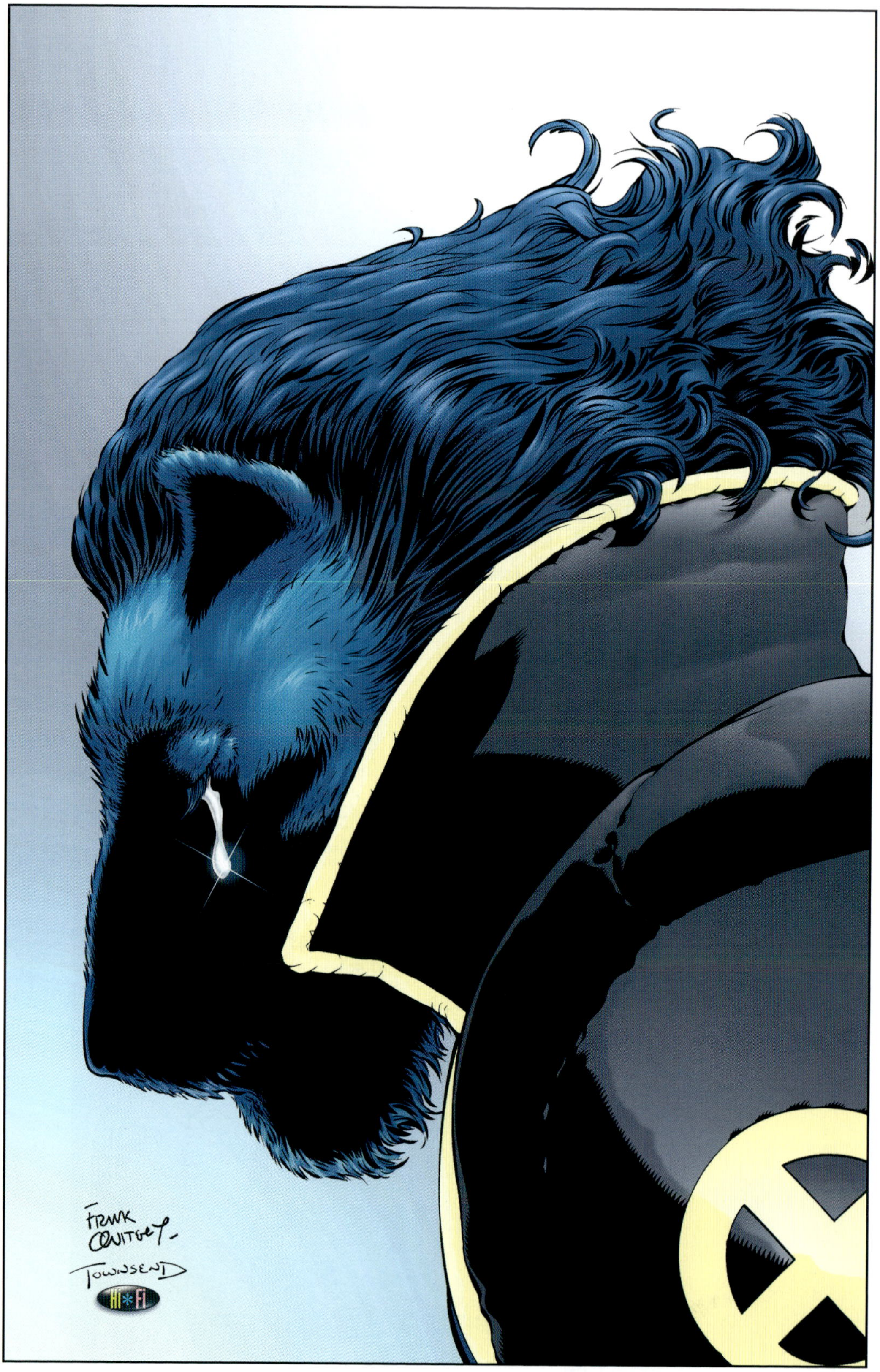

New X-Men (2001) 117
Cover von **FRANK QUITELY**

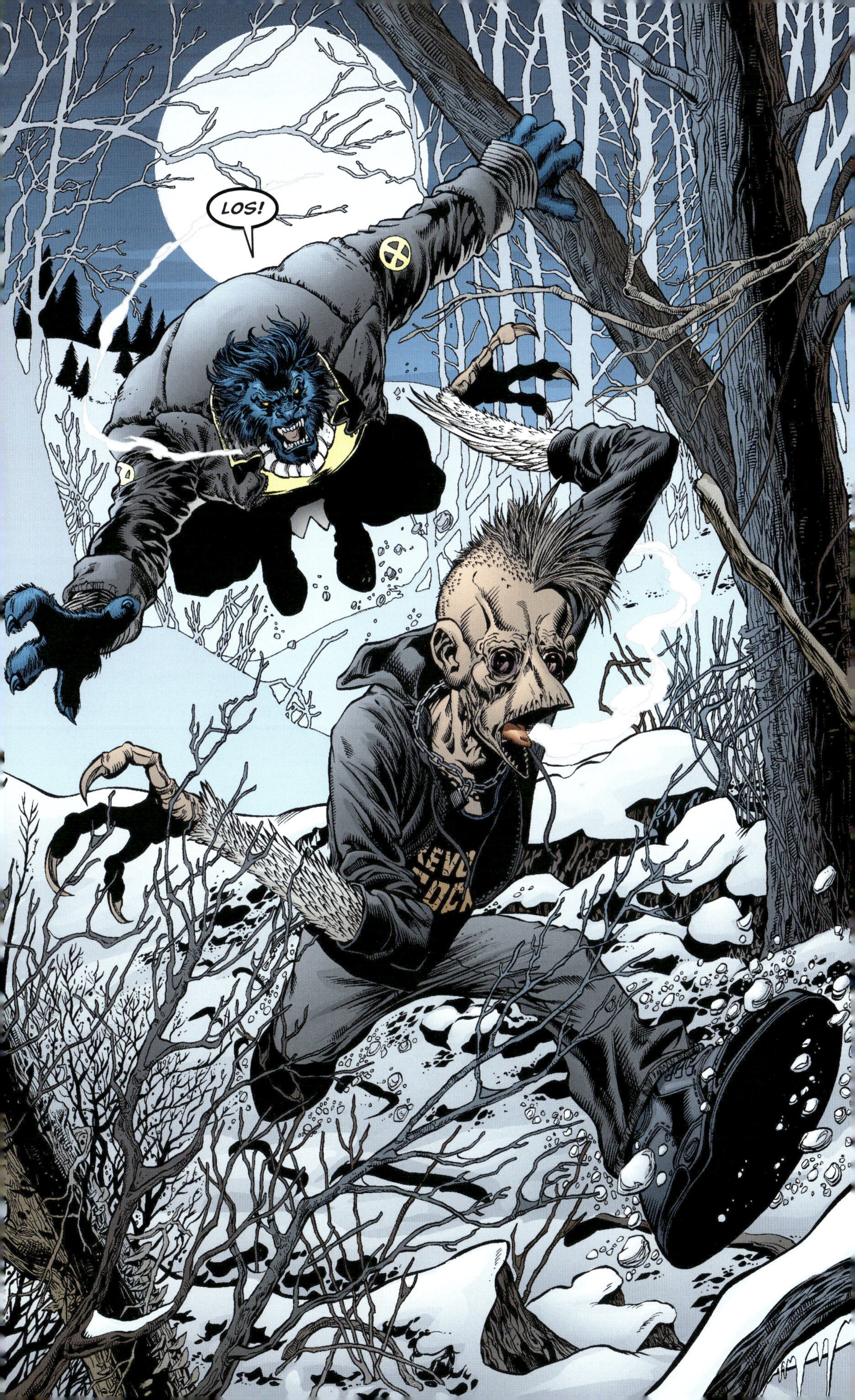
LOS!

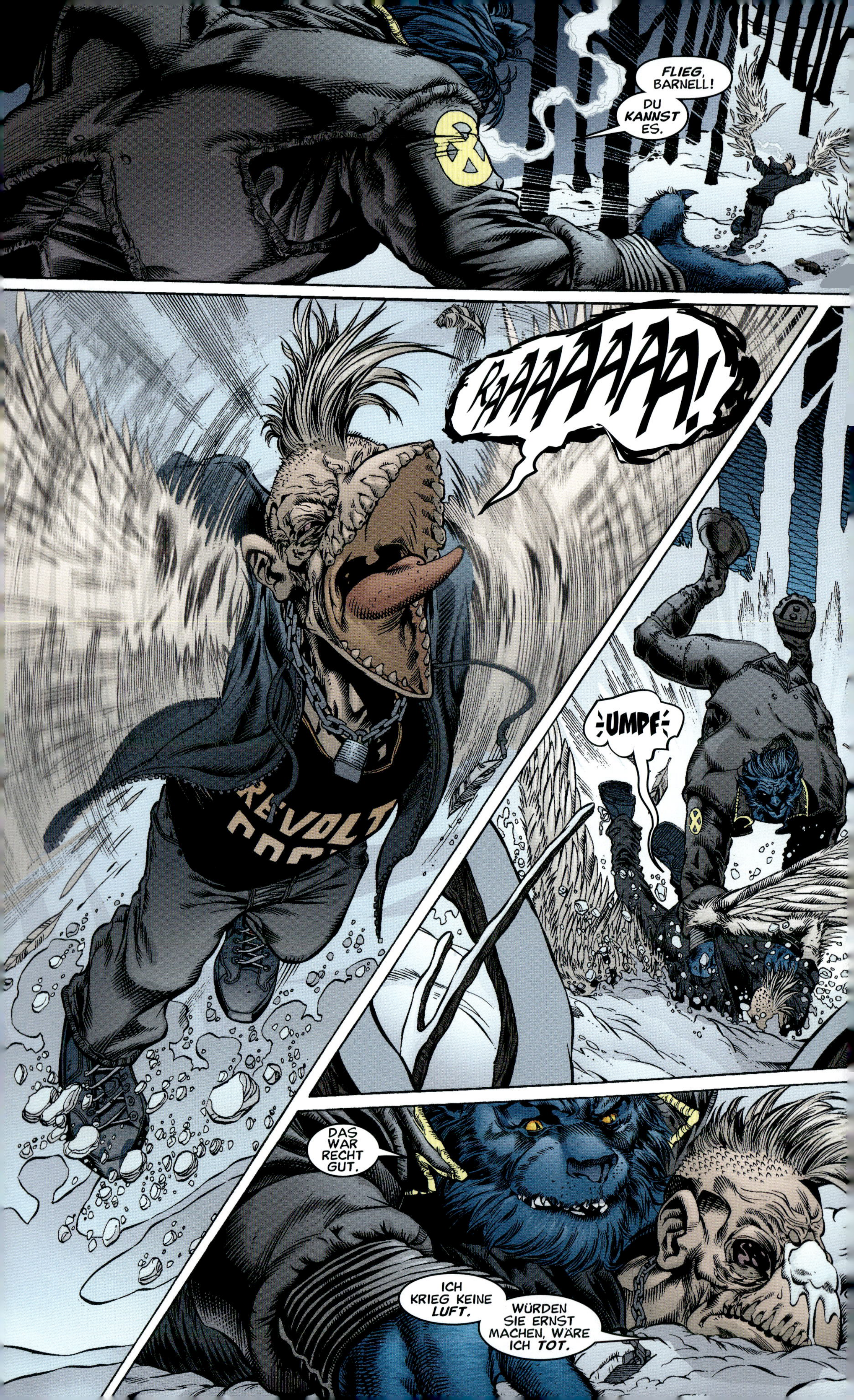
FLIEG, BARNELL!
DU KANNST ES.
RAAAAAAAA!
UMPF
DAS WAR RECHT GUT.
ICH KRIEG KEINE LUFT.
WÜRDEN SIE ERNST MACHEN, WÄRE ICH TOT.

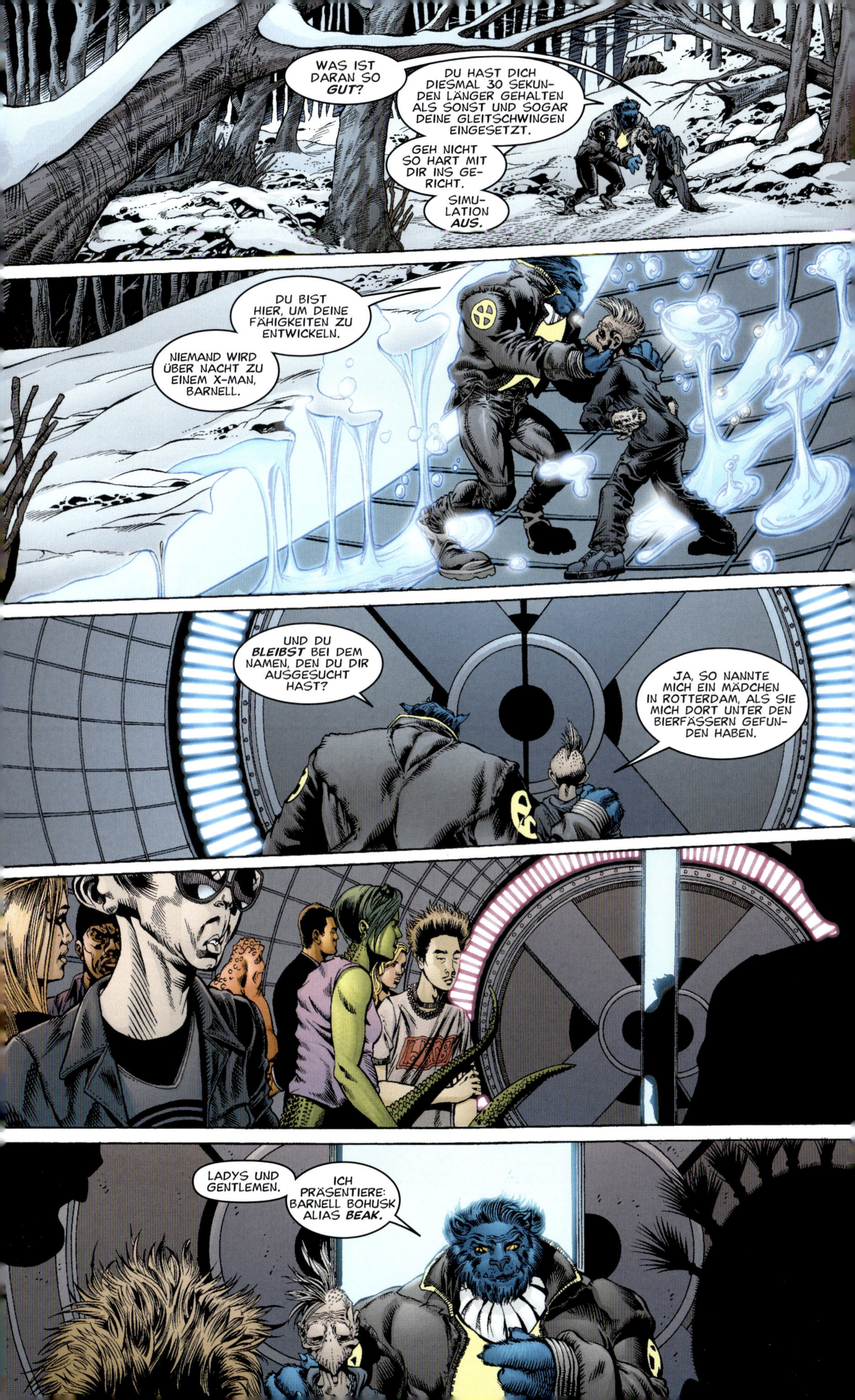
WAS IST DARAN SO GUT?
DU HAST DICH DIESMAL 30 SEKUNDEN LÄNGER GEHALTEN ALS SONST UND SOGAR DEINE GLEITSCHWINGEN EINGESETZT.
GEH NICHT SO HART MIT DIR INS GERICHT.
SIMULATION AUS.
DU BIST HIER, UM DEINE FÄHIGKEITEN ZU ENTWICKELN.
NIEMAND WIRD ÜBER NACHT ZU EINEM X-MAN, BARNELL.
UND DU BLEIBST BEI DEM NAMEN, DEN DU DIR AUSGESUCHT HAST?
JA, SO NANNTE MICH EIN MÄDCHEN IN ROTTERDAM, ALS SIE MICH DORT UNTER DEN BIERFÄSSERN GEFUNDEN HABEN.
LADYS UND GENTLEMEN.
ICH PRÄSENTIERE: BARNELL BOHUSK ALIAS BEAK.

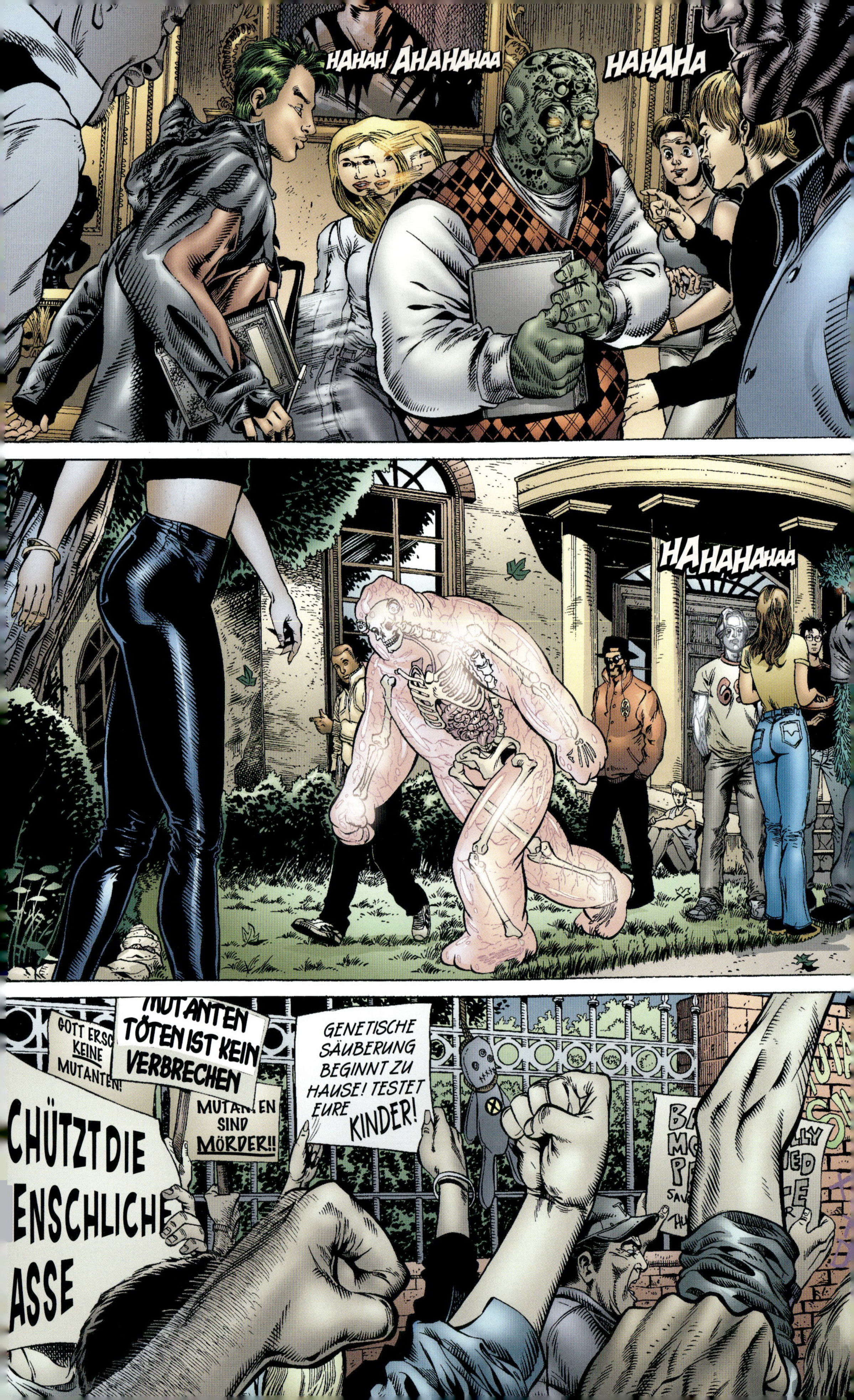
HAHAH AHAHAHAA
HAHAHA
HAHAHAHAA
GOTT ERSC
KEINE
MUTANTEN!
MUTANTEN TÖTEN IST KEIN VERBRECHEN
GENETISCHE SÄUBERUNG BEGINNT ZU HAUSE! TESTET EURE KINDER!
MUTAN EN SIND MÖRDER!!
CHÜTZT DIE
ENSCHLICHE
ASSE

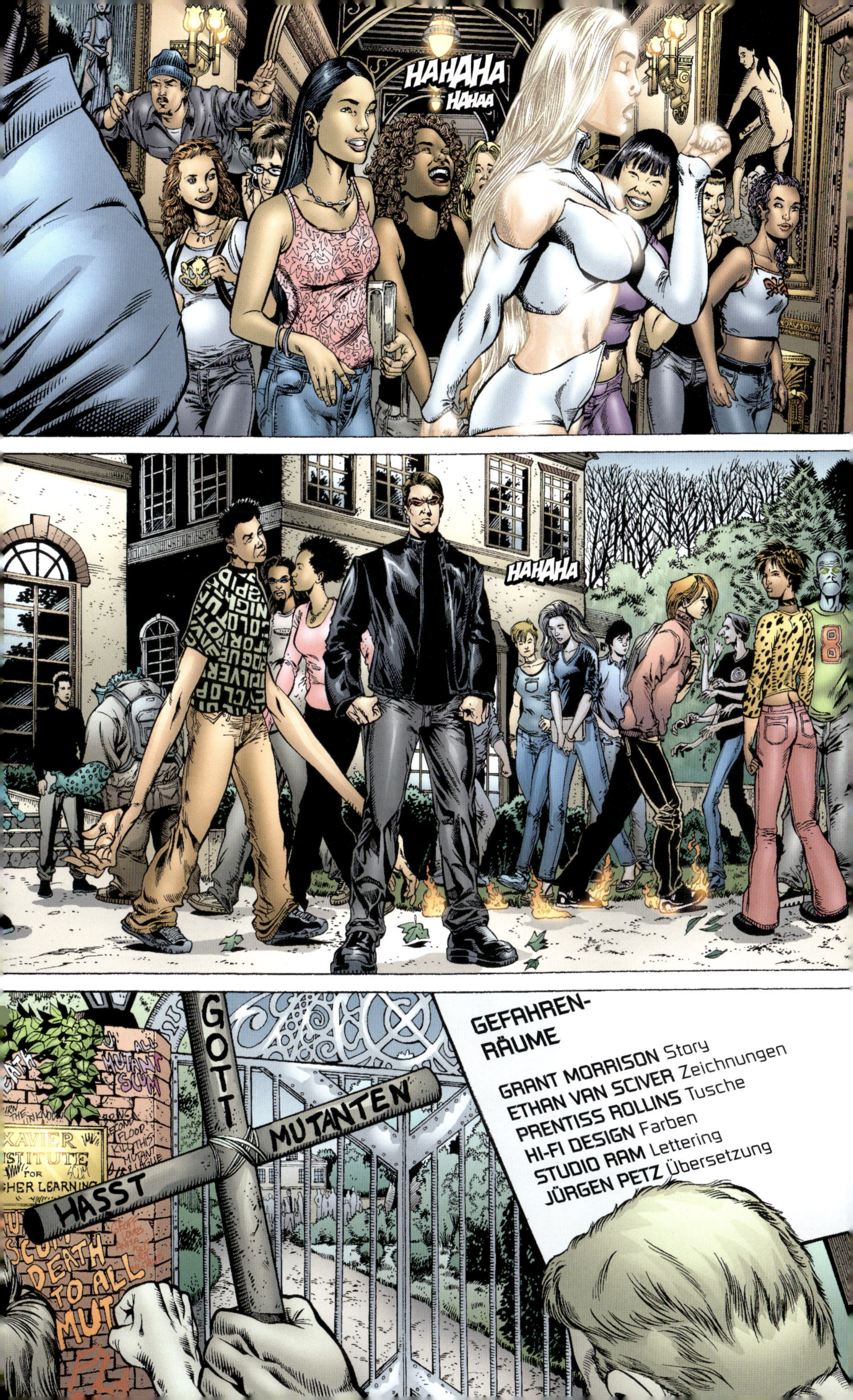
HAHAHA
HAHAA
HAHAHA
GOTT
HASST
MUTANTEN
ALL MUTANT SCUM
XAVIER
ISTITUTE
FOR
GHER LEARNING
SCUM
DEATH TO ALL
MUT
GEFAHREN-
RÄUME
GRANT MORRISON Story
ETHAN VAN SCIVER Zeichnungen
PRENTISS ROLLINS Tusche
HI-FI DESIGN Farben
STUDIO RAM Lettering
JÜRGEN PETZ Übersetzung

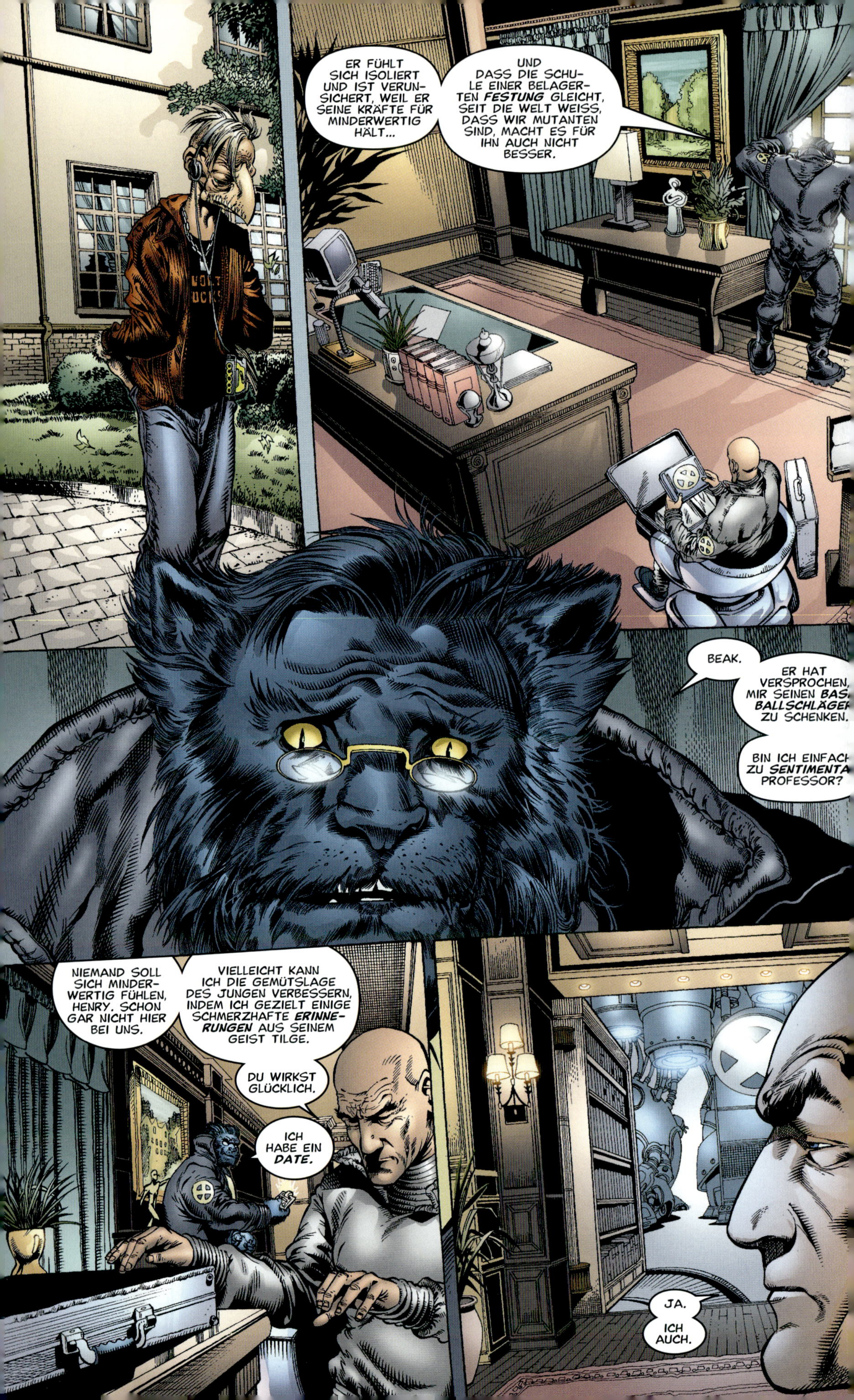

ER FÜHLT SICH ISOLIERT UND IST VERUNSICHERT, WEIL ER SEINE KRÄFTE FÜR MINDERWERTIG HÄLT...
UND DASS DIE SCHULE EINER BELAGERTEN FESTUNG GLEICHT, SEIT DIE WELT WEISS, DASS WIR MUTANTEN SIND, MACHT ES FÜR IHN AUCH NICHT BESSER.
BEAK.
ER HAT VERSPROCHEN, MIR SEINEN BAS BALLSCHLÄGER ZU SCHENKEN.
BIN ICH EINFACH ZU SENTIMENTA PROFESSOR?
NIEMAND SOLL SICH MINDERWERTIG FÜHLEN, HENRY. SCHON GAR NICHT HIER BEI UNS.
VIELLEICHT KANN ICH DIE GEMÜTSLAGE DES JUNGEN VERBESSERN, INDEM ICH GEZIELT EINIGE SCHMERZHAFTE ERINNERUNGEN AUS SEINEM GEIST TILGE.
DU WIRKST GLÜCKLICH.
ICH HABE EIN DATE.
JA.
ICH AUCH.

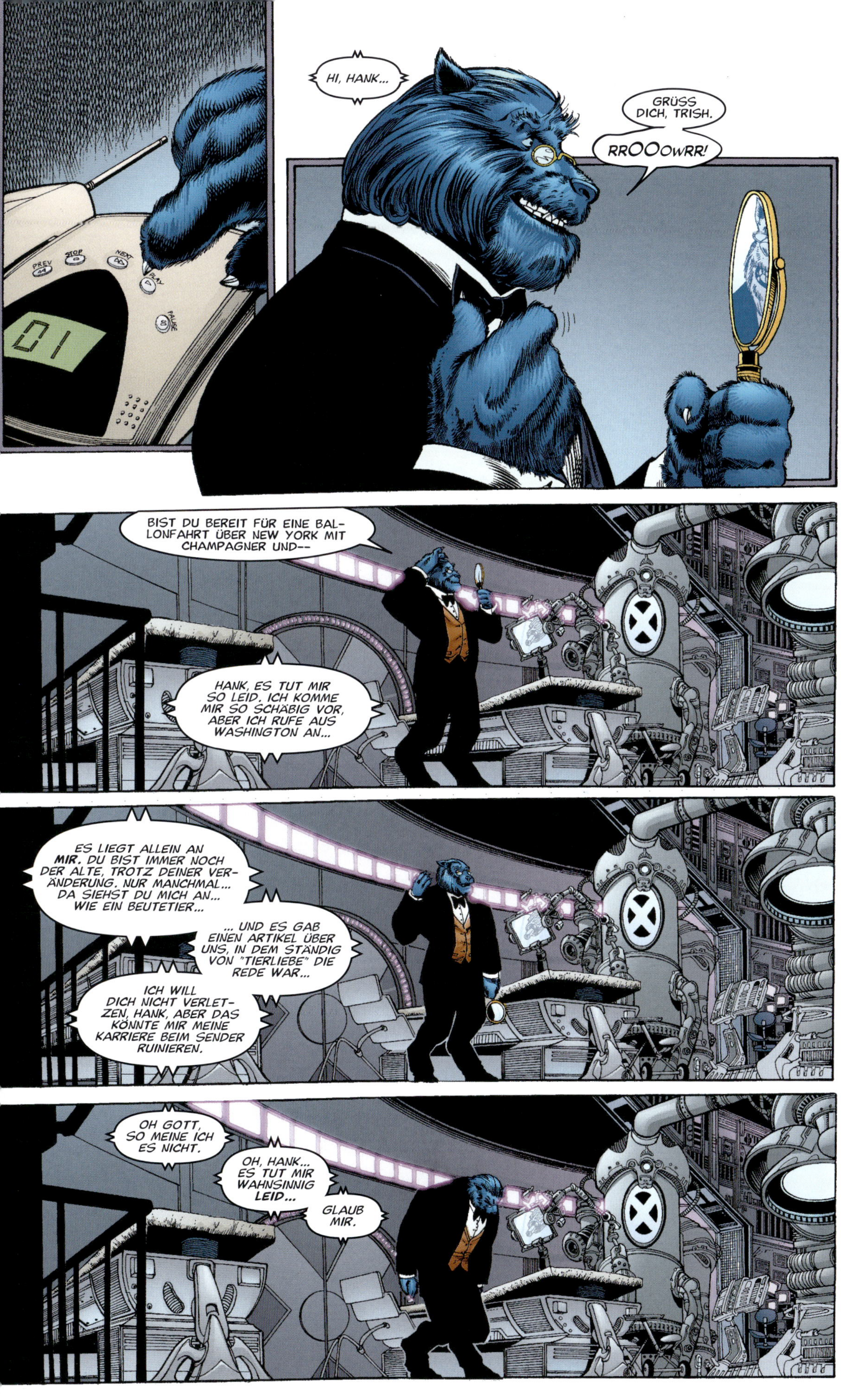
HI, HANK...
GRÜSS DICH, TRISH.
RROOOWRR!
BIST DU BEREIT FÜR EINE BALLONFAHRT ÜBER NEW YORK MIT CHAMPAGNER UND--
HANK, ES TUT MIR SO LEID. ICH KOMME MIR SO SCHÄBIG VOR, ABER ICH RUFE AUS WASHINGTON AN...
ES LIEGT ALLEIN AN **MIR.** DU BIST IMMER NOCH DER ALTE, TROTZ DEINER VERÄNDERUNG. NUR MANCHMAL... DA SIEHST DU MICH AN... WIE EIN BEUTETIER...
... UND ES GAB EINEN ARTIKEL ÜBER UNS, IN DEM STÄNDIG VON "TIERLIEBE" DIE REDE WAR...
ICH WILL DICH NICHT VERLETZEN, HANK, ABER DAS KÖNNTE MIR MEINE KARRIERE BEIM SENDER RUINIEREN.
OH GOTT, SO MEINE ICH ES NICHT.
OH, HANK... ES TUT MIR WAHNSINNIG **LEID...**
GLAUB MIR.

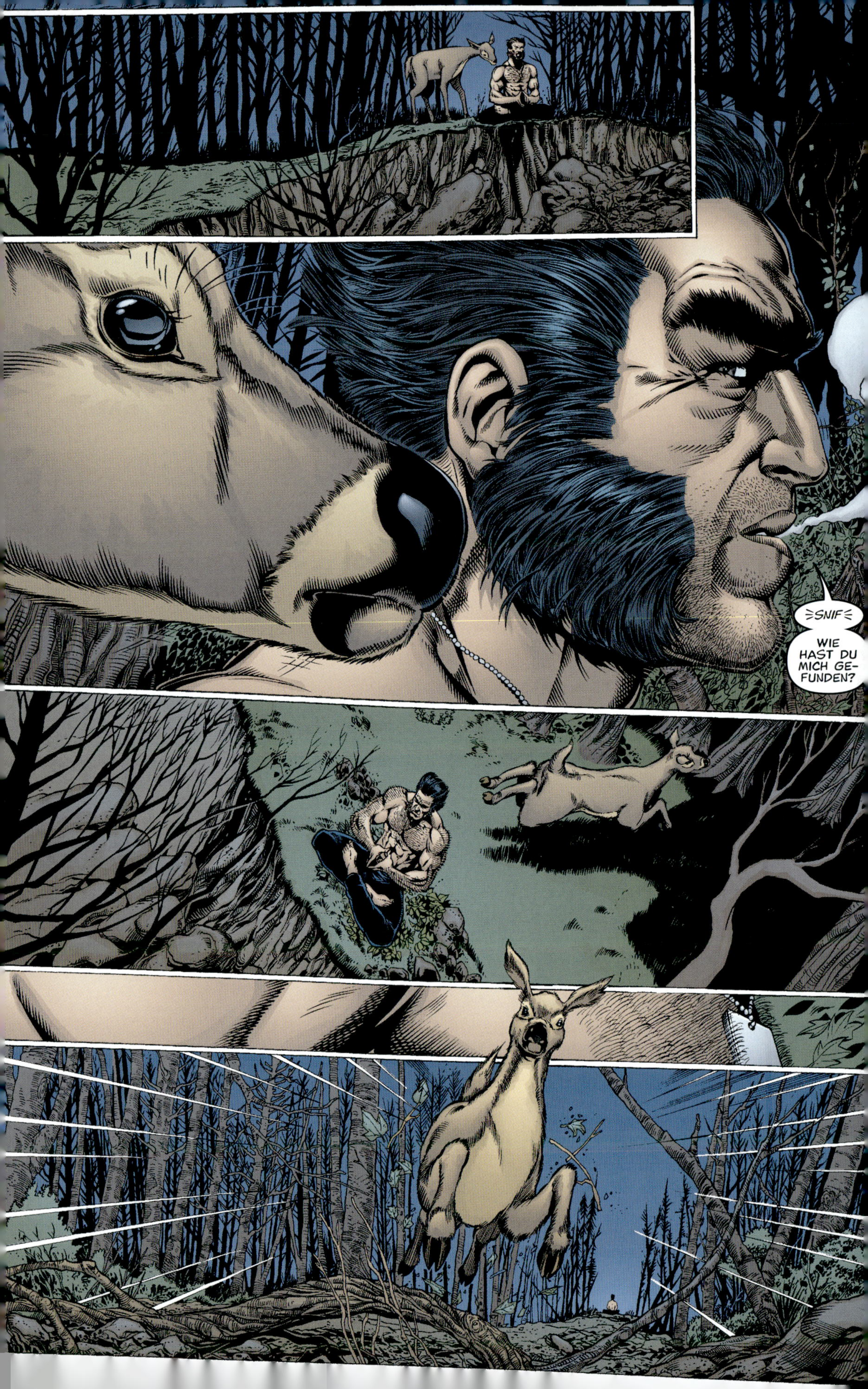

SNIF
WIE HAST DU MICH GE-FUNDEN?

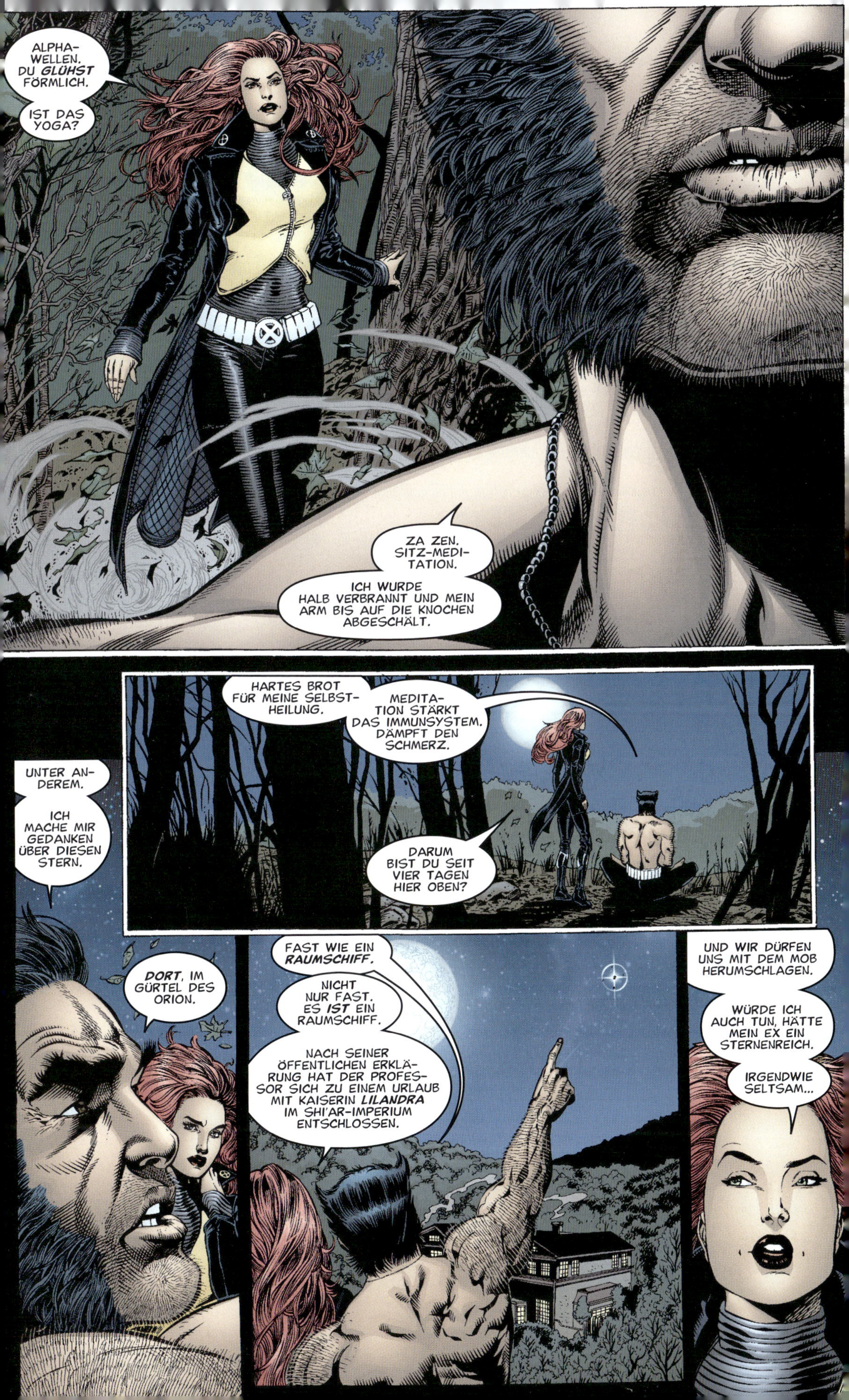

ALPHA-WELLEN. DU GLÜHST FÖRMLICH.
IST DAS YOGA?
ZA ZEN. SITZ-MEDITATION.
ICH WURDE HALB VERBRANNT UND MEIN ARM BIS AUF DIE KNOCHEN ABGESCHÄLT.
HARTES BROT FÜR MEINE SELBSTHEILUNG.
MEDITATION STÄRKT DAS IMMUNSYSTEM. DÄMPFT DEN SCHMERZ.
BIST DU SEIT VIER TAGEN HIER OBEN?
UNTER ANDEREM.
ICH MACHE MIR GEDANKEN ÜBER DIESEN STERN.
DORT, IM GÜRTEL DES ORION.
FAST WIE EIN RAUMSCHIFF.
NICHT NUR FAST. ES IST EIN RAUMSCHIFF.
NACH SEINER ÖFFENTLICHEN ERKLÄRUNG HAT DER PROFESSOR SICH ZU EINEM URLAUB MIT KAISERIN LILANDRA IM SHI'AR-IMPERIUM ENTSCHLOSSEN.
UND WIR DÜRFEN UNS MIT DEM MOB HERUMSCHLAGEN.
WÜRDE ICH AUCH TUN, HÄTTE MEIN EX EIN STERNENREICH.
IRGENDWIE SELTSAM...

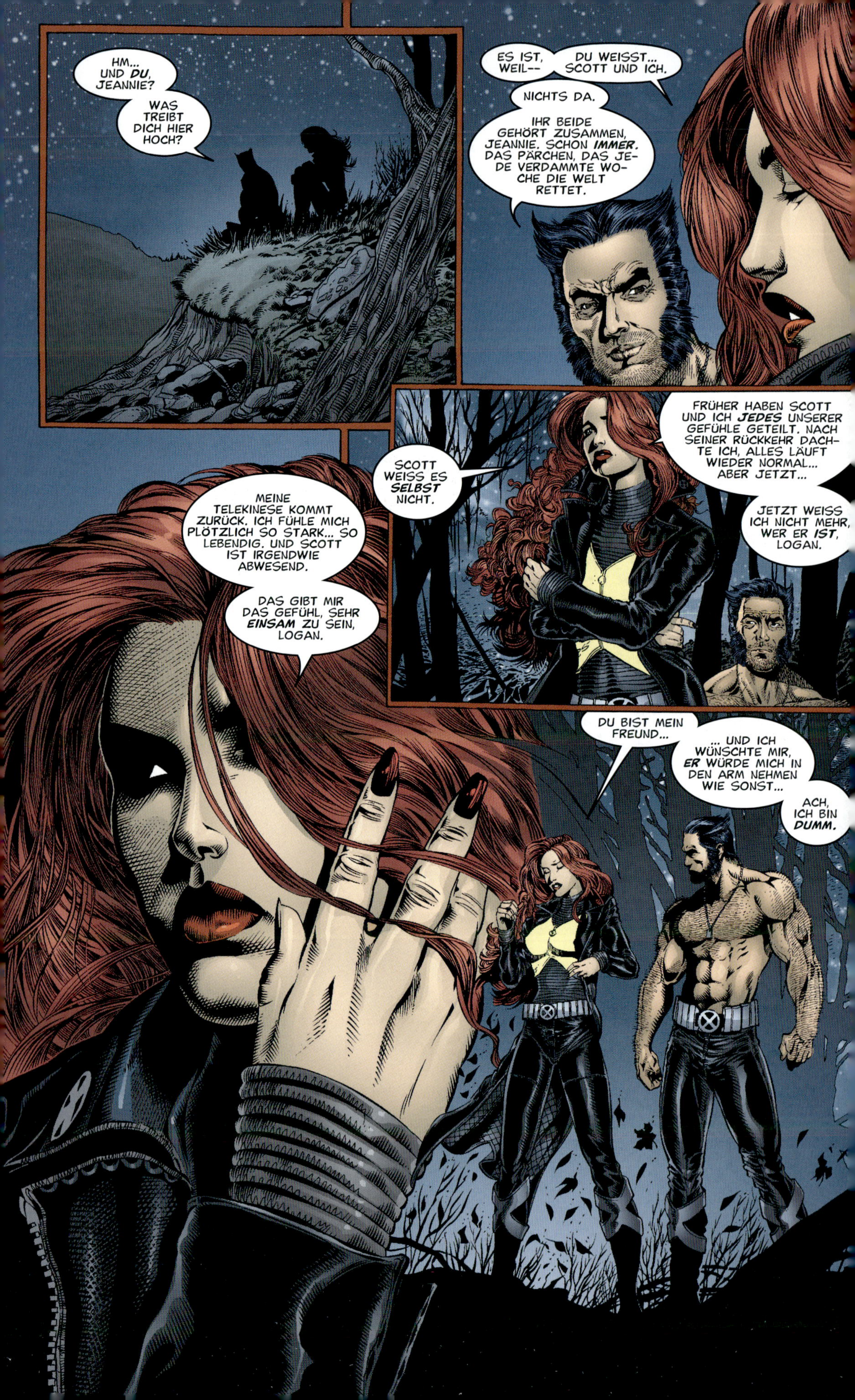
HM... UND DU, JEANNIE?
WAS TREIBT DICH HIER HOCH?
ES IST, WEIL--
DU WEISST... SCOTT UND ICH.
NICHTS DA.
IHR BEIDE GEHÖRT ZUSAMMEN, JEANNIE. SCHON IMMER. DAS PÄRCHEN, DAS JEDE VERDAMMTE WOCHE DIE WELT RETTET.
SCOTT WEISS ES SELBST NICHT.
FRÜHER HABEN SCOTT UND ICH JEDES UNSERER GEFÜHLE GETEILT. NACH SEINER RÜCKKEHR DACHTE ICH, ALLES LÄUFT WIEDER NORMAL... ABER JETZT...
JETZT WEISS ICH NICHT MEHR, WER ER IST, LOGAN.
MEINE TELEKINESE KOMMT ZURÜCK. ICH FÜHLE MICH PLÖTZLICH SO STARK... SO LEBENDIG. UND SCOTT IST IRGENDWIE ABWESEND.
DAS GIBT MIR DAS GEFÜHL, SEHR EINSAM ZU SEIN, LOGAN.
DU BIST MEIN FREUND...
... UND ICH WÜNSCHTE MIR, ER WÜRDE MICH IN DEN ARM NEHMEN WIE SONST...
ACH, ICH BIN DUMM.

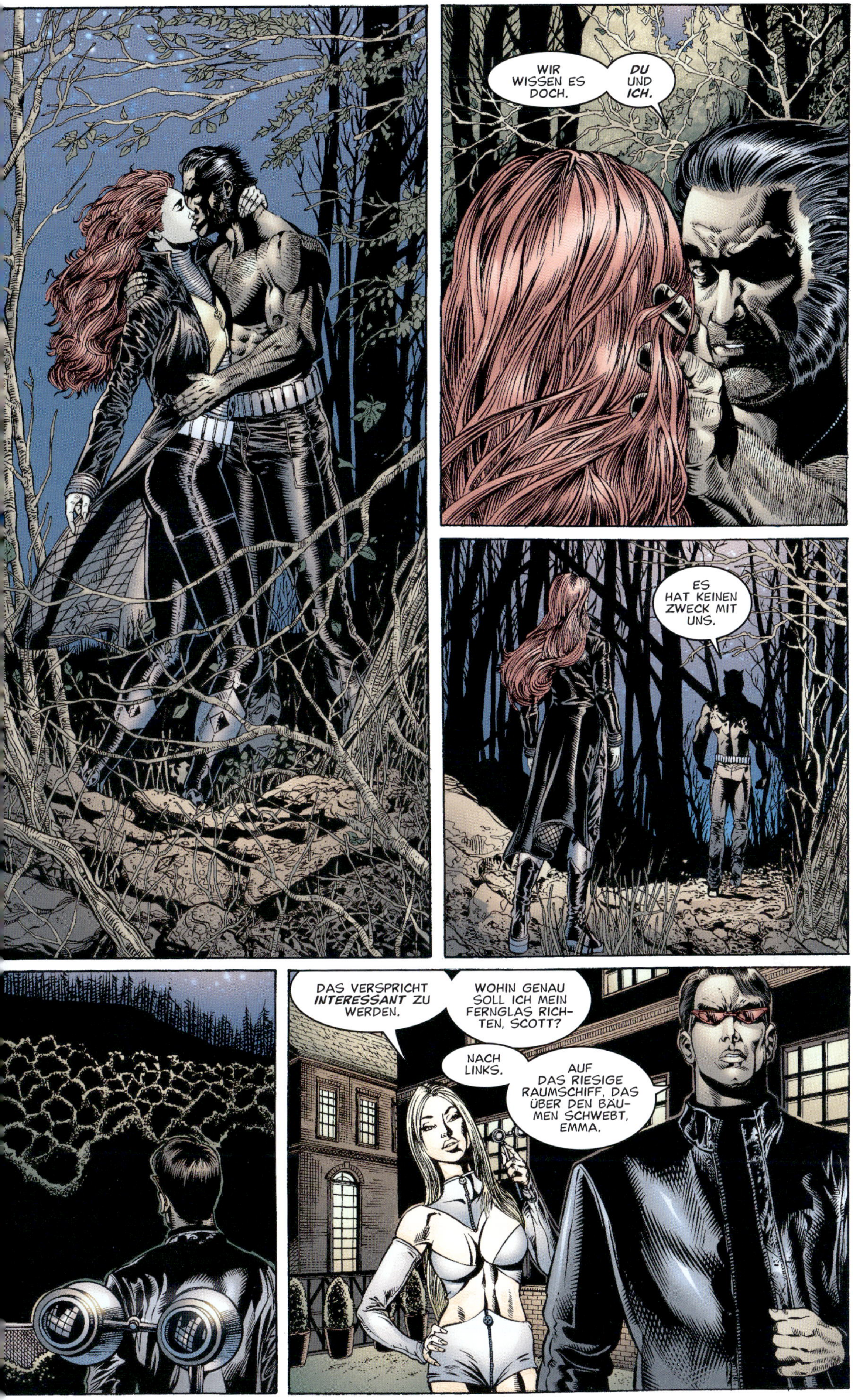
WIR WISSEN ES DOCH.
DU UND ICH.
ES HAT KEINEN ZWECK MIT UNS.
DAS VERSPRICHT INTERESSANT ZU WERDEN.
WOHIN GENAU SOLL ICH MEIN FERNGLAS RICHTEN, SCOTT?
NACH LINKS.
AUF DAS RIESIGE RAUMSCHIFF, DAS ÜBER DEN BÄUMEN SCHWEBT, EMMA.

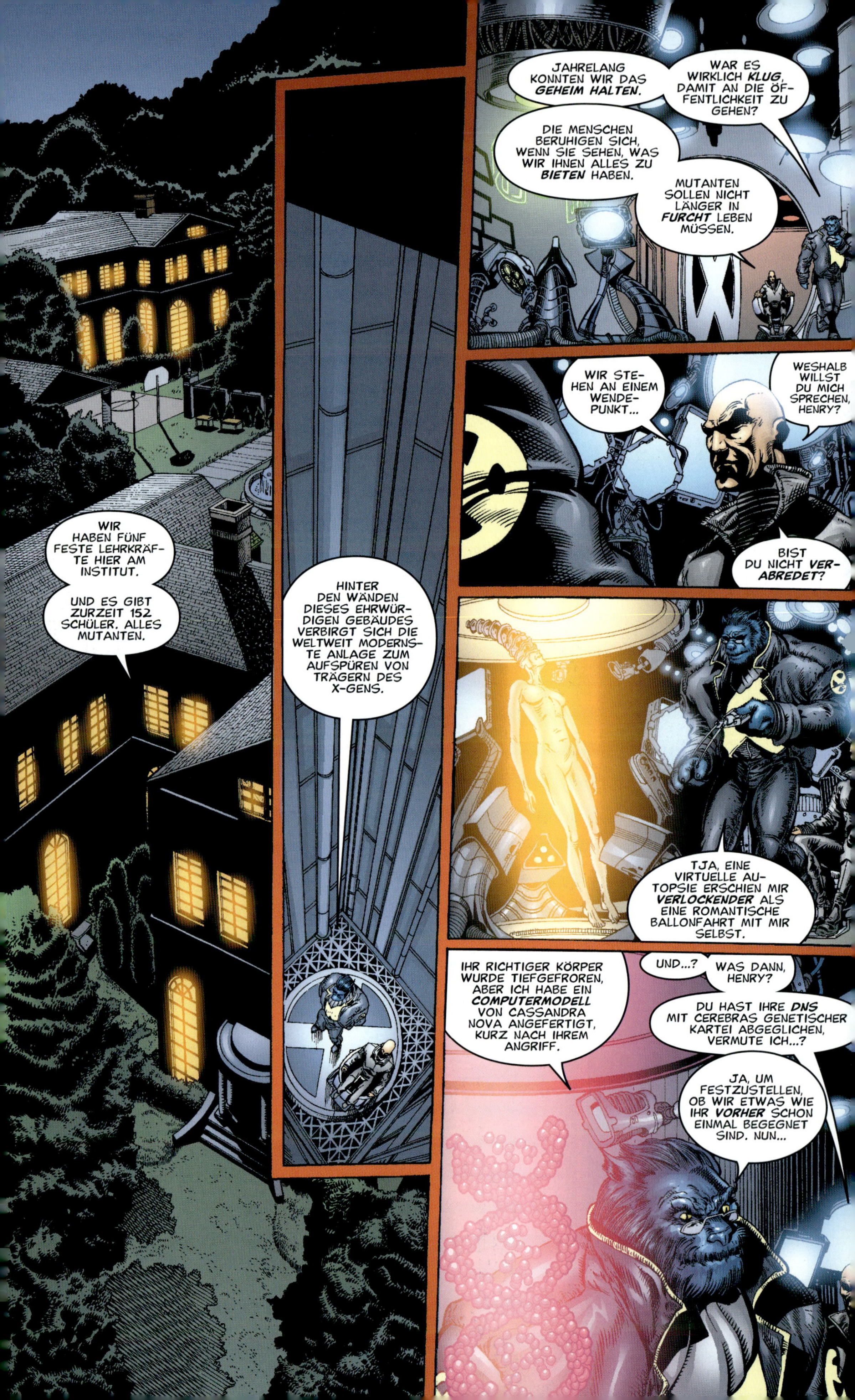
WIR HABEN FÜNF FESTE LEHRKRÄF-TE HIER AM INSTITUT.
UND ES GIBT ZURZEIT 152 SCHÜLER. ALLES MUTANTEN.
HINTER DEN WÄNDEN DIESES EHRWÜR-DIGEN GEBÄUDES VERBIRGT SICH DIE WELTWEIT MODERNS-TE ANLAGE ZUM AUFSPÜREN VON TRÄGERN DES X-GENS.
JAHRELANG KONNTEN WIR DAS GEHEIM HALTEN.
WAR ES WIRKLICH KLUG, DAMIT AN DIE ÖF-FENTLICHKEIT ZU GEHEN?
DIE MENSCHEN BERUHIGEN SICH, WENN SIE SEHEN, WAS WIR IHNEN ALLES ZU BIETEN HABEN.
MUTANTEN SOLLEN NICHT LÄNGER IN FURCHT LEBEN MÜSSEN.
WIR STE-HEN AN EINEM WENDE-PUNKT...
WESHALB WILLST DU MICH SPRECHEN, HENRY?
BIST DU NICHT VER-ABREDET?
TJA, EINE VIRTUELLE AU-TOPSIE ERSCHIEN MIR VERLOCKENDER ALS EINE ROMANTISCHE BALLONFAHRT MIT MIR SELBST.
IHR RICHTIGER KÖRPER WURDE TIEFGEFROREN, ABER ICH HABE EIN COMPUTERMODELL VON CASSANDRA NOVA ANGEFERTIGT, KURZ NACH IHREM ANGRIFF.
UND...?
WAS DANN, HENRY?
DU HAST IHRE DNS MIT CEREBRAS GENETISCHER KARTEI ABGEGLICHEN, VERMUTE ICH...?
JA, UM FESTZUSTELLEN, OB WIR ETWAS WIE IHR VORHER SCHON EINMAL BEGEGNET SIND. NUN...

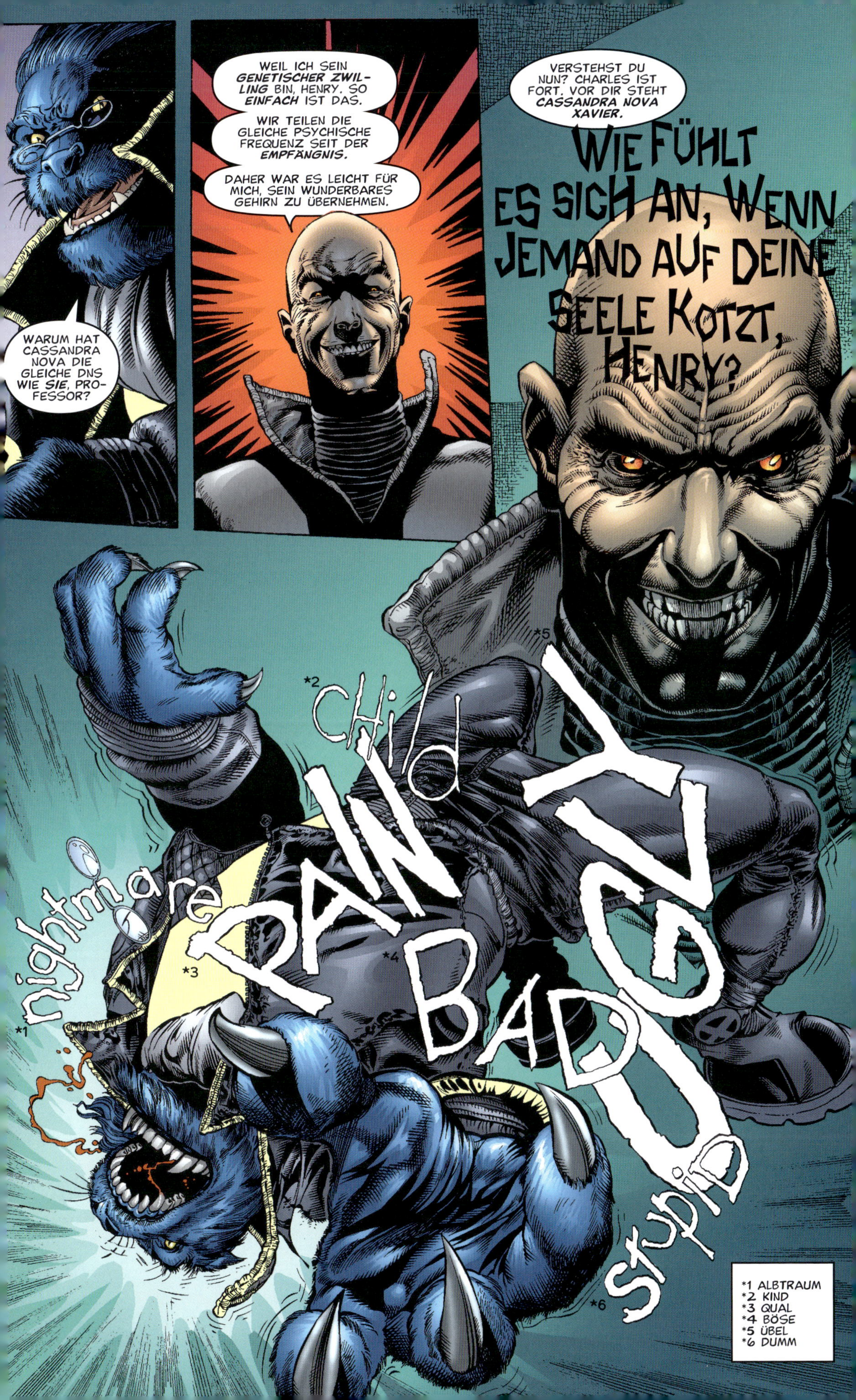

WARUM HAT CASSANDRA NOVA DIE GLEICHE DNS WIE *SIE*, PROFESSOR?
WEIL ICH SEIN *GENETISCHER ZWILLING* BIN, HENRY. SO *EINFACH* IST DAS.
WIR TEILEN DIE GLEICHE PSYCHISCHE FREQUENZ SEIT DER *EMPFÄNGNIS*.
DAHER WAR ES LEICHT FÜR MICH, SEIN WUNDERBARES GEHIRN ZU ÜBERNEHMEN.
VERSTEHST DU NUN? CHARLES IST FORT. VOR DIR STEHT *CASSANDRA NOVA XAVIER*.
WIE FÜHLT ES SICH AN, WENN JEMAND AUF DEINE SEELE KOTZT, HENRY?
*1 nightmare
*2 child
*3 PAIN
*4 BAD
*5 UGLY
*6 stupid
*1 ALBTRAUM
*2 KIND
*3 QUAL
*4 BÖSE
*5 ÜBEL
*6 DUMM

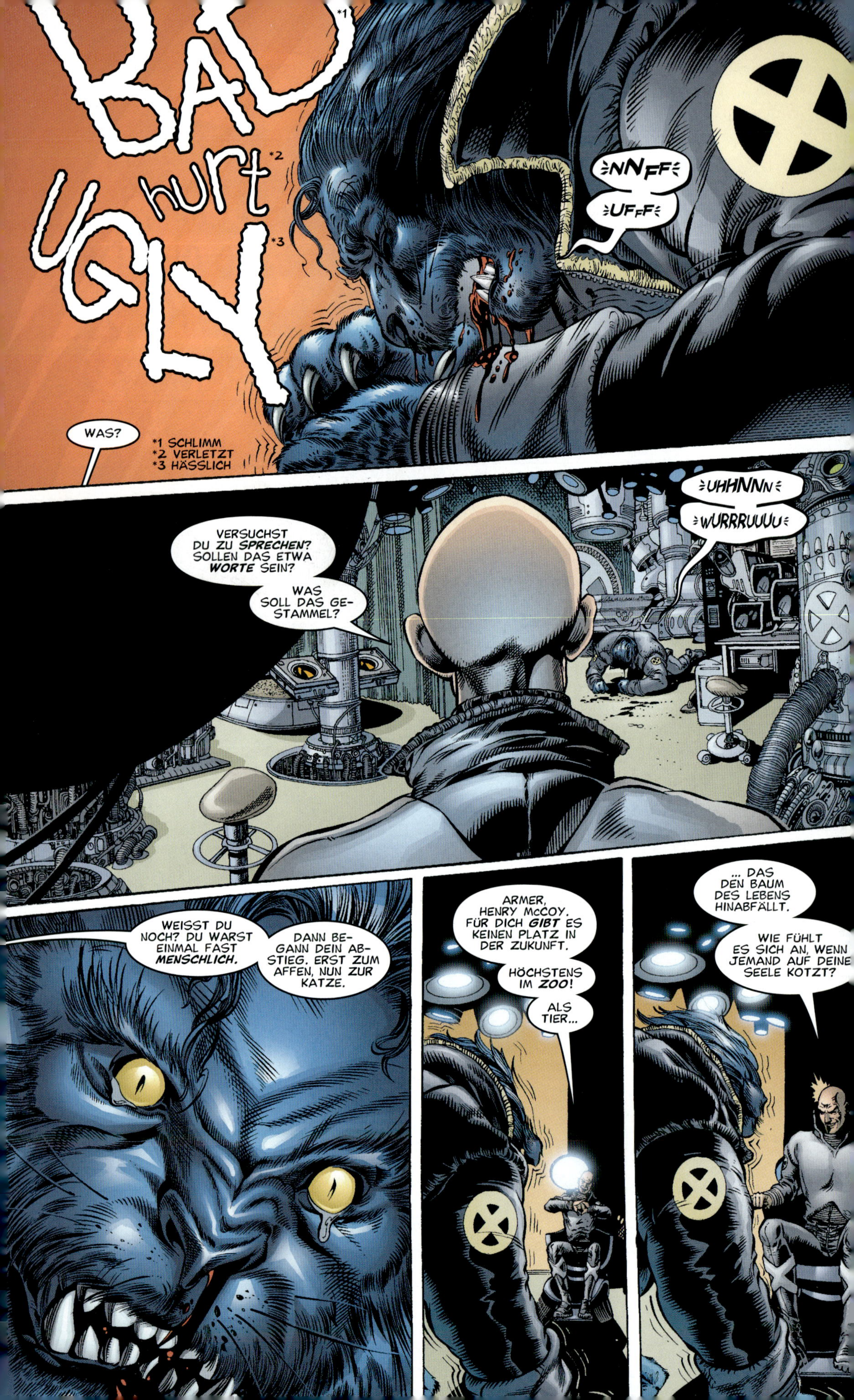

BAD*1
hurt*2
UGLY*3
NNFF
UFFF
WAS?
*1 SCHLIMM
*2 VERLETZT
*3 HÄSSLICH
VERSUCHST DU ZU SPRECHEN? SOLLEN DAS ETWA WORTE SEIN?
WAS SOLL DAS GESTAMMEL?
UHHNNN
WURRRUUUU
WEISST DU NOCH? DU WARST EINMAL FAST MENSCHLICH.
DANN BEGANN DEIN ABSTIEG. ERST ZUM AFFEN, NUN ZUR KATZE.
ARMER, HENRY McCOY. FÜR DICH GIBT ES KEINEN PLATZ IN DER ZUKUNFT.
HÖCHSTENS IM ZOO!
ALS TIER...
... DAS DEN BAUM DES LEBENS HINABFÄLLT.
WIE FÜHLT ES SICH AN, WENN JEMAND AUF DEINE SEELE KOTZT?

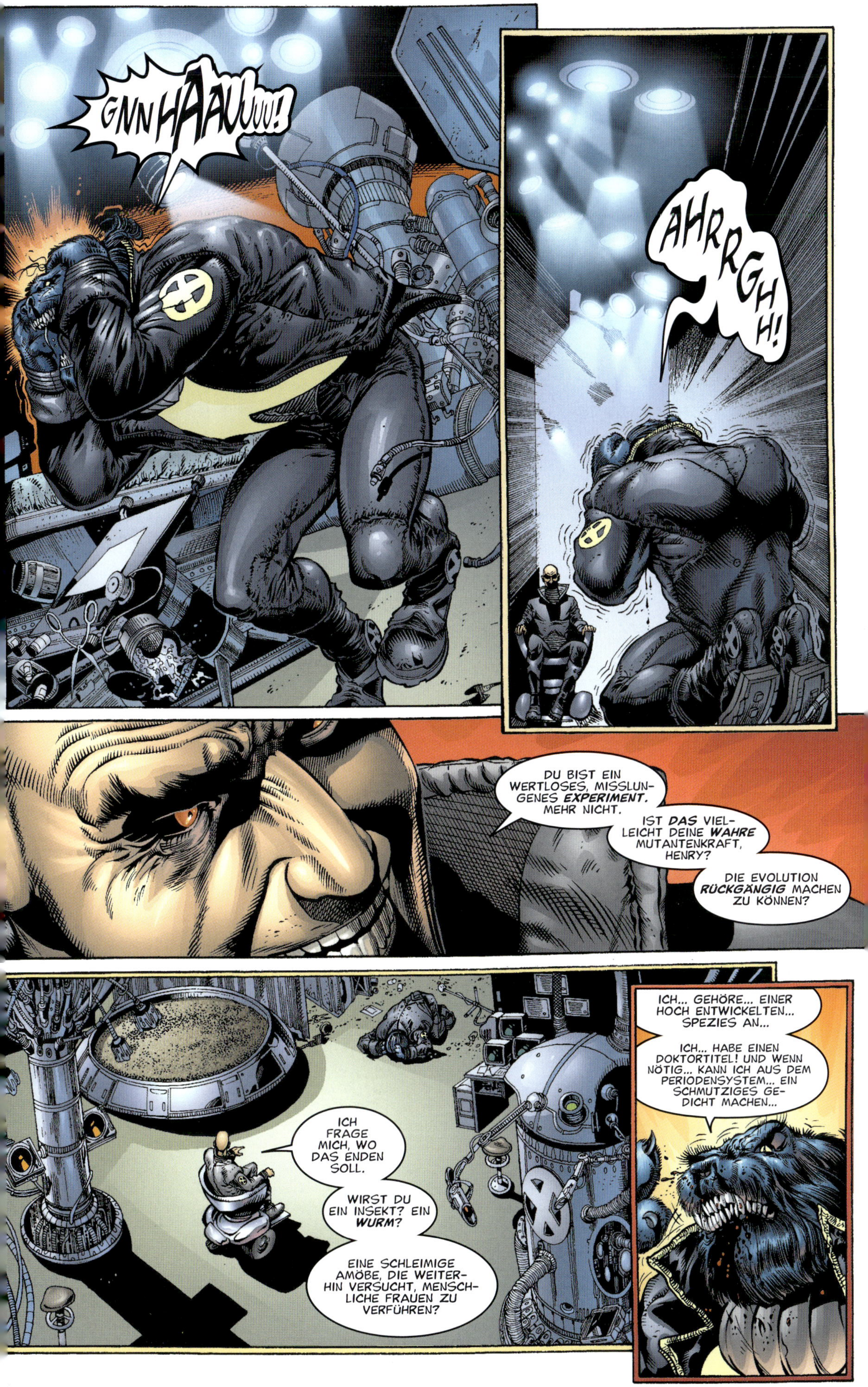
GNNHAAUUUU!
AHRRGHH!
DU BIST EIN WERTLOSES, MISSLUNGENES **EXPERIMENT.** MEHR NICHT.
IST **DAS** VIELLEICHT DEINE **WAHRE** MUTANTENKRAFT, HENRY?
DIE EVOLUTION **RÜCKGÄNGIG** MACHEN ZU KÖNNEN?
ICH FRAGE MICH, WO DAS ENDEN SOLL.
WIRST DU EIN INSEKT? EIN **WURM?**
EINE SCHLEIMIGE AMÖBE, DIE WEITERHIN VERSUCHT, MENSCHLICHE FRAUEN ZU VERFÜHREN?
ICH... GEHÖRE... EINER HOCH ENTWICKELTEN... SPEZIES AN...
ICH... HABE EINEN DOKTORTITEL! UND WENN NÖTIG... KANN ICH AUS DEM PERIODENSYSTEM... EIN SCHMUTZIGES GEDICHT MACHEN...

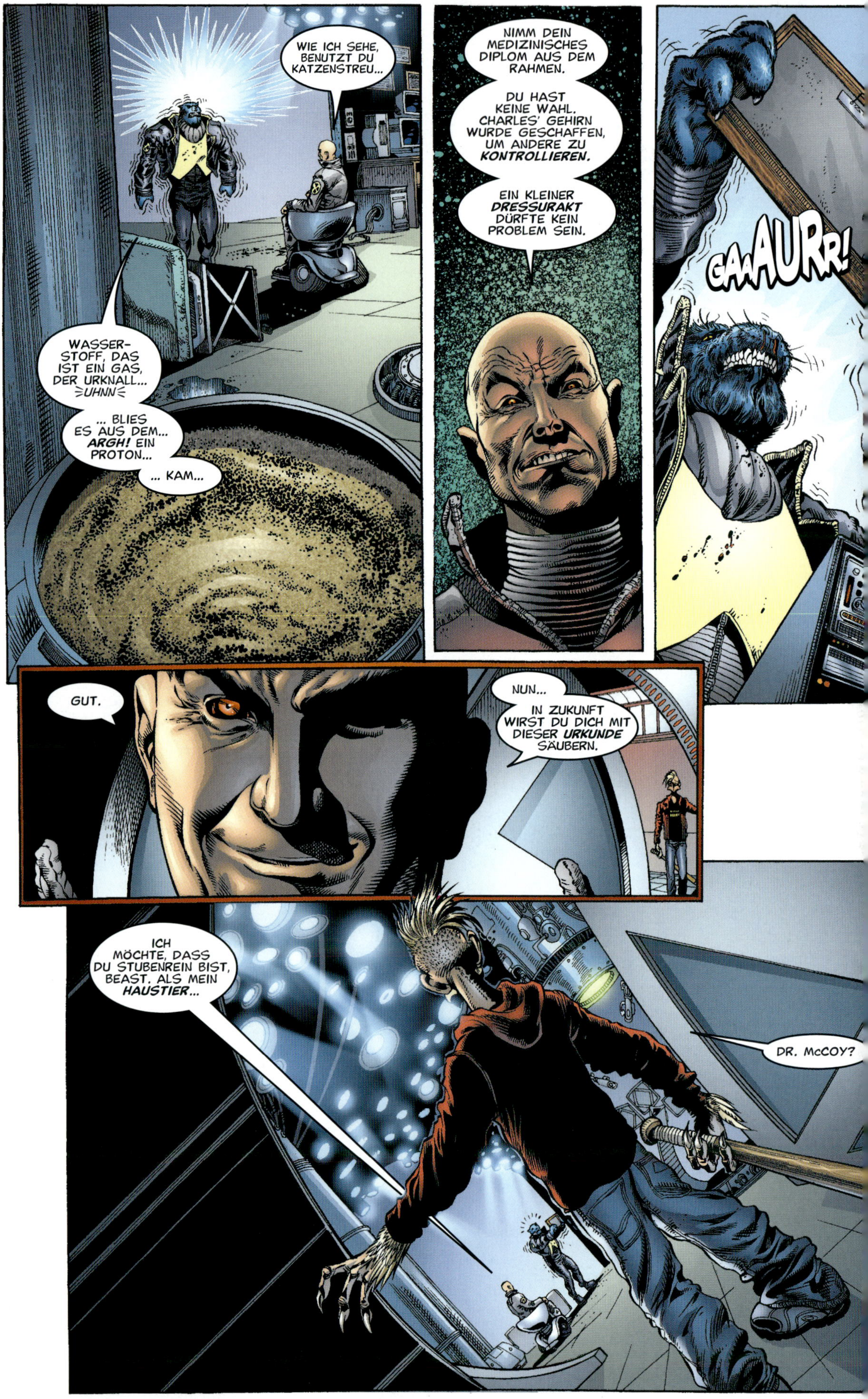
WIE ICH SEHE, BENUTZT DU KATZENSTREU...
WASSER-STOFF, DAS IST EIN GAS, DER URKNALL... UHNN
... BLIES ES AUS DEM... ARGH! EIN PROTON...
... KAM...
NIMM DEIN MEDIZINISCHES DIPLOM AUS DEM RAHMEN.
DU HAST KEINE WAHL. CHARLES' GEHIRN WURDE GESCHAFFEN, UM ANDERE ZU KONTROLLIEREN.
EIN KLEINER DRESSURAKT DÜRFTE KEIN PROBLEM SEIN.
GAAAURRR!
GUT.
NUN...
IN ZUKUNFT WIRST DU DICH MIT DIESER URKUNDE SÄUBERN.
ICH MÖCHTE, DASS DU STUBENREIN BIST, BEAST. ALS MEIN HAUSTIER...
DR. McCOY?

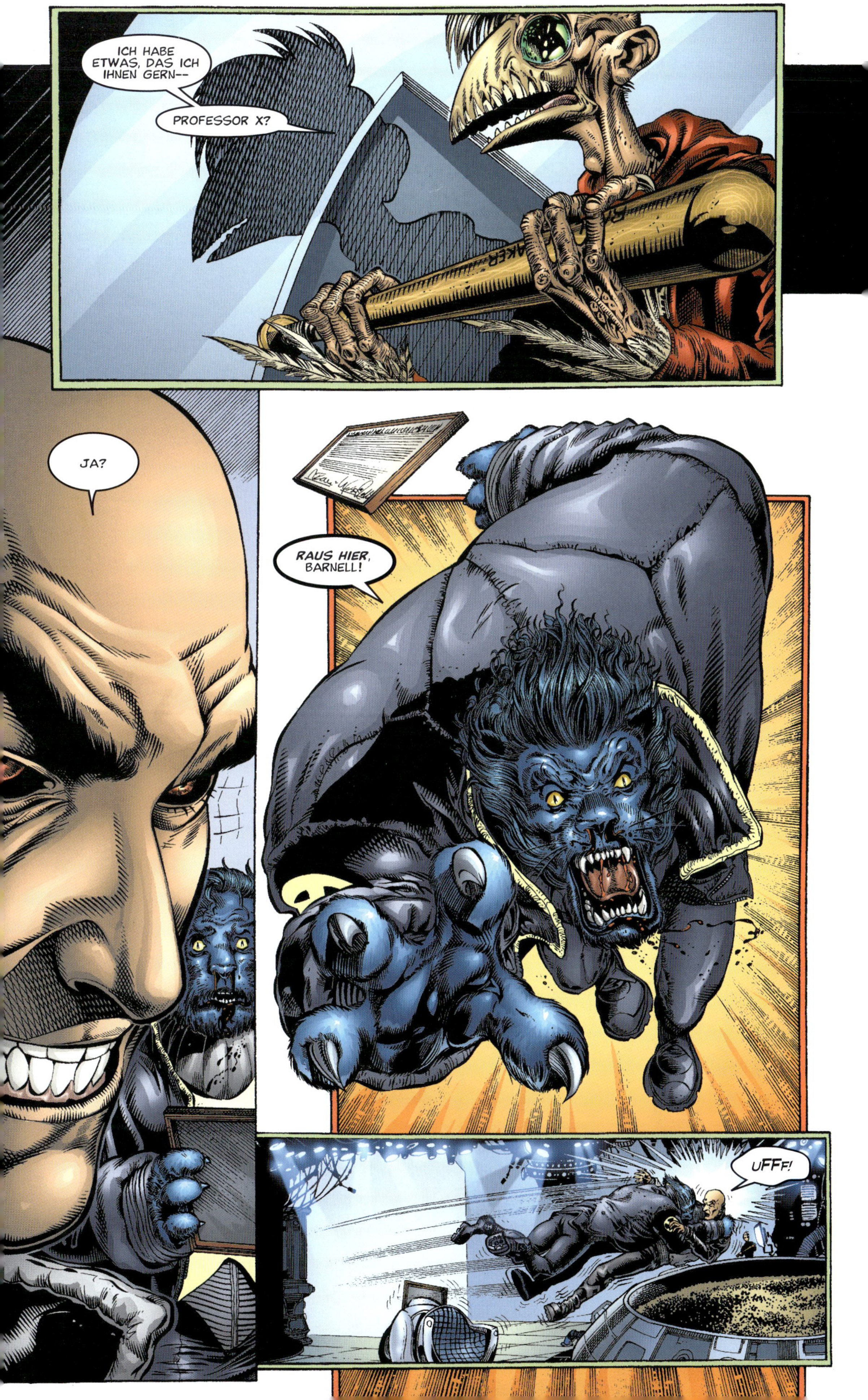
ICH HABE ETWAS, DAS ICH IHNEN GERN--
PROFESSOR X?
JA?
RAUS HIER, BARNELL!
UFFF!

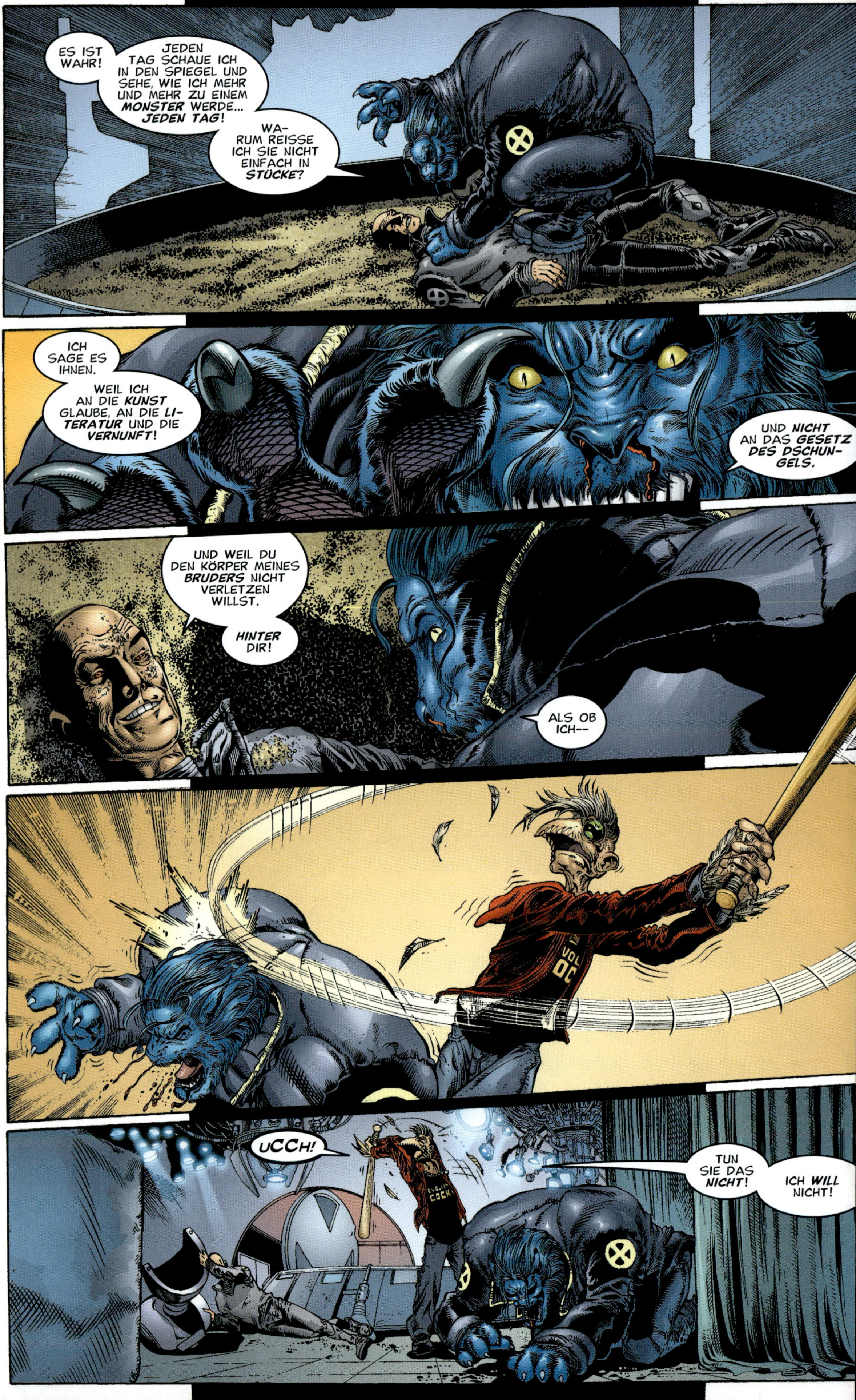
ES IST WAHR!
JEDEN TAG SCHAUE ICH IN DEN SPIEGEL UND SEHE, WIE ICH MEHR UND MEHR ZU EINEM MONSTER WERDE... JEDEN TAG!
WARUM REISSE ICH SIE NICHT EINFACH IN STÜCKE?
ICH SAGE ES IHNEN.
WEIL ICH AN DIE KUNST GLAUBE, AN DIE LITERATUR UND DIE VERNUNFT!
UND NICHT AN DAS GESETZ DES DSCHUNGELS.
UND WEIL DU DEN KÖRPER MEINES BRUDERS NICHT VERLETZEN WILLST.
HINTER DIR!
ALS OB ICH--
UCCH!
TUN SIE DAS NICHT!
ICH WILL NICHT!

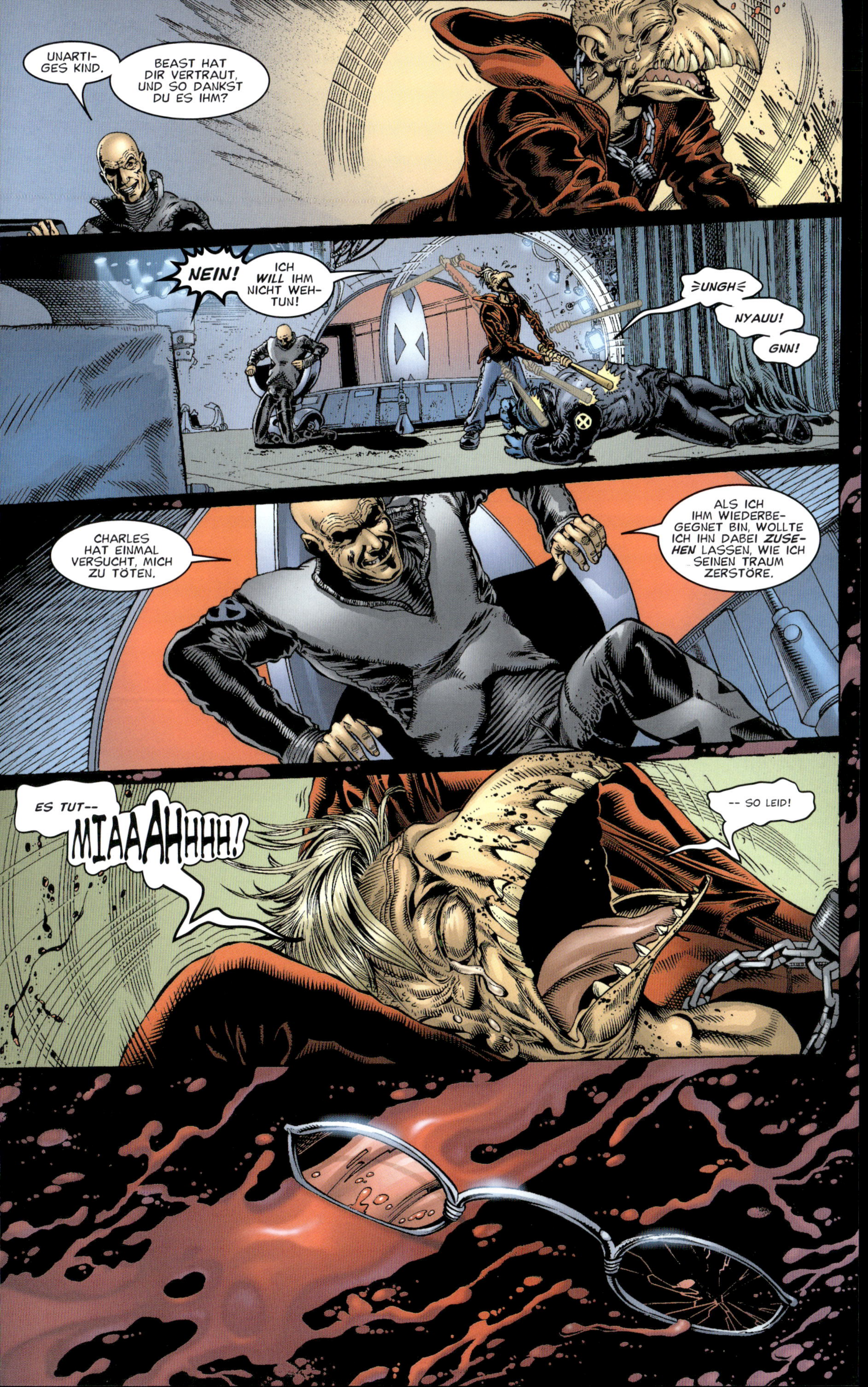
UNARTI-GES KIND.
BEAST HAT DIR VERTRAUT, UND SO DANKST DU ES IHM?
NEIN!
ICH WILL IHM NICHT WEH-TUN!
UNGH
NYAUU!
GNN!
CHARLES HAT EINMAL VERSUCHT, MICH ZU TÖTEN.
ALS ICH IHM WIEDERBE-GEGNET BIN, WOLLTE ICH IHN DABEI ZUSE-HEN LASSEN, WIE ICH SEINEN TRAUM ZERSTÖRE.
ES TUT--
MIAAAHHHH!
-- SO LEID!

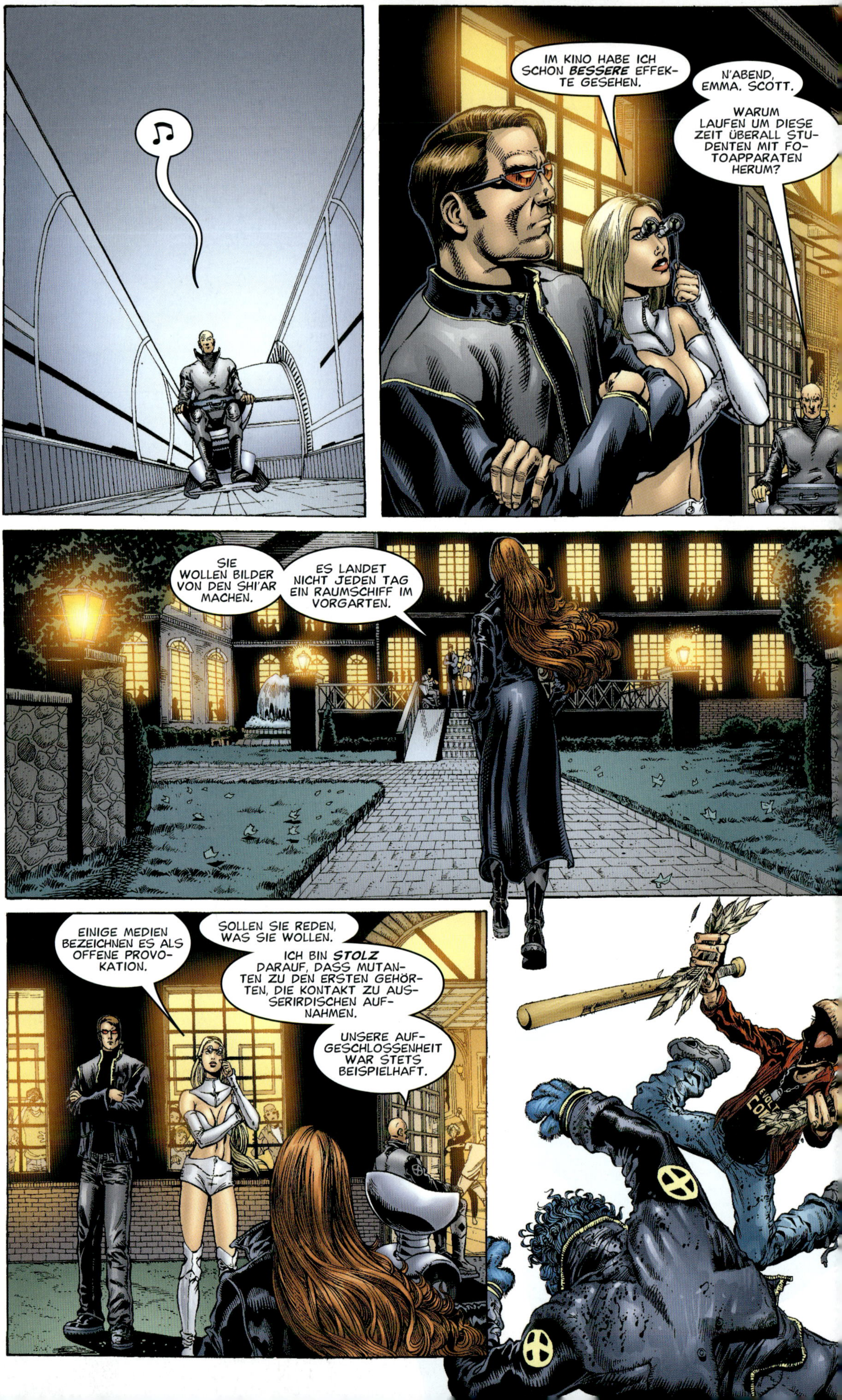
♫
IM KINO HABE ICH SCHON *BESSERE* EFFEKTE GESEHEN.
N'ABEND, EMMA. SCOTT.
WARUM LAUFEN UM DIESE ZEIT ÜBERALL STUDENTEN MIT FOTOAPPARATEN HERUM?
SIE WOLLEN BILDER VON DEN SHI'AR MACHEN.
ES LANDET NICHT JEDEN TAG EIN RAUMSCHIFF IM VORGARTEN.
EINIGE MEDIEN BEZEICHNEN ES ALS OFFENE PROVOKATION.
SOLLEN SIE REDEN, WAS SIE WOLLEN.
ICH BIN *STOLZ* DARAUF, DASS MUTANTEN ZU DEN ERSTEN GEHÖRTEN, DIE KONTAKT ZU AUSSERIRDISCHEN AUFNAHMEN.
UNSERE AUFGESCHLOSSENHEIT WAR STETS BEISPIELHAFT.

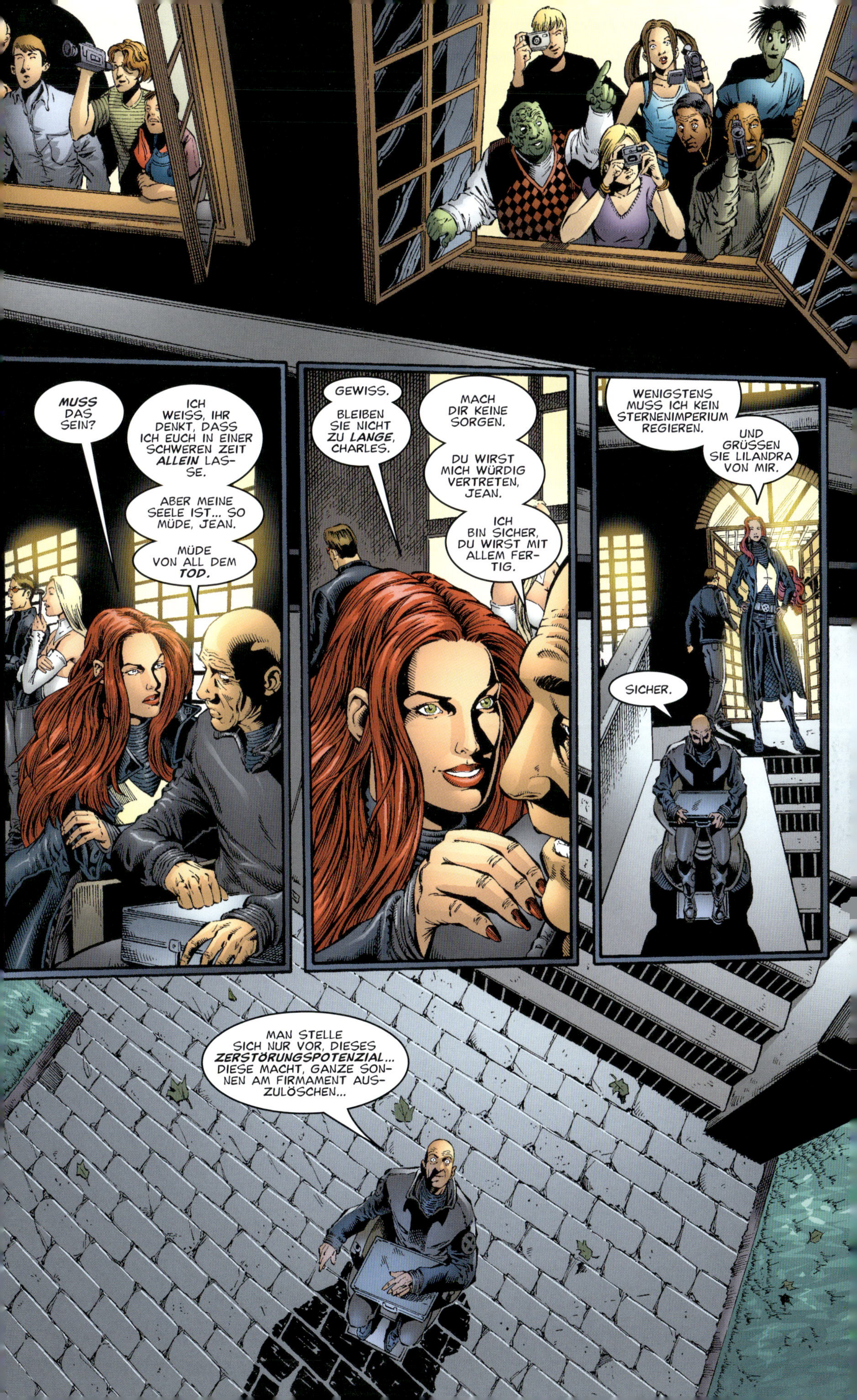
MUSS DAS SEIN?
ICH WEISS, IHR DENKT, DASS ICH EUCH IN EINER SCHWEREN ZEIT ALLEIN LASSE.
ABER MEINE SEELE IST... SO MÜDE, JEAN.
MÜDE VON ALL DEM TOD.
GEWISS.
BLEIBEN SIE NICHT ZU LANGE, CHARLES.
MACH DIR KEINE SORGEN.
DU WIRST MICH WÜRDIG VERTRETEN, JEAN.
ICH BIN SICHER, DU WIRST MIT ALLEM FERTIG.
WENIGSTENS MUSS ICH KEIN STERNENIMPERIUM REGIEREN.
UND GRÜSSEN SIE LILANDRA VON MIR.
SICHER.
MAN STELLE SICH NUR VOR, DIESES ZERSTÖRUNGSPOTENZIAL... DIESE MACHT, GANZE SONNEN AM FIRMAMENT AUSZULÖSCHEN...

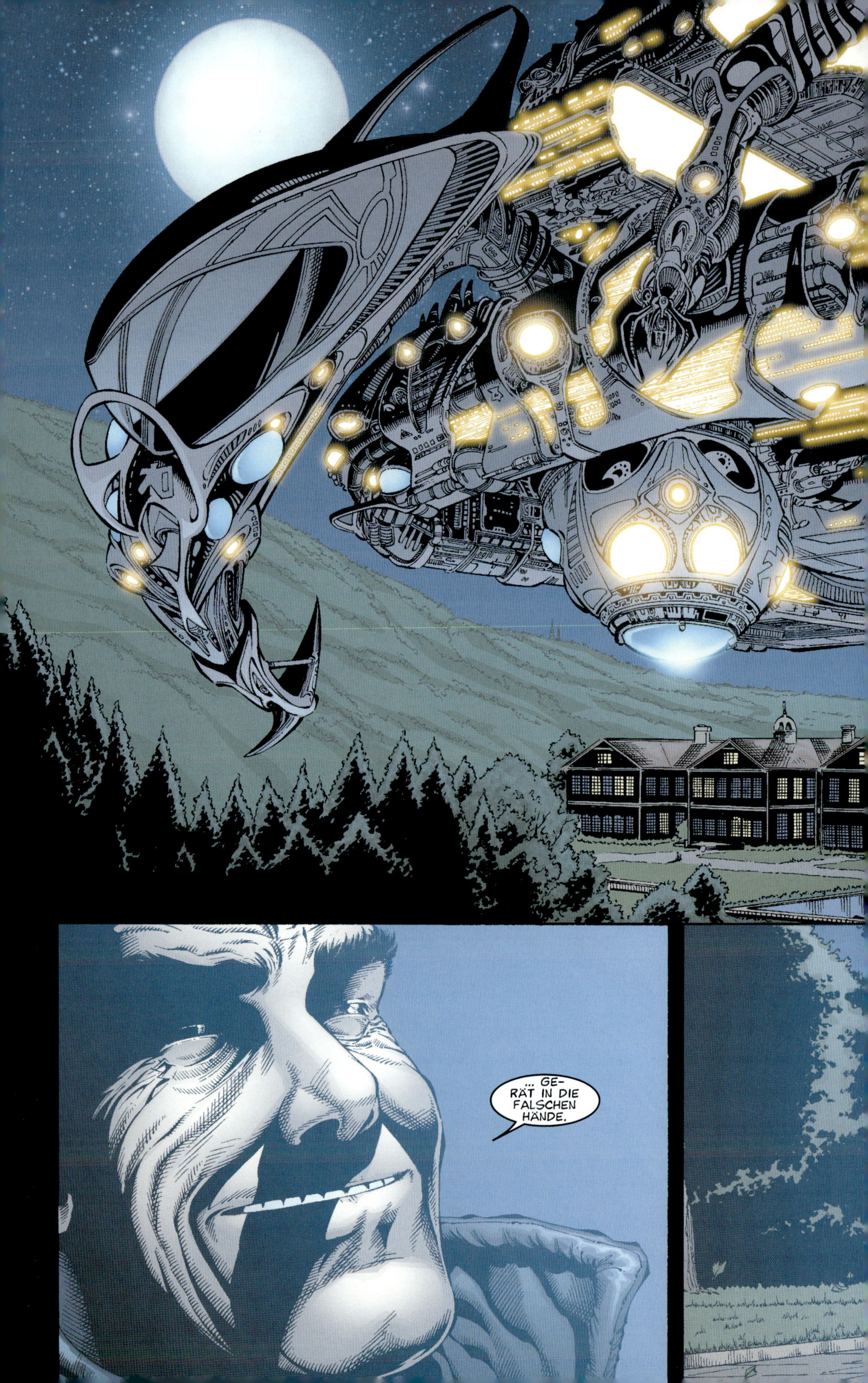
... GE-RÄT IN DIE FALSCHEN HÄNDE.

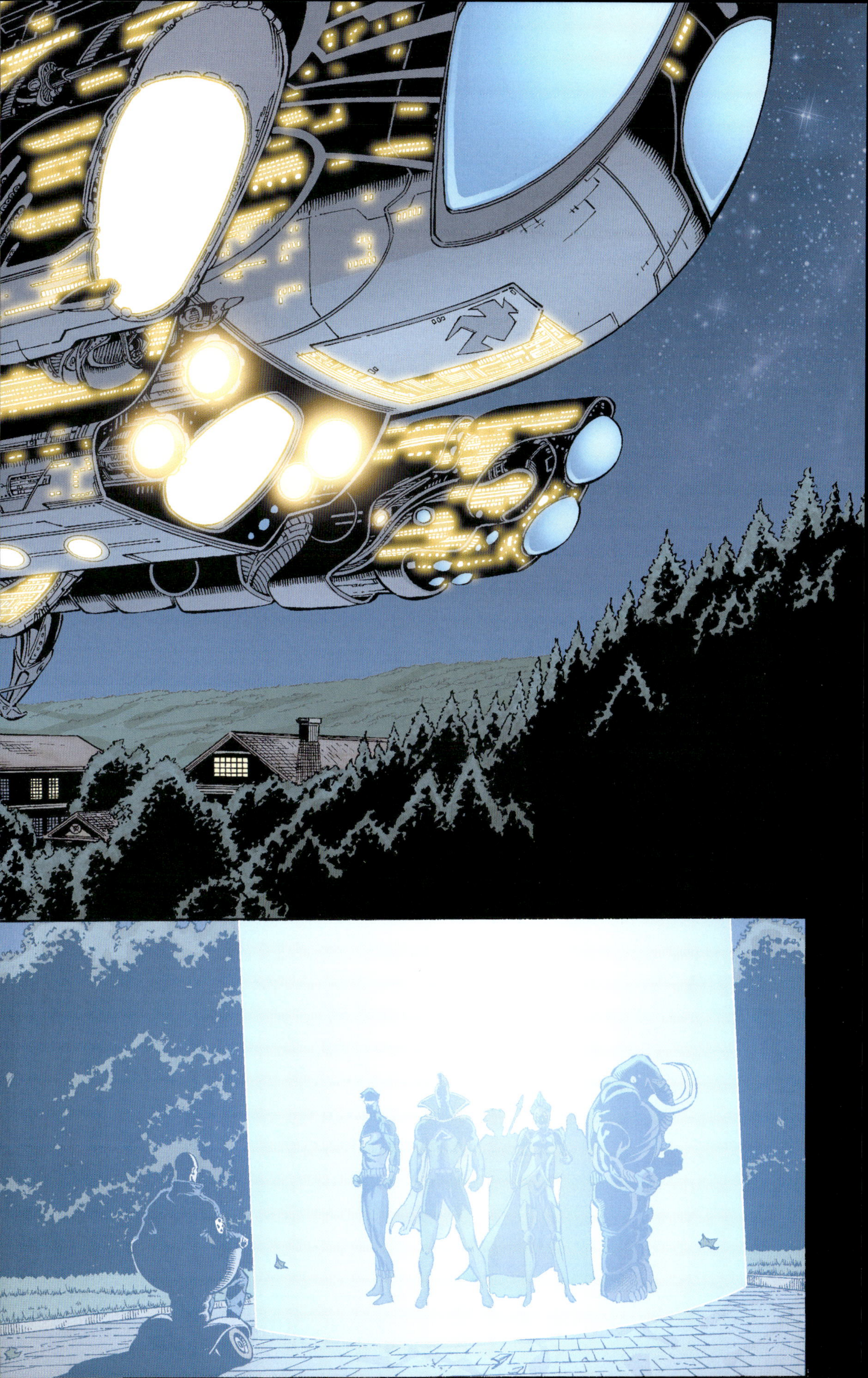

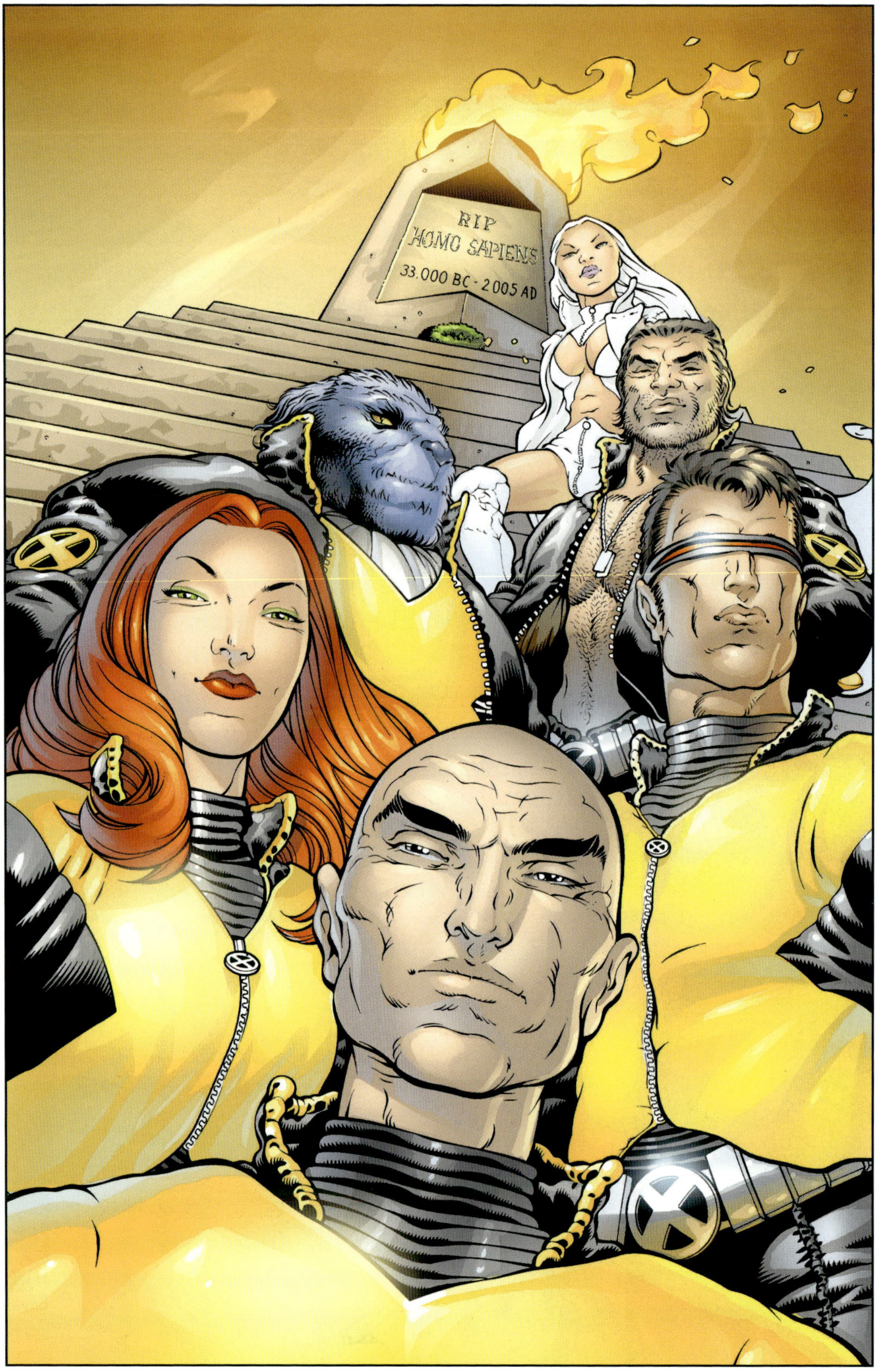

Promo-Zeichnung von **FRANK QUITELY**

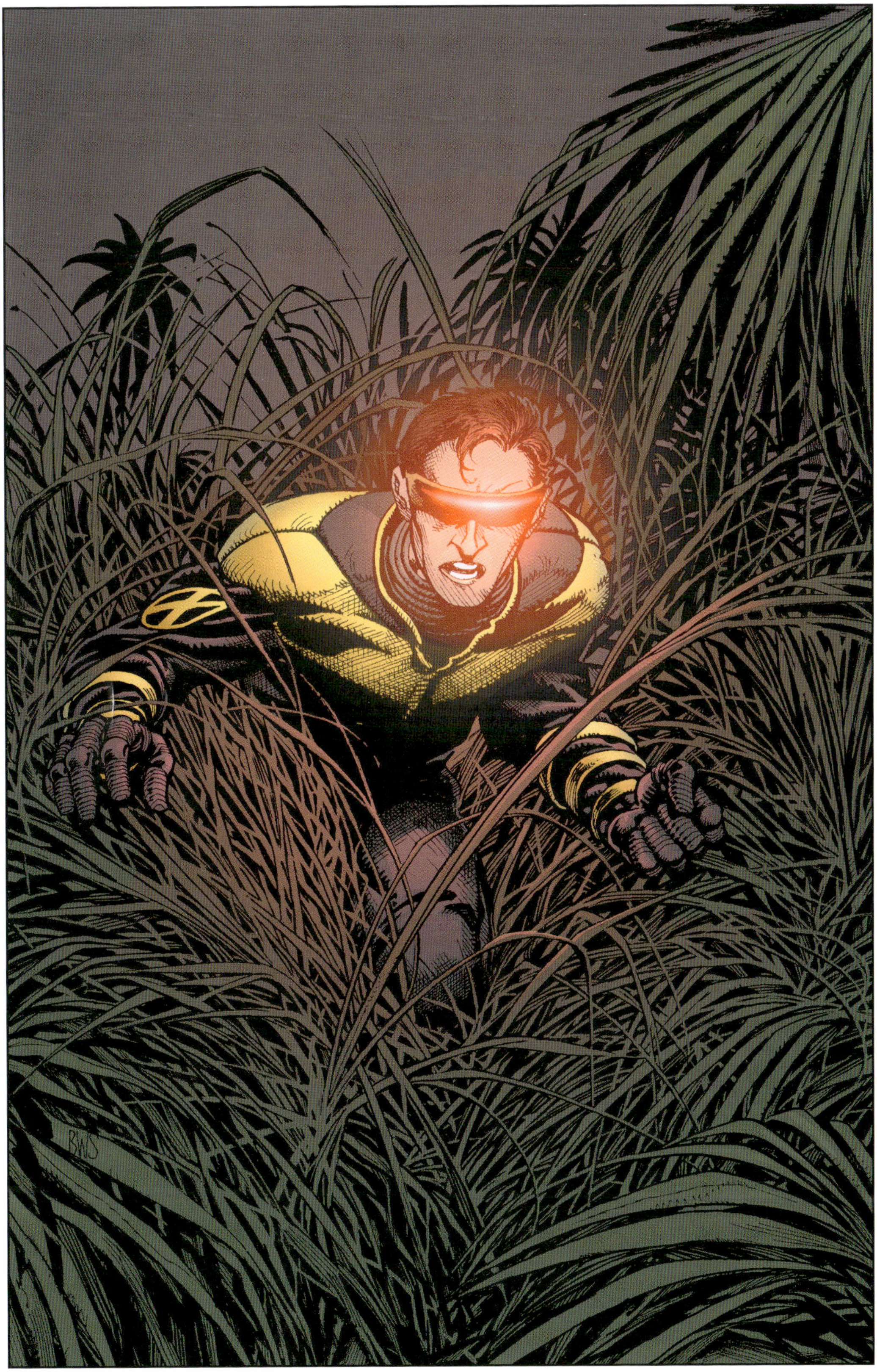

New X-Men (2001) 115
Variant-Cover von **BARRY WINDSOR-SMITH**

Cyclops

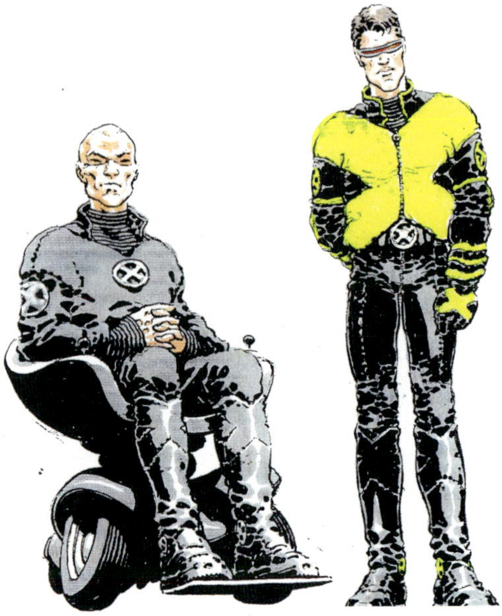

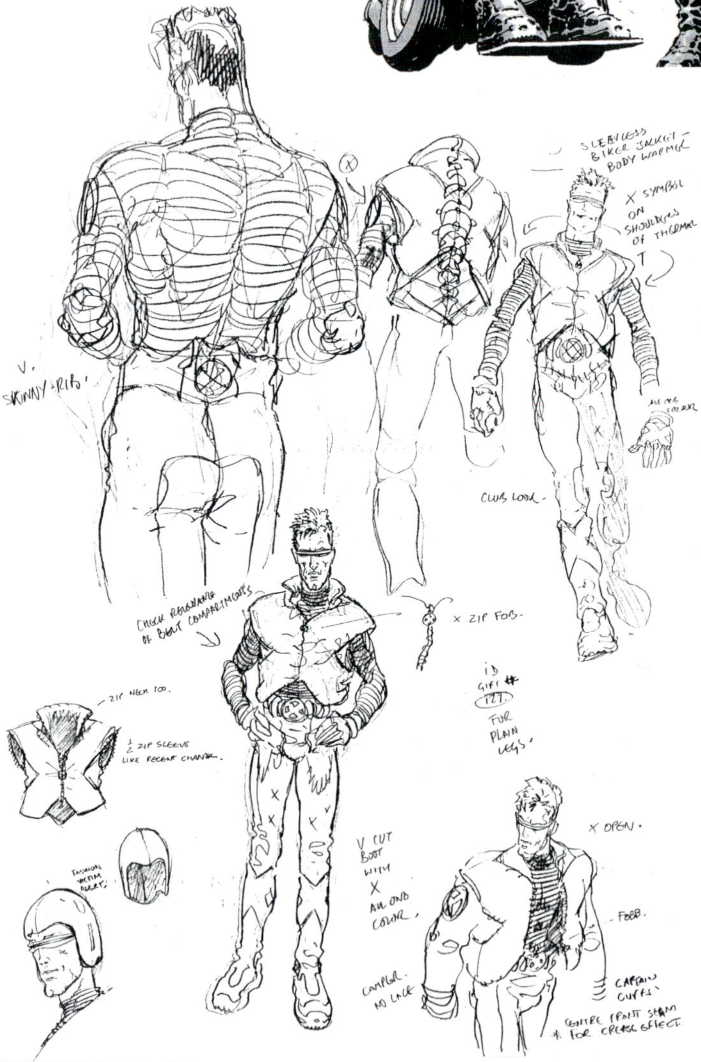
SLEEVELESS BIKER JACKET – BODY WARMER
X SYMBOL ON SHOULDERS OF THERMAL T
CLUB LOOK.
X ZIP FOB.
ZIP NECK TOO.
V CUT BOOT WITH X
X OPEN.
FOBB.

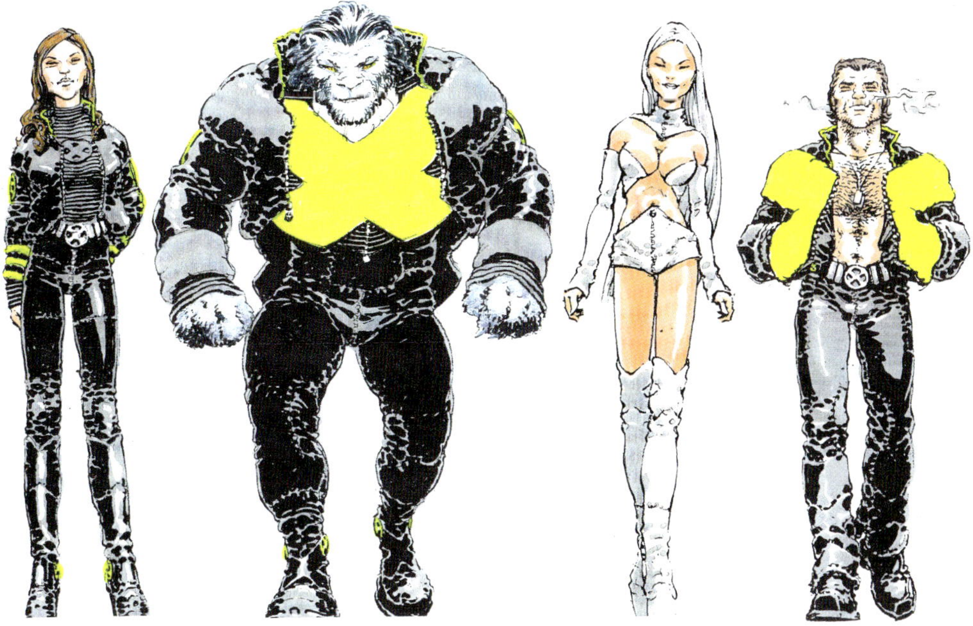

Wolverine

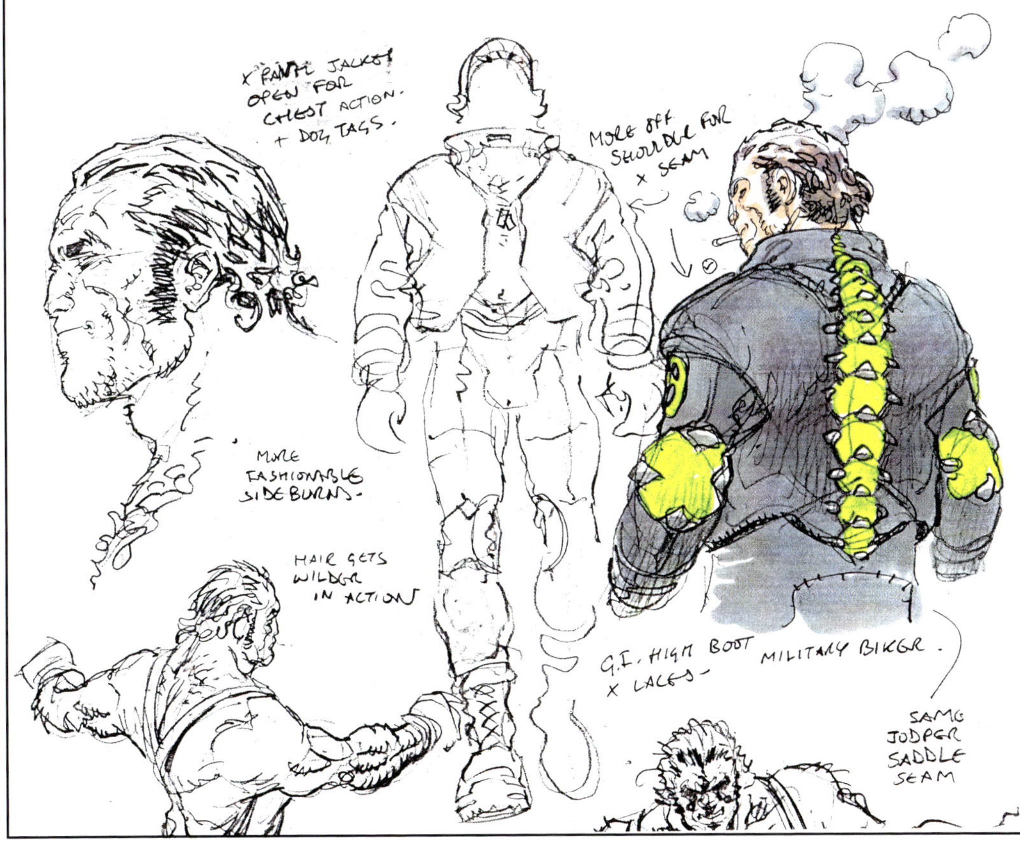

Charakterstudien von **FRANK QUITELY**

Emma Frost

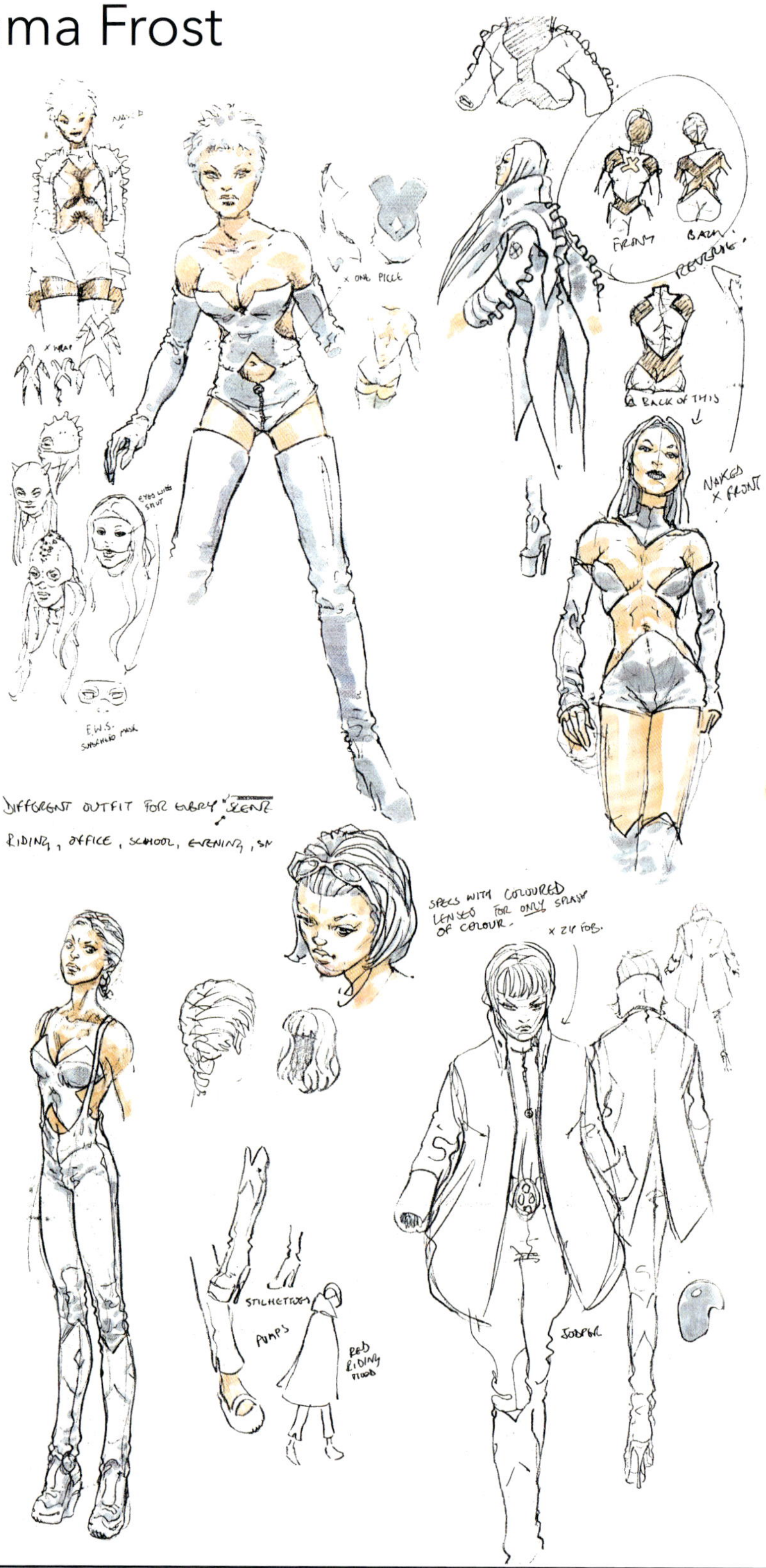

Charakterstudien von **FRANK QUITELY**

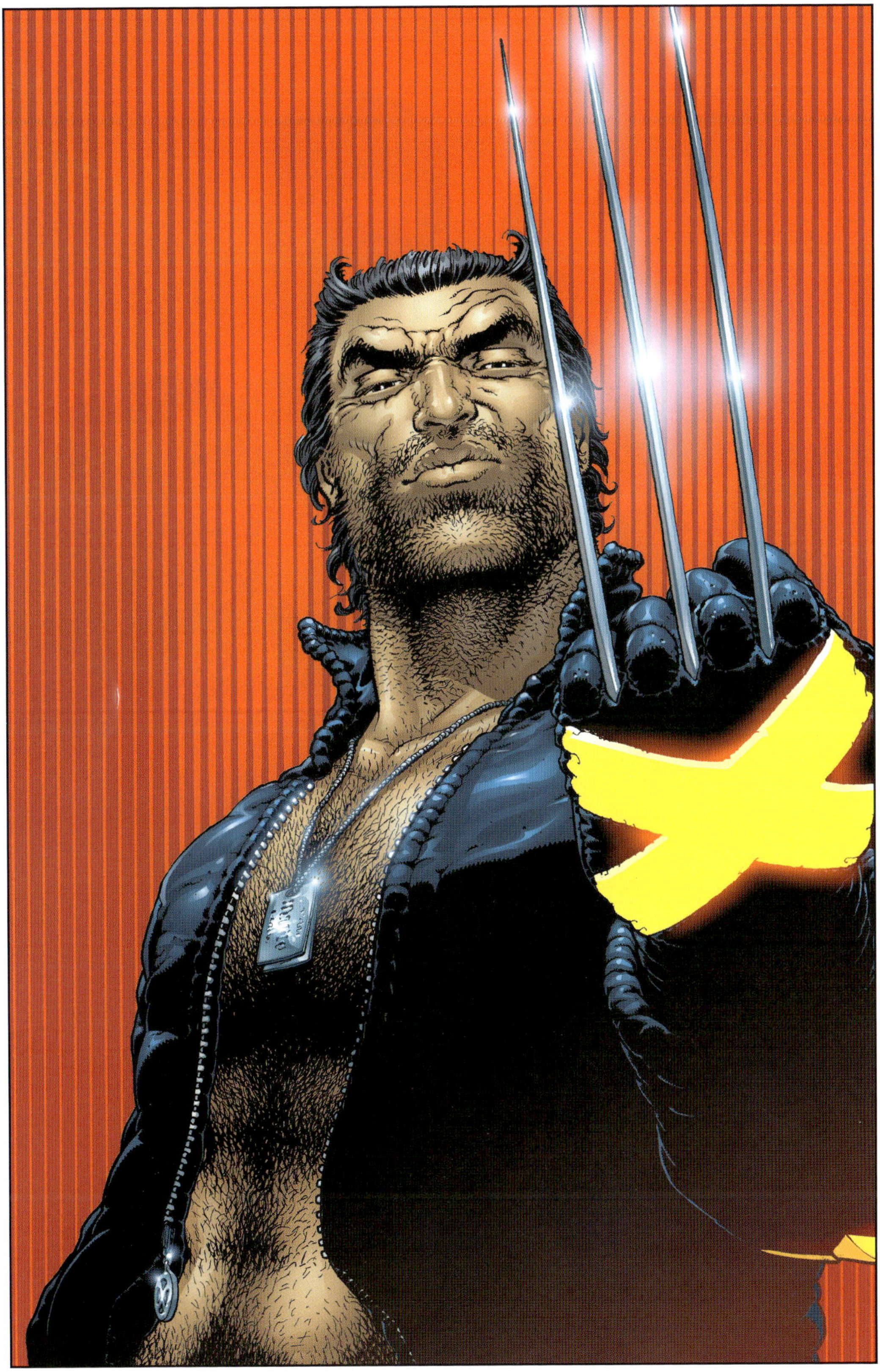

Wizard (1991) 117
Cover von **FRANK QUITELY**

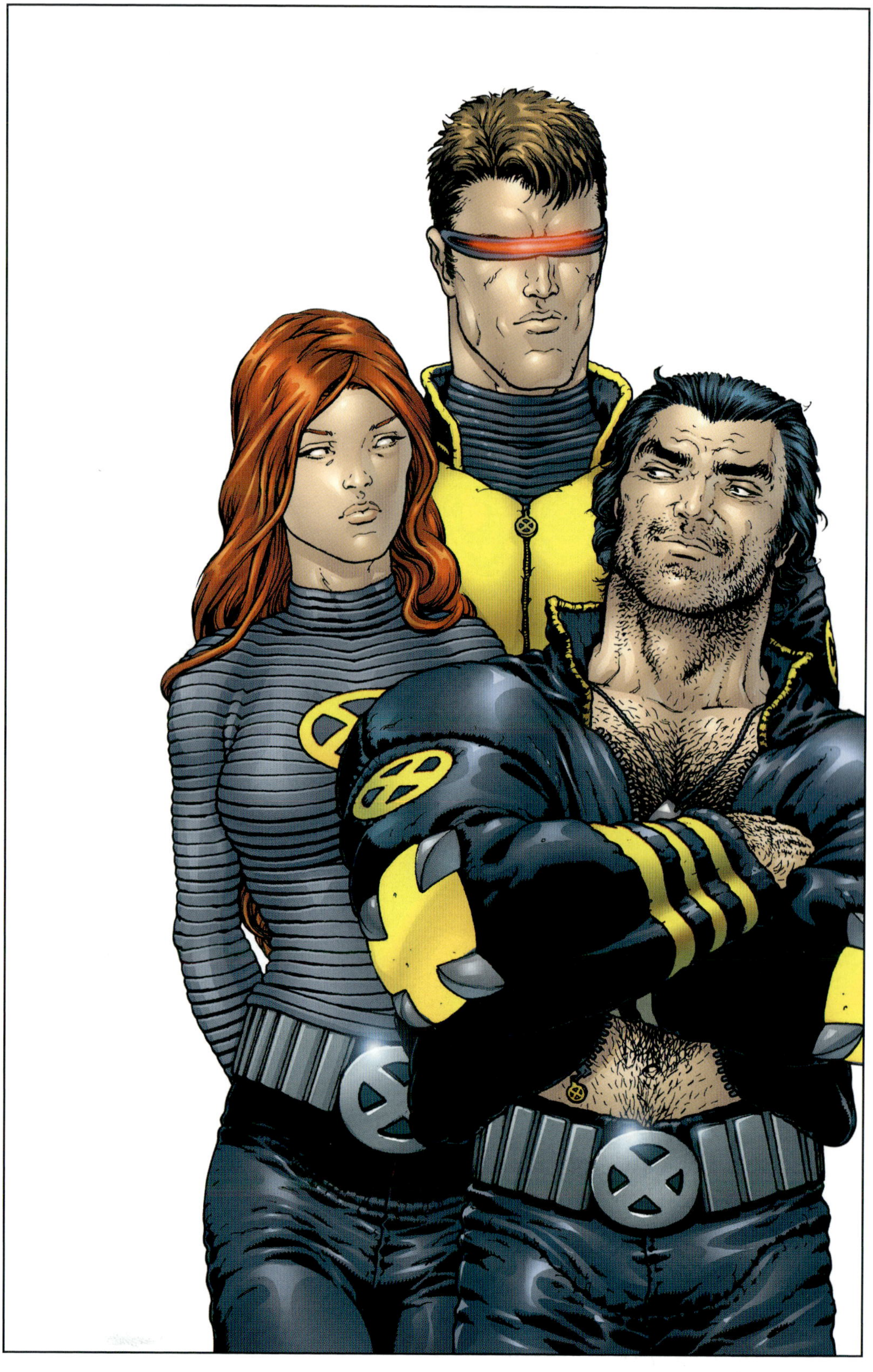

Wizard (1991) 124
Cover von **FRANK QUITELY**

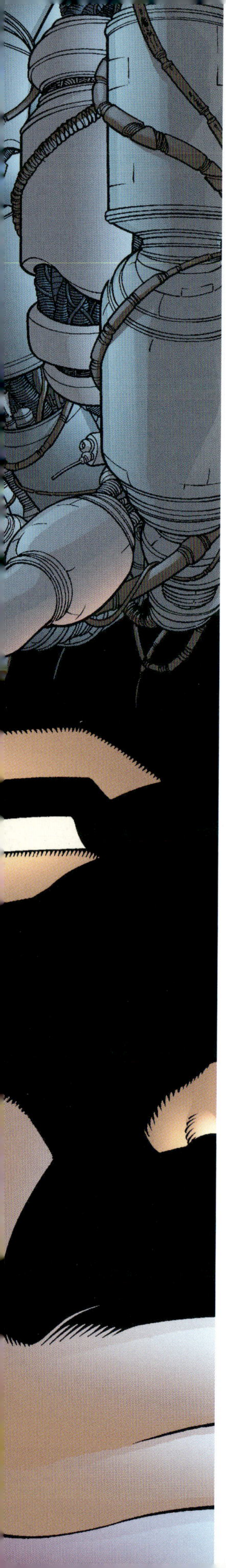

DIE MACHER

GRANT MORRISON kam 1960 in Glasgow zur Welt. 1978 erschien mit *Gideon Stargrave* Morrisons erster Comic im Underground-Magazin *Near Myths*. Für eine Zeitung aus Glasgow folgte *Captain Clyde*, ein Strip über einen arbeitslosen Superhelden der Stadt. Mit Steve Yeowell schuf sier 1987 in *2000AD* die Serie *Zenith*, was letztlich DC auf den Plan rief. Der Verlag akzeptierte Morrisons Konzept für Animal Man. Die innovative Überarbeitung des nahezu unbekannten Charakters hinterließ reichlich Eindruck in der Szene. 1989 machte sier sich mit der surrealen Interpretation der Doom Patrol und der Graphic Novel *Arkham Asylum* endgültig unsterblich. Zum Superstar aufgestiegen, erneuerte Morrison in den 90ern *Kid Eternity*, *Justice League of America* sowie *The Flash* und kreierte mit *The Invisibles* die Inspiration für den Blockbuster *Matrix*. Nach der Jahrtausendwende schrieb sier für das Haus der Ideen *Marvel Boy*, *Fantastic Four 1234* und das bahnbrechende *New X-Men*. 2006 startete Morrison ein siebenjähriges Batman-Epos sowie 2011 das Revival von *Action Comics* und übernahm von 2016 bis 2018 die Chefredaktion von *Heavy Metal*. Seither verfasst sier die Abenteuer von Green Lantern.

FRANK QUITELY wurde acht Jahre nach Morrison als Vincent Deighan ebenfalls in Glasgow geboren. Seine Ausbildung an der örtlichen Kunstschule brach er vorzeitig ab. 1990 legte er sich das Pseudonym „Frank Quitely" zu und begann, für den schottischen Underground-Comic *Electric Soup* die Familienserie *The Greens* zu schreiben und zu zeichnen. Mit Arbeiten für das *Judge Dredd Megazine*, Paradox Press und Dark Horse ließ das Ausnahmetalent im Anschluss aufhorchen. Seine erste Zusammenarbeit mit Grant Morrison erfolgte für den Doom Patrol-Ableger *Flex Mentallo*. 2000 erschien ihre gemeinsame Graphic Novel *JLA: Earth 2*, 2001 *New X-Men*, 2003 ihre preisgekrönte Miniserie *We3*. Auch für *All-Star Superman* wurden beide 2006 mit einem Eisner Award geehrt. 2009 ging ihr Titel *Batman and Robin* an den Start. 2012 veröffentlichte Quitely mit Hit-Autor Mark Millar die Image-Serie *Jupiter's Legacy*, die von Netflix fürs Fernsehen adaptiert wird. 2017 wurde Quitely zum Ehrendoktor der Universität von Glasgow ernannt.

LEINIL FRANCIS YU erblickte 1977 auf den Philippinen das Licht der Welt. Damit steht er in der Tradition einer ganzen Reihe von Landsleuten, die in den Staaten seit den 70ern als Comic-Künstler Karriere machten. Yu rückte in den Fokus der US-Comic-Szene, als er einen Zeichenwettbewerb des Fachmagazins *Wizard* gewann. Daraufhin heuerte ihn Whilce Portacio Mitte der 90er für die Entity-Serie *Aster: The Last Celestial Knight* an. Als das Projekt eingestellt wurde, empfahl Portacio den Youngster an Marvels Redakteure, die ihn 1997 für *Wolverine* engagierten. Drei Jahre blieb er dem kanadischen Berserker erhalten. Zudem war Yu kurz für *Uncanny X-Men* verantwortlich und kreierte 2001 mit Morrison den Charakter Xorn. Nach einigen Arbeiten für WildStorm und DC kehrte er 2006 zu Marvel zurück und wurde fortan oft für Prestigeprojekte eingesetzt. Mit Autor Brian Michael Bendis setzte er bis 2010 die *New Avengers* und das Event *Secret Invasion* in Szene. Es folgten u. a. *Avengers*, *Avengers vs. X-Men*, *AXIS*, *Indestructible Hulk*, *Star Wars* und Mark Millars *Superior*. 2018 visualisierte er den Neustart von Captain America sowie 2019 das *X-Men*-Revival von Jonathan Hickman.

X-MEN
BEDROHTE SPEZIES

„Sie werden gefürchtet und gehasst von einer Welt, für deren Schutz sie alles tun." So werden die **X-Men** gerne beschrieben. Sie sind die Außenseiter im Marvel-Kosmos, seltsame, geheimnisvolle Gestalten, vor denen die Menschen panische Angst haben. Sie sind unbegreiflich. Unerreichbar. Jedenfalls *waren* sie das. Denn 2001 wollten der frischgebackene Marvel-Chefredakteur **Joe Quesada** und X-Men-Redakteur **Mark Powers** ihre beliebtesten Helden modernisieren, und sie engagierten zwei neue Leute. Das Ergebnis sollte die Comic-Welt verblüffen …

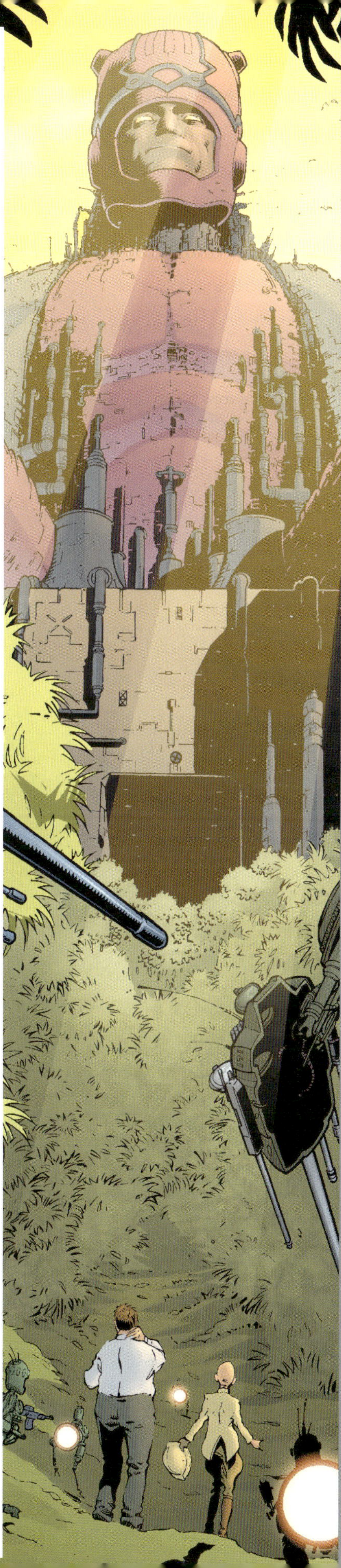

Ein neues Jahrhundert braucht neue X-Men

Grant Morrison hatte wenig für Marvel gearbeitet, als das 21. Jahrhundert anbrach, doch sier war ein aufstrebendes Talent, das für DC so beachtliche Titel wie *JLA*, *The Invisibles* und *Doom Patrol* geschrieben hatte. **Joe Quesada** und **Mark Powers** gaben Morrison die Chance, die **X-Men** von Grund auf neu zu erfinden. Morrison war ein großer Fan der X-Men-Storys, die **Chris Claremont** und **John Byrne** in den 1980ern angefertigt hatten, und daher war sier mit Begeisterung dabei und verfasste ein umfangreiches „Manifest", in dem sier ausführlich beschrieb, wie man die Serie verändern könnte, um der Herausforderung gerecht zu werden, ein neues Publikum im neuen Jahrtausend zu finden: „In den letzten zehn Jahren war Marvel extrem konservativ; Comics wie die X-Men waren früher unbekümmert, überdreht und poppig gewesen, sind aber inzwischen nur noch zaghafter Retro-Stoff. Was dynamisch war, ist statisch geworden – tote Figuren kehren immer wieder, nichts Gravierendes passiert. Die Bühne wird nie freigeräumt, um neuen Kreationen die Chance zu geben, sich zu entwickeln und zu wachsen. Wir müssen die Reihe wieder COOL machen, so wie es Claremont und Byrne in den 80ern und **Jim Lee** in den 90ern gemacht haben. Der Film hat uns die meiste Arbeit schon abgenommen, und es gibt MILLIONEN von potenziellen neuen Lesern, die nur auf uns warten.

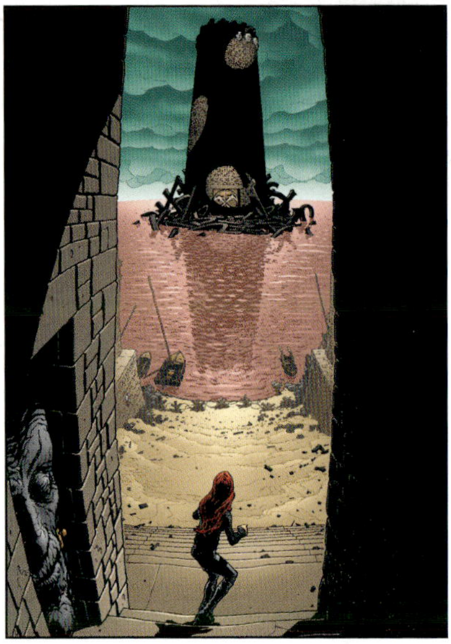

Jean Grey betritt in *New X-Men* 121 eine psychische Landschaft. Zeichnung von Frank Quitely.

„Ich habe die Absicht, die Geschichte der X-Men mehr als Hintergrunddekoration und als Fundgrube zu benutzen, aus der man Material für neue Leser gewinnen kann. Elemente wie das Wilde Land oder das Shi'ar-Imperium werden neu bewertet, wiedereingeführt und in das SF-Universum der X-Men eingebaut. Und zwar so, als würden wir diese Ideen zum ersten Mal sehen."

Morrison dachte, dass der Generationenkonflikt ein wichtiges Thema sein sollte: „Der Superheldenaspekt sollte nur als kleines Element im riesigen Potenzial der Serie betrachtet werden. *X-Men* ist keine Geschichte über Superhelden, sondern die Geschichte eines dauernden evolutionären Kampfes zwischen Gut/Neu und Schlecht/Alt. Es geht um rebellische

▶ Während Grant Morrison insgesamt 40 Ausgaben von *New X-Men* schrieb, konnte Frank Quitely durch seinen detailversessenen Zeichenstil keinen monatlichen Rhythmus halten. Die beiden haben zusammen nur insgesamt zehn Hefte angefertigt (darunter auch die fast wortlose Geschichte in *New X-Men* 121, die viel Aufmerksamkeit bekam). Allerdings arbeiteten sie anschließend auch an weiteren hochgelobten Serien wie *All-Star Superman* und *We3* zusammen.

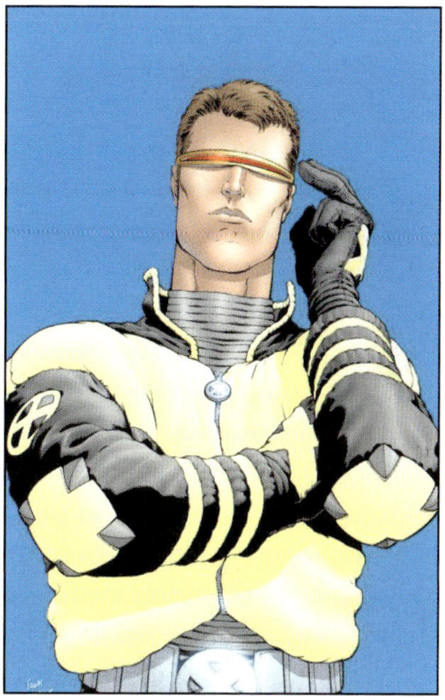

Die individuellen Kostüme der X-Men wurden durch Uniformen ersetzt. Zeichnung von Frank Quitely.

Teenager, die die Welt verändern und verbessern wollen. Die Menschheit, das ist jeder Erwachsene, der sich an die Vergangenheit klammert und die Zukunft zerstören will, obwohl er dort all seine Hoffnungen verortet."

Morrison wollte die Abkehr vom reinen Superhelden-Comic durch ein klares äußerliches Zeichen signalisieren: „WEG MIT DEN KOSTÜMEN. Knicken wir die Schlafanzüge im neuen Jahrtausend und ersetzen sie durch Hardcore-Biker-Exo-Elasto-Uniformen. Vielleicht mit Militärhosen und Stiefeln im Wrestling-Stil. Egal. Jedenfalls wieder eine UNIFORM. Der Look der Jugendkultur geht sowieso in Richtung Uniform. Der Look geht Richtung Brutalismus und Army, und ich glaube, die X-Men sollten dem Rechnung tragen, damit sie wieder cool und auf der Höhe der Zeit sind. Lange Ledermäntel mit einem großen X auf dem Rücken, und gleichzeitig werden unsere Helden smarter, stolzer und lauter. **Cyclops** trägt Kontaktlinsen aus rubinrotem Quarz. Ich möchte ein bisschen Gelb an den Kostümen sehen - schon allein, um den langweiligen schwarzen Leder-Look aller Filmsuperhelden zu vermeiden -, aber es sollte Pop-Art-Neon-Gelb sein, die Farbe, die Fahrrad- und Motorradfahrer tragen, um gesehen zu werden. Reden wir über einen neuen Look."

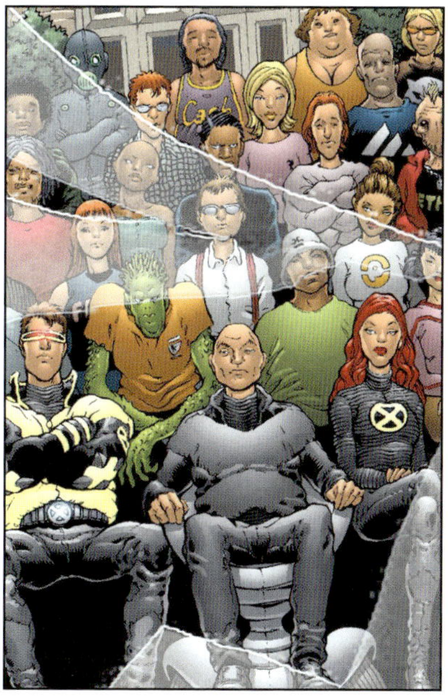

Die Villa der X-Men wurde eine richtige Schule. Zeichnung von Frank Quitely.

Frank Quitelys Figurenentwürfe waren eine radikale Neugestaltung der Mutanten-Helden, und sein feiner Strich setzte sich deutlich vom üblichen Marvel-Stil ab: „New X-Men war wirklich aufregend, denn wir konnten unser eigenes Ding machen. Wir änderten das Team, die Kostüme und den ganzen Ton der Serie. Es war wie bei Marmite. Leute, die meine Arbeit kannten, kauften *New X-Men* und es gefiel ihnen. Aber Leute, die die X-Men seit Jahren lasen und an die bunten Kostüme gewöhnt waren, dachten, dass nur ein paar Idioten von DC/Vertigo am Werk seien, die keine Ahnung von Superhelden-Comics hatten. Bei einigen Hardcorefans war die Sache echt unbeliebt. Jedenfalls zunächst. Aber viele änderten ihre Meinung, weil die Geschichten und die Charakterisierungen gut waren. Aber als wir anfingen, stießen wir auf geteilte Meinungen."

Einige Leser regten sich über diese Zeit der X-Men auf, aber weit mehr waren begeistert. Eine neue Ära hatte begonnen …

TIMELINE

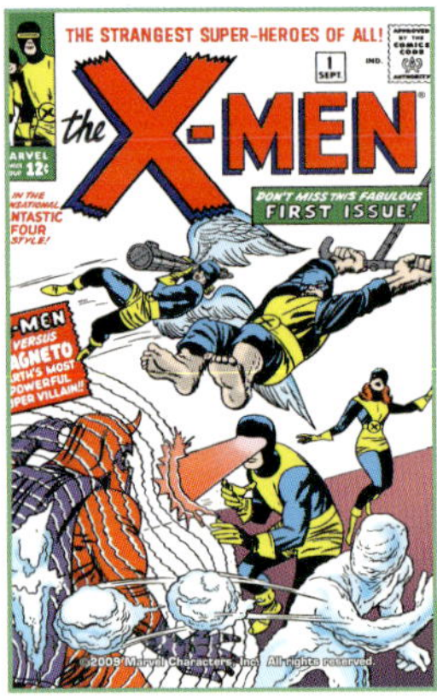

***X-Men* 1**
(1963)
STAN LEE
JACK KIRBY
Die X-Men feiern ihren Einstand und kämpfen gegen ***Magneto****. Die Idee von Mutanten wird im Marvel-Universum eingeführt.*

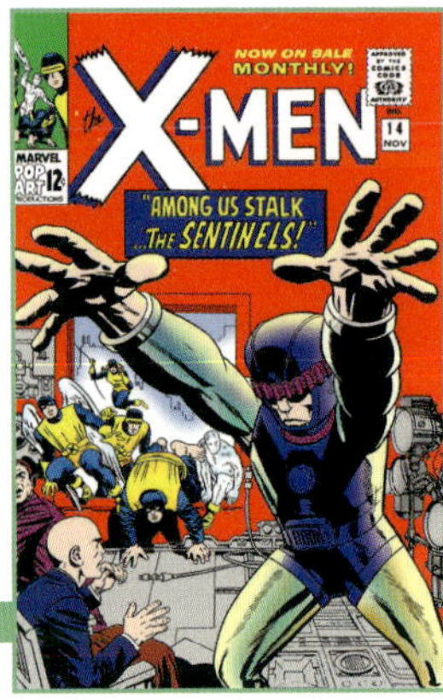

***X-Men* 14**
(1965)
STAN LEE
JACK KIRBY
Die ***Sentinels*** *tauchen auf und werden rasch zu extrem gefährlichen Feinden der X-Men. Zum ersten Mal werden Mutanten als Gefahr für die Menschheit betrachtet.*

X-MEN
BEDROHTE SPEZIES

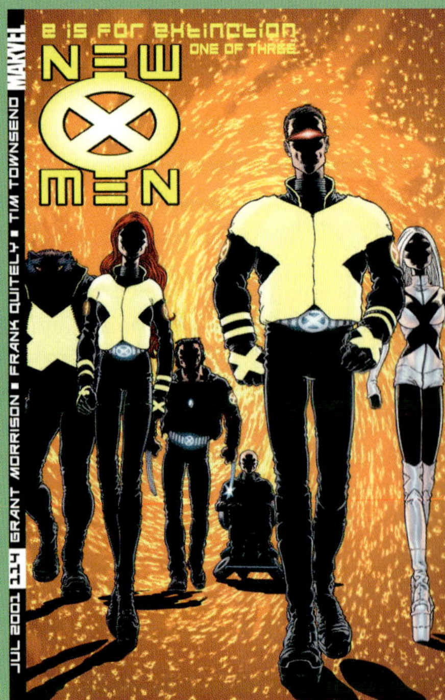

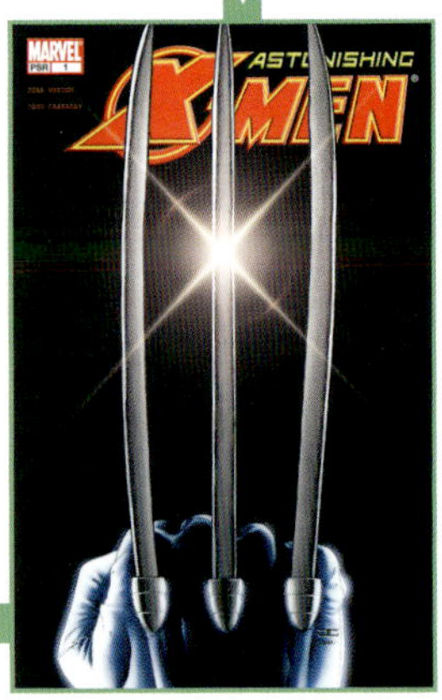

***Astonishing X-Men* 1**
(2004)
JOSS WHEDON
JOHN CASSADAY
Die X-Men kehren zurück zu ihren Superheldenrollen. Die Organisation ***SWORD****, die eine Vermittlerrolle zwischen der Erde und Außerirdischen einnehmen soll, wird gegründet.*

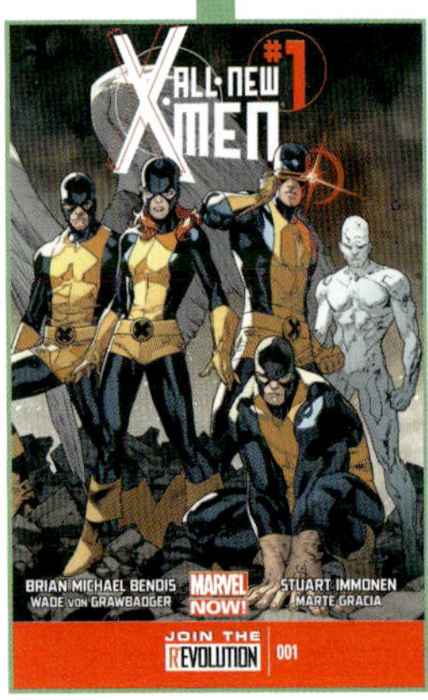

***All-New X-Men* 1**
(2012)
BRIAN MICHAEL BENDIS
STUART IMMONEN
Die X-Men-Teenager der ersten Stunde werden in einer langen Zeitreisegeschichte in die Gegenwart geholt.

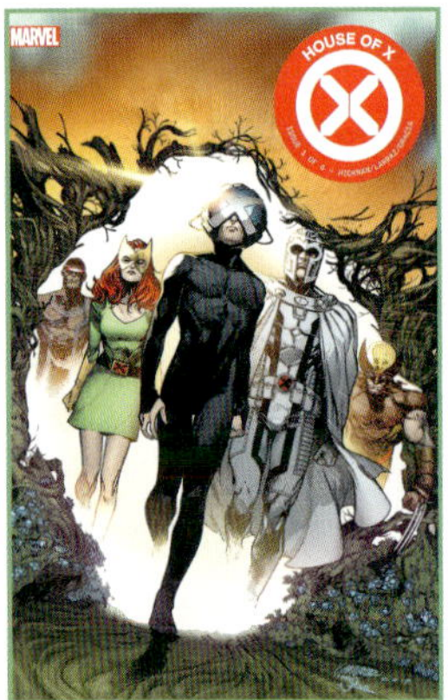

***House of X* 1**
(2019)
JONATHAN HICKMAN
PEPE LARRAZ
Professor X und Magneto gründen auf der Insel ***Krakoa*** *eine sichere Zuflucht für Mutanten und führen die X-Men in eine neue Ära, in der sie globale Bedeutung erlangen.*

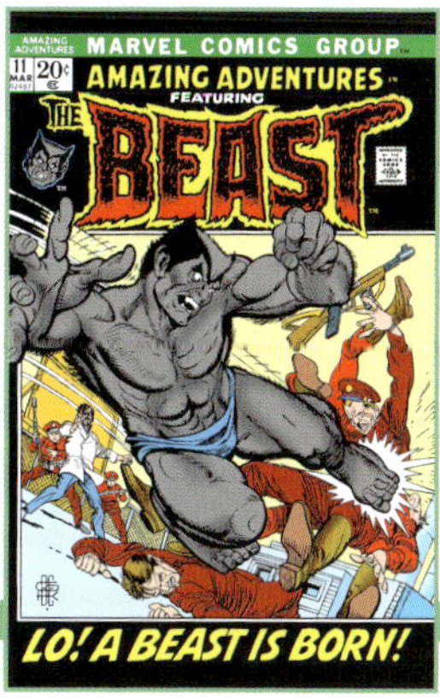

***Amazing Adventures* 11 (1972)**
GERRY CONWAY
TOM SUTTON
Hank McCoy *verlässt die X-Men. Fr experimentiert mit seiner Mutation und verändert versehentlich sein Erscheinungsbild.*

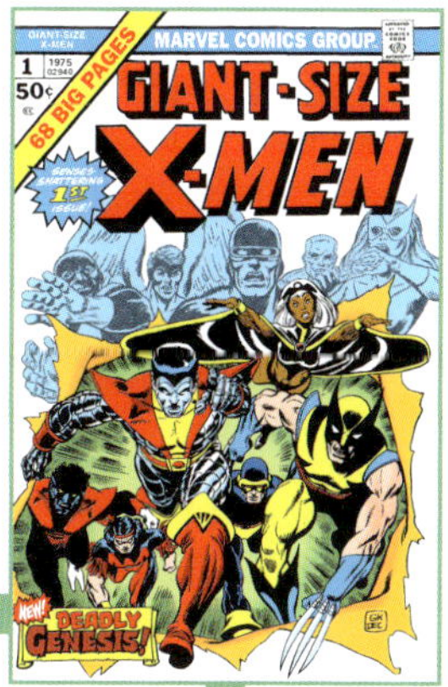

***Giant-Size X-Men* 1 (1975)**
LEN WEIN
DAVE COCKRUM
Professor Xavier *trommelt ein neues X-Men-Team zusammen, um die alte Truppe zu retten.* ***Wolverine**, **Storm**, **Nightcrawler*** *und* ***Colossus*** *stoßen dazu.*

In den **X-Men**-Comics war Veränderung schon immer ein großes Thema – schließlich wurden die Figuren durch Mutation erschaffen. Die Veränderungen, die **Morrison** und **Quitely** auslösten, führten zu vielen weiteren, dramatischen Änderungen, die von den ihnen folgenden Kreativteams hinsichtlich Format und Ansatz vorgenommen wurden. Zum ersten Mal waren die X-Men Figuren, die der breiten Öffentlichkeit bekannt waren; kulturelle Aushängeschilder nicht nur in ihrer Welt, sondern auch in unserer. Der Status quo war für immer erschüttert worden …

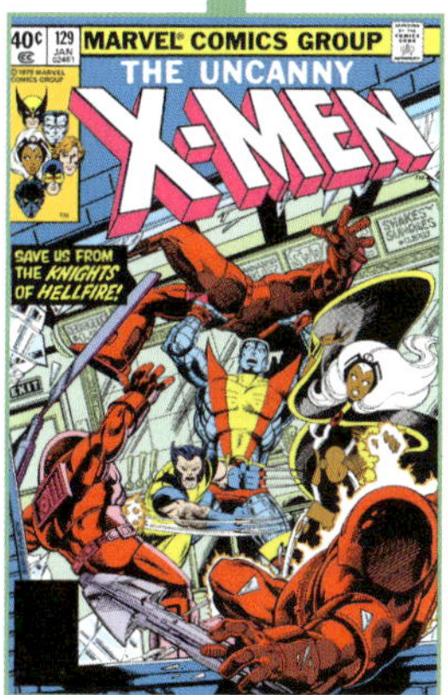

***Uncanny X-Men* 129 (1980)**
CHRIS CLAREMONT
JOHN BYRNE
Emma Frost *taucht zum ersten Mal auf, als die X-Men mit dem* ***Hellfire Club*** *konfrontiert werden.*

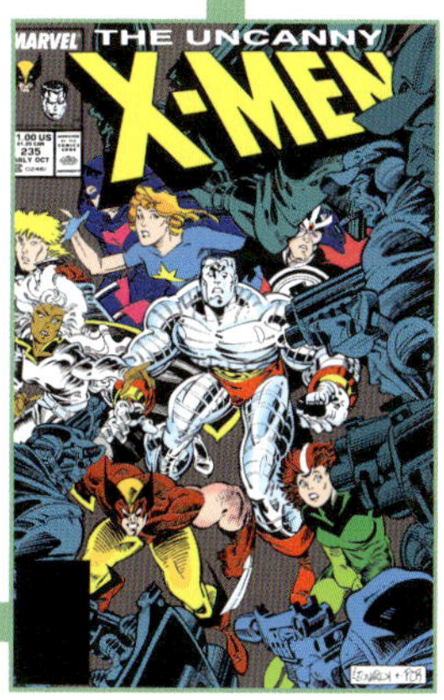

***Uncanny X-Men* 235 (1988)**
CHRIS CLAREMONT
RICK LEONARDI
Die X-Men entdecken die Insel ***Genosha**. Zu diesem Zeitpunkt ist sie ein faschistischer Staat, der Mutanten als Mittel zum Zweck sieht.*

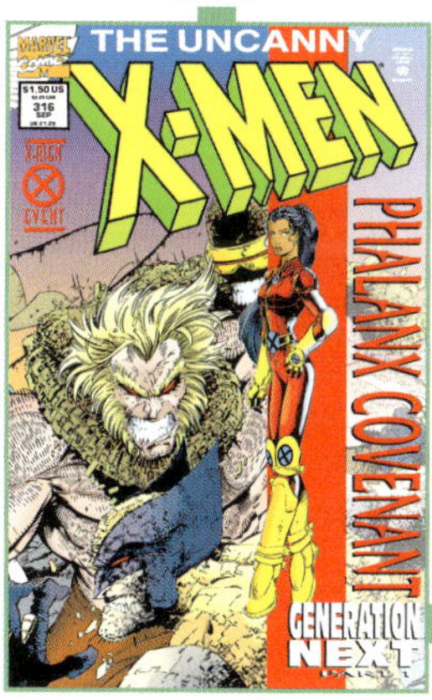

***Uncanny X-Men* 316 (1994)**
SCOTT LOBDELL
JOE MADUREIRA
Emma Frost kämpft an der Seite der X-Men, als das außerirdische Kollektiv namens ***Phalanx*** *die Mutanten angreift.*

Soziale Helden

Grant Morrison und **Frank Quitely** holten die **X-Men** erstmals in die Öffentlichkeit. Bisher hatte das Team immer verdeckt agiert, und sowohl seine Identitäten als auch die Operationsbasis waren gut gehütete Geheimnisse. Aber dann „outete" sich **Charles Xavier** im Fernsehen als Mutant (obwohl sich später herausstellte, dass **Cassandra Nova** in seinen Geist eingedrungen und somit die wahre Schuldige war) und änderte damit das Schicksal der X-Men für immer.

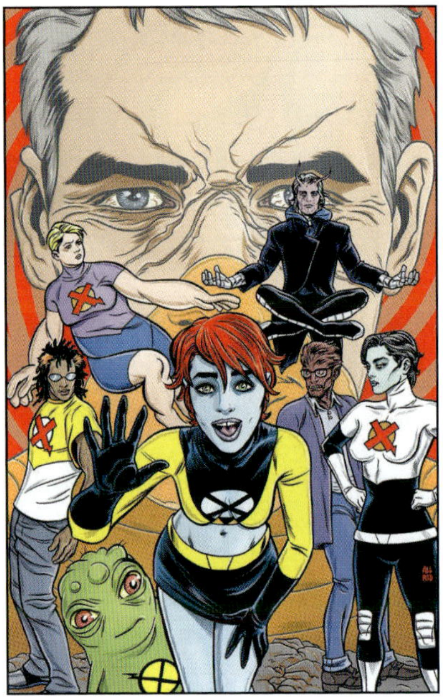

In *X-Statix* wurden Mutanten als Promis gezeigt. Zeichnung von Mike Allred.

Im Laufe der Geschichte wurde das Westchester-Anwesen der X-Men zum ersten Mal eine richtige Schule für Mutanten, die viele Hundert Teenager besuchten. Die X-Men waren jetzt Helden und Lehrer zugleich. Doch nun, da jede Anti-Mutanten-Gruppe wusste, wo man sie finden konnte, sammelten sich vor dem Schulgelände Demonstranten. All das verdeutlichte die Funktion der X-Men als Allegorie für die Verfolgung von Minderheiten in der Wirklichkeit.

Aber in den Augen der Öffentlichkeit – und speziell der Jugendlichen auf der ganzen Welt – galten Mutanten nun als „cool". Eine weitere Serie, *X-Force* (später umgetauft in *X-Statix*), wurde gestartet. In der von **Peter Milligan** und **Mike Allred** erdachten Reihe wurden die Abenteuer eines neuen Mutanten-Teams geschildert, dessen Mitglieder weltweit Superstars waren, mit allem, was dazugehörte: Fanclubs, Sponsorenverträge und eine eigene Reality-TV-Show.

Die X-Men zogen in *Uncanny X-Men* 500 nach San Francisco, wo die eher liberale Stadtverwaltung sie mit offenen Armen empfing. Leider wurden sie von **Norman Osborn** (der seinerzeit die US-Verteidigung kontrollierte) gezwungen, auf eine Insel vor der Küste der Stadt umzuziehen. Einmal mehr wurden die X-Men aus der „normalen" Gesellschaft verstoßen.

▶ Einer der interessantesten neuen Charaktere, der in dieser Ära der X-Men eingeführt wurde, war **Fantomex**, ein hochbegabter, international agierender Dieb, der offenbar aus Frankreich stammte. Er wurde inspiriert von fiktiven europäischen Verbrecherfiguren wie **Fantômas** und **Diabolik**, und er war die genetische Schöpfung einer Geheimorganisation, die sich The World nannte. Er reist in einer lebenden fliegenden Kugel namens EVA, die als sein externes Nervensystem fungierte. Fantomex tauchte in vielen X-Men-Geschichten auf und erhielt 2013 eine eigene Miniserie.

Königin aus Diamant

Emma Frosts Reise durch die Geschichte der **X-Men** ist lang und verschlungen. Sie trat erstmals als Mitglied des **Hellfire Clubs** in Erscheinung, einer exklusiven Organisation reicher Leute, die sich jeder erdenklichen Leidenschaft hingaben. Doch der Club hatte einen „inneren Kreis": eine kleine Gruppe von Personen mit Superkräften, die politische und wirtschaftliche Macht wollten und Mutanten benutzten, um ihr Ziel zu erreichen.

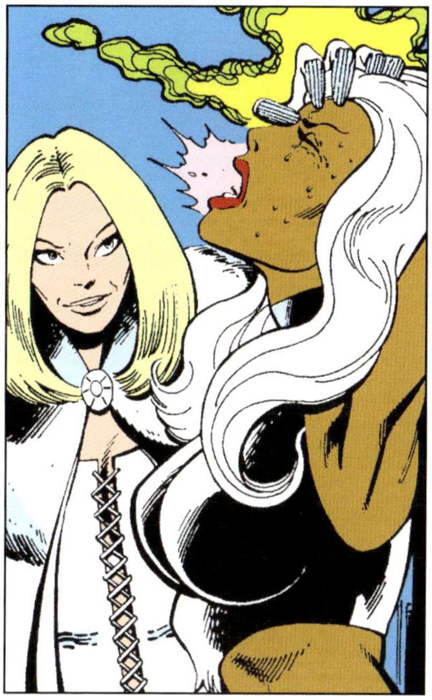

Emma Frost dringt in Storms Geist ein. Zeichnung von **John Byrne** und **Terry Austin**.

Emma und der Hellfire Club kamen mit den X-Men in Konflikt, als beide Gruppen die neue Mutantin **Kitty Pryde** entdeckten. Kitty war 13 Jahre alt und lebte in Chicago. Emma wollte sie für ihre Massachusetts Academy gewinnen, wo sie eine kleine Gruppe von Teen-Mutanten ausbildete, die sich **Hellions** nannte. Die Soldaten des Hellfire Clubs nahmen die X-Men gefangen, und Emma unterzog **Storm** einer Gehirnwäsche. Kitty half dabei, die X-Men zu retten.

Emma tauchte bald wieder auf und tauschte für kurze Zeit den Körper mit Storm, was Teil eines Plans war, um die X-Men erneut zu fangen. Die beiden Frauen blieben lange Zeit erbitterte Feinde.

Emmas Leben änderte sich nach einer Tragödie. Denn als sie im Koma lag, wurden die Hellions bei einem Angriff der **Sentinels** getötet. Sie war emotional schwer erschüttert, weil sie nicht in der Lage gewesen war, ihre Schüler zu beschützen, und dem Selbstmord nahe. **Charles** überzeugte sie jedoch, ihr Leben nicht wegzuwerfen.

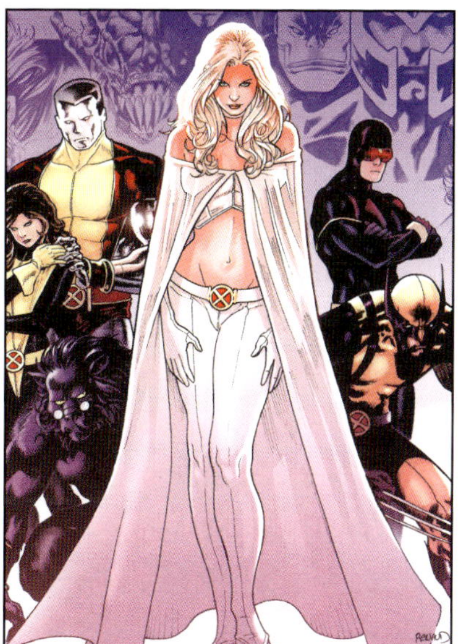

Viele X-Men taten sich schwer damit, Emma zu trauen. Zeichnung von **Paul Renaud**.

Als die außerirdische **Phalanx** die X-Men angriff und weitere jugendliche Mutanten ins Visier gerieten, kämpfte Emma an der Seite von **Banshee**, um sie zu retten. Sie war einverstanden, diese neue Mutanten-Gruppe, die **Generation X** getauft wurde, gemeinsam mit Banshee auszubilden.

Emma setzte ihre Tätigkeit als Ausbilderin auf der Mutanten-Insel **Genosha** fort, bis beim Angriff von **Cassandra Nova** die Bevölkerung des Eilands ausgelöscht wurde. Nach der Katastrophe wurde Emma ein offizielles Mitglied der X-Men und schwor, alle Mutanten zu beschützen.

WEITERE MUST-HAVE-TITEL

BEREITS ERHÄLTLICH

CIVIL WAR
AVENGERS: HELDENFALL
SPIDER-MAN: SPIDER-VERSE
WOLVERINE: OLD MAN LOGAN
DEADPOOL KILLT DAS MARVEL-UNIVERSUM
THANOS: DIE GEBURT EINES MONSTERS
DAREDEVIL: DER MANN OHNE FURCHT
MILES MORALES: ULTIMATE SPIDER-MAN
MS. MARVEL: META-MORPHOSE
DER TOD VON WOLVERINE
INFINITY GAUNTLET: DIE EWIGE FEHDE
PLANET HULK
X-MEN: DIE DARK PHOENIX SAGA
VENOM: DARK ORIGIN
IRON MAN: EXTREMIS
FANTASTIC FOUR – 4
PUNISHER: FRANK IST ZURÜCK!
MARVEL KNIGHTS SPIDER-MAN
BLACK PANTHER: WER IST BLACK PANTHER?
X-MEN: EIN NEUER ANFANG
FANTASTIC FOUR: ALLES GELÖST?!
SPIDER-MAN: HEIMKEHR
CAPTAIN AMERICA: WINTER SOLDIER
ASTONISHING X-MEN: BEGABT
SPIDER-MAN: KRAVENS LETZTE JAGD
HOUSE OF M
DEADPOOL: WEIBER, WUMMEN UND WADE WILSON
AVENGERS: AUSBRUCH
ULTIMATE SPIDER-MAN: LEKTIONEN FÜRS LEBEN
DER TOD VON CAPTAIN AMERICA
ANNIHILATION
MARVELS
DAREDEVIL: AUFERSTEHUNG
GUARDIANS OF THE GALAXY: SPACE-AVENGERS
AVENGERS PRIME
WOLVERINE: STAATSFEIND
THE SIEGE: DIE BELAGERUNG
SPIDER-MAN/BLACK CAT
DAREDEVIL: IN DEN ARMEN DES TEUFELS
THOR: DIE RÜCKKEHR DES DONNERS
SECRET INVASION
UNCANNY AVENGERS: DER ROTE SCHATTEN
WOLVERINE: WAFFE X
MARVEL ZOMBIES
DOCTOR STRANGE: DER EID
SILVER SURFER: REQUIEM

JETZT ERHÄLTLICH

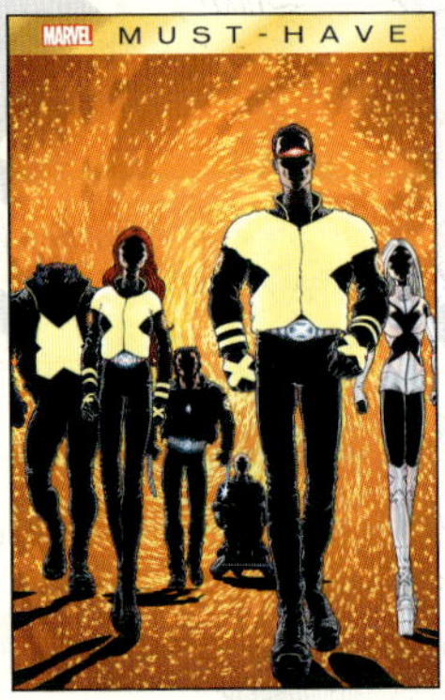

X-MEN: BEDROHTE SPEZIES

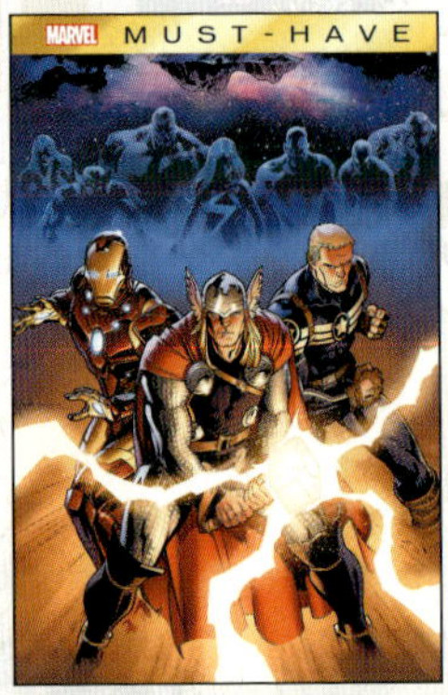

FEAR ITSELF – NACKTE ANGST

DEMNÄCHST

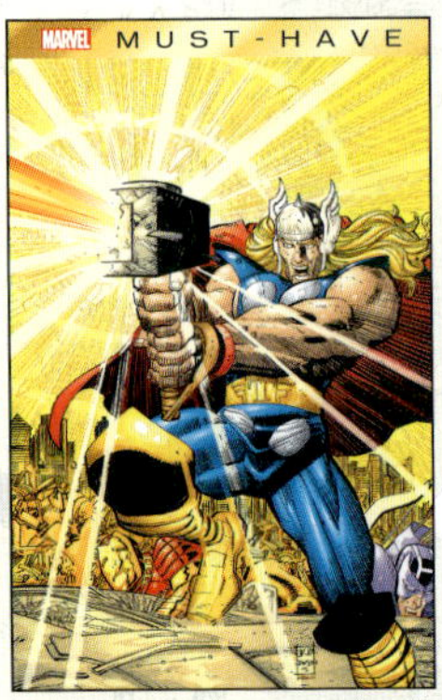

THOR: AUF DER SUCHE NACH GÖTTERN

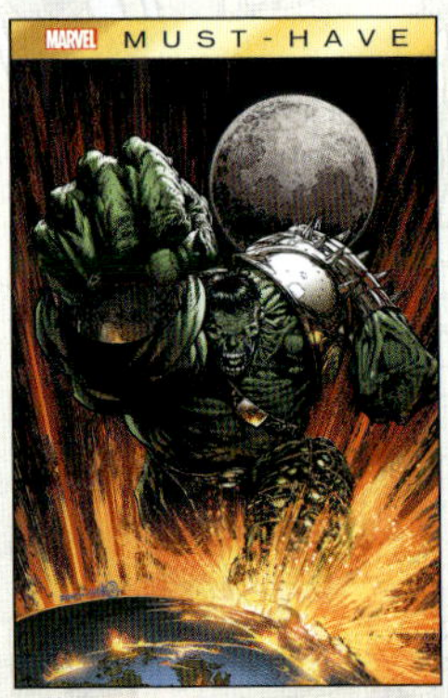

WORLD WAR HULK